La Découverte

Christophe Colomb

LA DÉCOUVERTE DE L'AMÉRIQUE

I. Journal de bord. 1492-1493

Traduit par Soledad Estorach et Michel Lequenne

Introduction historique de Michel Lequenne

Cartes de Jacques Péron

FRANÇOIS MASPERO
1, place Paul-Painlevé
PARIS Ve
1980

ISBN 2-7071-1087-6

A la mémoire de Jacques Danos, l'ami inoubliable sans lequel nous n'aurions jamais connu les angoisses et le bonheur de ce travail aventureux.

S. E. et M. L.

Christophe Colomb à la découverte de l'Amérique

Ceux-là qui furent se croiser aux grandes Indes atlantiques, ceux-là qui flairent l'idée neuve aux fraîcheurs de l'abîme, ceux-là qui soufflent dans les cornes aux portes du futur...

SAINT-JOHN PERSE, *Exil*

L'Amérique porte le prénom d'Amerigo Vespucci qui, parmi nombre d'autres, a reconnu une partie des côtes de sa moitié sud ; elle ne porte pas le nom de Colomb qui l'a découverte parce qu'il la cherchait.

Que chantons-nous là ? Il suffit d'ouvrir n'importe quel dictionnaire ou manuel d'histoire pour « apprendre » que Colomb a découvert le continent américain par hasard, en cherchant la route des Indes par l'ouest, et qu'il est mort sans même avoir pris conscience de l'ampleur de sa découverte.

Cette « vérité », établie sur près de cinq siècles de répétition d'innombrables historiens — et parmi eux de nombreux spécialistes travaillant sur les documents originaux —, aurait sans doute désespéré Colomb plus que tous ses autres malheurs, et il ne lui en manqua pas, non seulement avant la réussite de son premier voyage (1492-1493) mais après celui-ci, alors que la gloire de la réussite se gâta en mille problèmes rendus insolubles de par le gigantisme même de la trouvaille. Pourtant, cette injustice historique, Colomb en est le premier responsable, et plus que de toutes ses autres mésaventures : son but principal, il l'avait caché. On verra qu'il avait plusieurs bonnes raisons à cela. Mais les preuves irréfutables de la vérité existent. Pour les unes, il suffisait de bien vouloir les voir ; pour les autres, il fallait penser à les chercher — problème aussi simple que celui de l'œuf qui lui a été attribué, mais dont Voltaire a montré qu'il était auparavant « l'œuf de Brunelleschi ».

Toutefois, ce qui n'est que rarement contesté à Colomb, c'est le mérite de la découverte par une hardiesse à plonger dans le vide que valorise l'ampleur du résultat. Il est difficile d'imaginer aujourd'hui le bouleversement mental qu'entraîna la révélation d'un univers inconnu. Soixante ans après l'événement, le chroniqueur espagnol Francisco Lopez de Gomara en donna la juste mesure en écrivant : « La plus grande chose depuis la Création du monde, fors l'Incarnation et la mort de son Créateur, c'est la découverte des Indes. »

Pour retrouver la valeur de cette appréhension en dépit de notre recul de cinq siècles, il faut d'abord rétablir les coordonnées de ce qu'était le monde avant Colomb.

L'image du monde à la fin du XVe siècle

L'idée aristotélicienne de la sphéricité de la terre — qu'il ne faut pas confondre avec celle de l'héliocentrisme — était, à la fin du XVe siècle, devenue commune au monde des savants. Le problème de la circumnavigation de cette sphère était donc posé. Mais cela n'écartait pas le délicat problème de l'habitabilité des « antipodes ». La plupart des milieux cultivés persistaient alors dans la conviction que ceux-ci étaient inhabitables. Il est évident que les marins ne pouvaient voir les choses autrement, et tous craignaient de périr en les atteignant. On connaissait les confins du pôle Nord couvert de glace. La chaleur croissante de la zone tropicale créait l'idée d'une zone de feu équilibrant la zone de froid absolu. Une autre légende était celle de la solidification de la mer, née sans doute aussi de la prise par les glaces. Cela sans parler de l'idée d'un haut et d'un bas susceptible d'entraîner chute dans le vide.

Même pour les plus éclairés, des problèmes difficiles

n'étaient pas résolus. D'abord, la taille de la sphère terrestre. Des géomètres grecs et des cosmographes arabes étaient parvenus à en calculer à peu près correctement la valeur du degré et, à Lisbonne, centre où se côtoyaient encore hommes de savoir juifs, musulmans et chrétiens, pas de doute qu'il y avait des gens capables de vérifier ces calculs. La preuve en est d'ailleurs fournie par Colomb lui-même dans une de ces notes marginales dont il semait ses livres. Sur un coin de page de L'Epilogue de la mappemonde, *court traité du cardinal français Pierre d'Ailly, Colomb a écrit :*

« Il est à noter que souvent, en naviguant de Lisbonne vers le sud, en Guinée, j'ai noté avec soin la route qu'ont l'habitude de suivre les capitaines et les marins, et ensuite j'ai pris la hauteur du soleil avec le quadrant et avec d'autres instruments, à plusieurs reprises, et j'ai trouvé qu'elle concordait avec les mesures d'Alfraganus, c'est-à-dire que chaque degré correspond à 56 milles deux tiers, et c'est pour cette raison qu'il faut y ajouter foi. Ainsi donc, nous pouvons dire que le circuit de la terre sous le cercle équatorial est de 20 400 milles.

La même chose a été établie par le maître Joseph, médecin et astrologue, et plusieurs autres, envoyés exprès pour cela par le Sérénissime Roi de Portugal. Ce que n'importe qui peut voir au moyen des cartes de navigation, en mesurant du Septentrion au Midi, en plein Océan, en dehors de toute terre, le long d'une ligne droite qu'on peut bien commencer en Angleterre ou en Hibernie [Irlande] vers le sud jusqu'en Guinée. »

L'Alfraganus dont il est question dans cette note est le nom latinisé d'un cosmographe arabe, El Fargani. Mais voici ce qui donne aussi une idée des conditions scientifiques de l'époque : alors que les calculs de l'Arabe étaient corrects, la vérification de Colomb était fausse, la valeur du mille dont il se servait étant plus petite que celle du musulman. Erreur heureuse au demeurant : elle confirmait Colomb dans l'idée que la distance à parcourir de l'Europe à l'Asie par l'ouest était beaucoup plus courte qu'elle ne l'est en réalité. Mais cette conclusion, elle, ne suffisait pas à convaincre les milieux instruits de Lisbonne. De par leur plus de science ? Peut-être ! Mais ce n'est pas sûr. Bien plutôt parce que, selon la cosmographie scolastique, la distance, par terre, de l'extrémité ouest de l'Europe à l'extrémité est de l'Asie devait, pour des raisons d'harmonie géométrique, représenter la moitié de la circonférence du globe terrestre.

Pour toutes ces raisons, c'est avec prudence que les hardis navigateurs portugais (du seul Etat alors en conditions politiques et géographiques de se livrer à l'expansion coloniale) pénétraient la partie inconnue du monde. Les capitaines du prince Henri (1394-1460) — aujourd'hui connu comme Henri le Navigateur — se bornèrent à la reconnaissance de la côte ouest-africaine. Chaque année, une nouvelle expédition gagnait le point atteint l'année précédente, puis descendait un peu plus au sud jusqu'à un nouveau point où était établi un fort-comptoir de troc. Henri le Navigateur meurt en 1460 ; ce n'est qu'en 1486 que Bartholomeu Dias atteint le cap de Bonne-Espérance.

Quant à la route de l'Ouest, c'est avec plus de prudence encore que les marins s'y engagèrent. Les rois portugais accordèrent des « commissions » à tous ceux qui voulurent aller à la recherche des « îles atlantiques », celles que les légendes semaient quelque part sur les flots de la « mer Ténébreuse » : Atlantide, Ante-Illia, île de Saint-Brandan, île des Sept-Cités, île Brazil.

La foi en l'existence de ces îles était entretenue par la découverte relativement récente des Açores (fin du XIVe siècle), des Canaries (1402) et des îles du Cap-Vert (1456) et par la trouvaille, sans cesse renouvelée, de bois flottants exotiques.

Au long des cinq siècles qui nous séparent de la découverte de l'Amérique, périodiquement sont revenus des récits prétendant que Colomb avait été précédé par des marins plus ou moins obscurs. Mais aucune preuve, aucun document ne permet de soutenir une telle affirmation, quoiqu'on ne puisse totalement écarter l'hypothèse que le caprice des tempêtes, favorisé par l'orientation des courants s'incurvant vers l'Amérique au large de la côte africaine, ait pu faire aborder quelques navigateurs sur la côte brésilienne, qui n'est qu'à 370 lieues à l'est des îles du Cap-Vert. Si cela eut lieu, la terre continentale fut prise pour une île. Deux faits permettent de donner quelque force à ces deux hypothèses. Le premier : c'est à cette distance de 370 lieues que le roi de Portugal, Joan II, fit repousser, dans le traité de Tordesillas (1494), la ligne nord-sud à l'est de laquelle toutes les terres découvertes appartenaient à la couronne portugaise ; le second c'est que, lorsque Cabral aborda enfin au Brésil en 1500, il ne le reconnut tout d'abord que comme une île immense.

Cela nous amène au problème de l'image cartographique du monde qu'avait le XVe siècle finissant. Le Moyen Age avait fini par appliquer sur la sphère terrestre une image du monde figurant une sorte de galette partagée symétriquement en quatre : deux pour l'hémisphère nord, deux pour l'hémisphère sud. Les parties du nord étaient l'Europe et l'Asie, figurées de même taille. La partie sud-ouest, séparée de l'Europe par la Méditerranée, était l'Afrique, soit prolongée à l'est jusqu'aux mêmes limites que l'extrémité orientale de l'Asie, soit séparée par une mer prolongeant la mer Rouge d'un autre continent austral oriental.

Au XVe siècle, cette image s'était beaucoup modifiée dans les milieux les plus éclairés. Les voyages des Arabes, en particulier, progressivement connus de l'Europe à partir des Croisades, avaient permis d'établir un meilleur tracé général des contours de l'Afrique. Mais ce qui pouvait se trouver au sud de l'Asie restait l'inconnu absolu. Les idées maintenues quant à l'équilibre des terres immergées et à la « partie supérieure » du monde faisaient de cette zone incognitae *le lieu même du rêve de découverte.*

De ce rêve des géographes et des marins, Colomb fit un projet utopique. *Né du moment de l'histoire, les conditions historiques lui permirent de le réaliser autrement qu'il avait été conçu. Dialectique ordinaire du mouvement de réalisation de l'utopie dans l'histoire. Mais il faut noter en passant que de cette utopie-là va naître l'utopie littéraire en tant que genre durable et essentiel : c'est la réalité de l'Amérique qui va fonder et nourrir les rêves utopiques à la fois géographiques et sociaux, à commencer par celle qui donne son nom au genre,* L'Utopie *de Thomas More (1516).*

L'utopiste, homme nécessaire

A un certain degré de développement de l'Europe et de sa constitution en Etats nationaux, de ses besoins économiques, des progrès de ses connaissances scientifiques et techniques, l'expansion coloniale s'imposait. Dans la mesure où ses rapports de forces avec le monde islamique ne lui permettaient pas de s'ouvrir les routes asiatiques des épices et de la soie, il lui fallait chercher d'autres voies. La difficile et lente circumnavigation de l'Afrique était la plus évidente et la plus sûre, mais si longue que la voie de l'Ouest devait se poser. Nulle part l'hypothèse n'en fut plus examinée qu'au Portugal. Pourtant, on y repoussait l'entreprise comme une aventure.

Il est vrai que si cet Etat était alors la première puissance maritime atlantique, cela lui avait permis d'obtenir le monopole de la colonisation de la côte occidentale africaine, garanti par l'autorité du Saint-Siège, dès 1481, par la bulle Aeterni Regis.

Quant à cette primauté du petit Portugal, il la devait à la paix paradoxale dont il jouissait dans une Europe où les grands Etats en constitution sortaient à peine de situations chaotiques. Le cas de l'Espagne présentait une particularité en cela que l'achèvement de la Reconquista sur les Maures manifestait une puissance sans pareille trouvée dans le processus d'unifi-

cation de la monarchie, elle-même assise sur l'épanouissement d'une bourgeoisie qui était sans doute alors la plus prospère d'Europe.

En cette fin de XVe siècle donc, l'unité nationale désormais fondée sur la structure stable de la monarchie centraliste en Angleterre, en France et en Espagne allait faire de ces Etats des puissances maritimes qui, étant « atlantiques », ne pouvaient qu'être amenées à se poser le problème de la route de l'Extrême-Orient par l'Ouest. C'est dire que, nécessairement, le XVIe siècle n'aurait pu s'écouler sans voir l'Amérique découverte. De ce fait, l'œuvre propre de Colomb ne peut être regardée comme un miraculeux hasard, mais bien comme un cas d'adéquation du rôle d'un individu aux exigences de l'histoire.

Le portrait-robot de l'homme nécessaire peut se dessiner à partir des données qui précèdent : il fallait que ce fût un marin aventurier mais possédant l'acquis des connaissances géographiques et scientifiques de l'époque, portugais ou espagnol (catalan, galicien ou andalou), ou encore citoyen d'une de ces villes côtières de l'Italie, politiquement en déclin, mais de riche tradition maritime, savante et commerciale. La preuve a posteriori en est qu'après Colomb la reconnaissance et l'exploration de l'Amérique sont l'œuvre exclusive de navigateurs de ces trois pays, et les deux plus célèbres après Colomb, Cabot et Vespuce, sont italiens, l'un au service de l'Angleterre, l'autre de l'Espagne puis du Portugal.

Or, Colomb est — et sans doute était-il alors le seul à être — tout cela à la fois : Italien de naissance, Catalan par engagement, Portugais par accident puis mariage, Andalou par adoption et compagnonnage, Espagnol par destin historique (on ne connaît à Colomb qu'une seule langue, le castillan, utilisée jusque dans ses notes personnelles et dans des lettres à des Italiens) ; négociant d'origine, corsaire par profession et goût du risque, explorateur et cartographe quand il est happé par l'idée de l'heure, aventurier toujours, et au plus haut sens du mot, donc aussi poète, avec plus qu'un grain de folie mégalomane et une bonne dose d'esprit mystique pour conforter le tout. Il est donc au point de rencontre de toutes les lignes qui mènent à cette aventure-là, *indispensable, mais que refusent tous les raisonnables de l'époque et que craignent encore les plus hardis.*

Colomb est né à Gênes. Cela ne peut plus être mis en doute, et de très solides documents gênois recoupent les affirmations des premiers biographes. Mais, comme il l'a expressément écrit, il prit tôt la mer, et il est probable que ce n'est qu'à de rares reprises qu'il revint dans sa ville natale pour y régler des affaires de famille, laissant dans l'ombre les activités qui étaient les siennes à ces périodes.

On sait maintenant pourquoi Colomb se taisait alors et pourquoi il continua à se taire toute sa vie sur la dizaine d'années qui précèdent son arrivée au Portugal. C'est qu'il naviguait sur des navires corsaires catalans. Et si cela n'avait rien de criminel, les corsaires n'étant pas des pirates mais des marins indépendants au service du souverain ou du grand personnage qui les payait, cette activité pouvait, par le jeu des alliances et de leur renversement, placer un individu en opposition avec sa propre patrie ou avec... son maître du lendemain. Deux mésaventures qui, précisément, arrivèrent à Colomb.

Si la notion de patrie est assez anachronique, surtout pour l'Italie, au XVe siècle, il n'empêche que, même parvenu au faîte de la gloire, Colomb n'avoua jamais s'être trouvé aux prises avec des navires gênois en 1476, alors qu'il servait sous le corsaire catalan Casenove-Coullon pour le compte de Louis XI, roi de France. Pourtant, il s'agissait d'un épisode important de sa vie, puisque c'est à cette bataille du cap Saint-Vincent que son bateau prit feu et qu'il gagna le Portugal à la nage... pour y rester et commencer une nouvelle vie. Il préféra cependant maquiller les circonstances de cette aventure qui ne fut mise au clair que par ses biographes du XIXe siècle. Toutefois, dans son testament, il légua, sans commentaires, une répa-

ration financière anonyme aux négociants gênois mêmes dont les pertes matérielles et humaines avaient été les plus lourdes au cours de ce combat.

Autre cause de son silence : comme corsaire, il avait servi, entre autres, René d'Anjou, prétendant à la couronne catalane contre Jean sans Foi, roi d'Aragon, propre père de Ferdinand, l'un des deux Rois Catholiques qui, par leur mariage, firent l'unité de l'Espagne et ainsi furent les souverains dont Colomb devint le féal à l'heure de la découverte. Certes, le passé de Colomb n'avait pu rester un mystère pour eux, et la preuve en est qu'il y fit un jour allusion dans une lettre qu'il leur écrivit. Mais, publiquement, il s'en tint à une discrétion qui était au moins une politesse de cour.

On ne sait pas positivement pourquoi Colomb resta au Portugal. Le plus probable est que la fièvre de découverte qui y brûlait le fixa. C'est là que l'idée le saisit et, à partir de ce moment, il se donna complètement à elle.

La période portugaise de la vie de Colomb possède une extraordinaire unité sous une apparente dispersion ; tous ses actes, ses voyages, ses lectures, ses relations et jusqu'à, sans doute, son mariage avec Filippa Moniz Perestrello, fille du gouverneur héréditaire de l'île de Porto-Santo, pointe avancée atlantique, vont alors être une préparation de sa quête des terres et de la route de l'Ouest.

Il est un marin déjà aguerri ; il va compléter sa formation en s'assimilant rapidement l'acquis non seulement des navigateurs portugais, mais de ceux du Nord. Peut-être est-ce à l'occasion d'une expédition organisée en 1477 en Islande, et même jusqu'au Groenland, par les rois Christian Ier de Danemark et Alphonse V de Portugal, que Christophe Colomb s'embarqua et conçut son projet. Il devait écrire plus tard les lignes suivantes en une lettre recopiée par ses deux premiers biographes :

« J'ai navigué en l'an 1477, au mois de février, cent

lieues au-delà de l'île de Tilé [Tilé = Thulé = Islande] dont la partie australe est à 73° de la ligne équinoxiale, et non à 63° comme certains le disent. Elle n'est pas à l'intérieur de la ligne occidentale comme le dit Ptolémée, mais beaucoup plus à l'ouest. A cette île, qui est aussi grande que l'Angleterre, vont les Anglais et spécialement ceux de Bristol ; et, à l'époque où j'y allais, la mer n'était pas gelée, mais il y avait de très grandes marées, tant que, dans certains endroits, elle montait deux fois par jour à vingt-cinq brasses et descendait autant de fois cette hauteur. La vérité est que l'île de Tilé, dont parle Ptolémée, se trouve où il dit et est celle que les modernes nomment Frislandia [les îles Féroé]. »

Notons que Colomb fait encore ici quelques erreurs, en particulier sur la situation de l'Islande qui n'est qu'à 3 degrés au nord des îles Féroé, mais que cela constitue une preuve de l'authenticité de son voyage. Où trouver, en effet, la force de contredire les maîtres sinon dans les mesures faites personnellement sur place ?

*Tendu à l'avancée du monde d'alors, il commençait aussi à recueillir des indices. Il notera dans les marges de son exemplaire de l'*Historia Rerum *d'Enea Silvio Piccolomini, pape de 1458 à 1464 sous le nom de Pie II :*

« Des hommes sont venus du Cathay [la Chine] en Orient. Nous avons vu beaucoup de choses remarquables, notamment à Galway en Hibernie [Irlande], dans deux barques à la dérive, un homme et une femme d'allure magnifique. »

Des Esquimaux, ou plus probablement des Indiens ? Il ne semble pas en tout cas qu'il ait eu connaissance des voyages des Norvégiens de l'aube du XIe siècle. Le fil de ces expéditions était rompu depuis trop longtemps.

Colomb alla ensuite, au moins une fois, voir par lui-même les côtes africaines jalonnées par les Portugais, jusqu'à ce fort de la Mine, en Guinée, qui mar-

*quait la limite des trafics réguliers. Ce voyage est pour lui l'occasion d'une conclusion notée en marge de l'*Imago Mundi :

« Zone torride : elle n'est pas inhabitable puisque aujourd'hui les Portugais y naviguent. En vérité, elle est très peuplée, et sous la ligne équatoriale se trouve la forteresse de la Mine d'or que nous avons vue et qui appartient au Roi Sérénissime de Portugal. »

Pendant la même période, il assimile toute la documentation scientifique, anecdotique, mystico-légendaire sur les secrets de la mer Océane. C'est alors qu'il lit et annote d'Ailly, Pie II, vérifiant tout ce qui lui est possible de leurs vues cosmographiques et géographiques et les contredisant là où l'expérience lui permet de corriger leurs vues purement théoriques. Il parle avec les savants chrétiens et maures accueillis et réunis au Portugal depuis Henri le Navigateur. Avec les humbles pilotes aussi. Et tout lui est bon.

*C'est probablement plus tard, en Espagne, qu'il lira Marco Polo et l'*Histoire naturelle *de Pline. Mais, au Portugal, la discussion essentielle pour lui est celle de la largeur de l'Océan. Les seules autorités qu'il accueille sont celles qui concluent, avec Marin de Tyr, le géographe du Ier siècle, à la mer étroite, aisément franchissable : Pierre d'Ailly, toujours, chancelier de la Sorbonne, s'appuyant sur Pline ; Piccolomini (Pie II) et son contemporain Paolo del Pozzo Toscanelli, astronome florentin, qui a tracé une carte hypothétique qui appartint aux Archives de la couronne portugaise et qu'on accusera beaucoup plus tard Colomb d'avoir volée (sans preuves aucunes), mais dont il possédait au moins une copie lors de son premier voyage.*

Les reconnaissances tentées n'ont pas confirmé ces autorités, et Colomb n'a rien de neuf et de concret à produire devant la puissance qui décide. Mais, chez lui, l'hypothèse est devenue une certitude, une foi. « Il était aussi sûr de la découverte de ces terres, écrira son biographe Las Casas (1474-1566), que s'il en avait eu la clé dans sa poche. » A priori, il choisit les thèses et hypothèses qui rendent l'exploit concevable, groupant en faisceau les légendes, les théories savantes, les observations concrètes et les indices probants (épaves de bois travaillés ou plantes inconnues et vertes), qu'il replace dans un ensemble cohérent qui, à défaut de convaincre les autres, le convainquait lui-même. Jusqu'à l'obsession, et plus, bientôt jusqu'au sentiment d'une véritable désignation qui, après la découverte, l'entraînera au mysticisme et au prophétisme.

L'utopie

L'exploration du monde exigera d'intrépides aventuriers, mais la découverte du Nouveau Monde exigeait plus : un aventurier de l'esprit. C'est ce caractère qui fait la primauté de Colomb.

Le système auquel il est parvenu dès la fin de son séjour au Portugal, il n'en a fait aucun exposé systématique et, davantage, il l'a tenu secret, ne révélant parcimonieusement à chaque « entrepreneur » possible que le minimum absolument indispensable au renouvellement de la confiance en ses projets et à la conservation de ses soutiens. Rien d'étonnant à cette avarice d'idées : les découvertes qu'il escomptait comportaient trop de profits potentiels, et la garantie de leur possession pour le découvreur était trop incertaine pour que celui-ci ne se trouvât pas pris dans une contradiction : intéresser suffisamment le bailleur de fonds et protecteur politique pour obtenir les moyens de l'expédition et le contrat qui en garantisse le bénéfice ; ne pas révéler ce qui entraînerait ce dernier à promettre moins ou à s'en remettre à des subordonnés de la recherche pour son plus de profits. Il s'agit en somme de duper l'entrepreneur ; et Colomb y réussira très bien avant qu'il ne lui en cuise d'avoir réussi.

Toujours est-il qu'il dissimule son système. Mais il existe, fixé par écrit, en fragments dispersés mais cohérents, dans les marges de ses livres. Prises comme ensemble, ces « apostilles » présentent une étonnante unité, et d'autant plus grande que les auteurs annotés sont contradictoires et souvent confus. Combinant l'approbation et la réfutation, les acquis récents et les vieilles idées — la plupart du temps fausses —, Colomb établit une synthèse qui devient la base théorique du projet de plongée à l'ouest.

La théorie a trois points de départ : 1) sur le globe terrestre, plus de la moitié de la surface est en terres immergées ; 2) le degré terrestre est de 56 milles et demi selon Alfraganus (ce qui est juste avec des milles arabes, mais faux avec les milles italiens de Colomb qui ramènent la valeur des degrés terrestres à 81/85 kilomètres) ; 3) les terres connues font plus de 180 degrés — et même, selon Marin de Tyr, 225 degrés de l'extrémité de l'Espagne à l'extrémité de l'Asie, d'ouest en est —, donc l'Océan fait moins de 135 degrés, distance aisément franchissable.

Première conclusion : des terres restent à découvrir, et pas seulement des îles mais des terres continentales. En note au Premier Traité de cosmographie *de Pierre d'Ailly, il trace ces lignes qui sont un grand poème :*

Une partie de notre globe habitable se termine :
au soleil levant par une terre inconnue,
au midi par une terre inconnue,
au couchant par une terre inconnue,
au septentrion par une terre inconnue.
Les quatre côtés de notre globe habitable sont fermés
par une terre inconnue.

Mais l'idée clé est ailleurs. Elle tient à ce que la pensée de Colomb épouse celle, scolastique et dépassée, des maîtres qu'il étudie ; les continents sont parallèles, donc un est inconnu — ce qu'il écrit, de façon non équivoque, en marge de L'Epilogue de la mappemonde :

« La moitié de la terre n'est pas couverte d'eau et la quatrième partie en est sous l'équateur, opposée à celle où nous sommes, d'une disposition semblable à celle-ci ; et, ainsi, ces deux parties doivent être non couvertes d'eau et pareillement habitables. »

Y aurait-il ambiguïté sur cette « quatrième partie » ? Elle serait levée par une autre note au même livre où l'on peut lire : « Depuis l'extrémité de l'Occident jusqu'à la fin de l'Inde [l'Asie], il y a, par terre, beaucoup plus de la moitié de la circonférence de la terre, c'est-à-dire de 180°. La limite orientale est proche de l'Afrique ou de l'Espagne, et la partie de la terre opposée à cette moitié paraît être habitable, de sorte que cette Inde est la tierce partie de l'habitat. » *Le rapprochement éclaire limpidement la pensée non dite : Afrique et Europe font la moitié du monde, l'Asie une troisième partie, manque la quatrième, inconnue, à trouver.*

*Mais, en marge de l'*Imago Mundi, *une autre petite phrase nous en apprend encore davantage sur le caractère grandiose de l'utopie colombienne :* « Avicenne enseigne que l'au-delà de l'équateur est très tempéré, parce que là est le paradis terrestre, en Orient. » *Ce que complète, dans le même livre, cette exclamation frémissante comme un index tendu vers le but :* « Le Paradis terrestre est là ! »

Aucune édition des œuvres de Colomb n'a retenu ces apostilles et aucun historien ne leur a accordé une grande importance ; pourtant elles n'étaient pas inconnues. Alors pourquoi ce dédain ? Pour deux raisons, très différentes, mais qui se sont croisées pour aveugler les chercheurs.

D'abord la difficulté de dater l'une quelconque de ces notes marginales. Cependant, le contenu de certaines d'entre elles impose l'idée qu'elles ont été écrites pendant le séjour au Portugal. Mais, surtout, le Journal de bord, *comme on le verra, contient maintes références aux livres annotés, et certaines annotations n'auraient eu aucun sens après le premier voyage ; d'autres enfin, si elles avaient été écrites après celui-ci, ne feraient que renforcer la thèse de la recherche d'un quatrième continent.*

Cependant, la négligence à l'égard des apostilles a une raison subjective beaucoup plus forte. Tous les historiens qui se sont penchés sur l'histoire de Colomb, qu'ils aient été favorables ou hostiles au personnage, ont négligé d'approfondir la question de la cartographie de l'époque et ont tous admis que, Colomb n'ayant comme carte du monde (hypothétique) que la « fameuse » carte de Toscanelli, dont il fut accusé du vol, mais qui n'existe plus, celle-ci devait ressembler à celle du globe de Martin Behaim. Salvador de Madariaga, le dernier en date et le meilleur des biographes de Colomb, est même allé jusqu'à tracer le quatrième voyage de Colomb sur la géographie imaginaire de Behaim pour comprendre où le navigateur croyait être allé. Pourtant, non seulement les indications que l'on peut tirer des œuvres de Colomb ne permettent pas une telle application, mais au contraire elles en exigent une tout autre pour être intelligibles. L'erreur est venue de ce que les historiens se sont arrêtés par idée préconçue aux planisphères montrant la mer étroite, quand ce n'est pas uniquement au globe de Behaim, le seul en son genre qui subsiste de ce temps. Or, le globe de Behaim, allemand venu se mettre au service du Portugal, a été réalisé en 1492, l'année même du départ de Colomb, et alors qu'il avait depuis longtemps quitté le Portugal. Il est probable que, s'il l'a vu, c'est seulement au retour de son premier voyage, et qu'il n'a pu le convaincre de renoncer à ses propres idées géographiques.

Celles-ci, au contraire, révèlent leur parfaite cohérence dans la jonction de trois données : les apostilles, comme nous l'avons vu ; l'orientation des quatre voyages, comme nous le verrons par les textes mêmes que nous publions ; enfin, par la référence à des cartes du monde nettement antérieures au voyage de Colomb, donc archaïques, mais qui devaient être celles dont Colomb s'inspira, ou étaient des cartes du même type.

De celles qui nous sont parvenues, les plus remarquables par la cohésion avec les idées des apostilles et les tentatives de Colomb sont, d'abord, celle du

Vénitien Andrea Bianco, datée de 1436, qui représente l'Asie comme purement boréale et où l'Afrique se prolonge sur tout l'hémisphère austral parallèlement à l'Europe et à l'Asie. En Orient, Asie et Afrique sont séparées par une mer, symétrique à la Méditerranée, semée d'innombrables îles. Mais, surtout, retenons que cette carte situe le Paradis terrestre en Extrême-Orient asiatique. Une autre carte, anonyme et portugaise, *de 1450 celle-là, comporte une Asie boréale et, au sud d'une Afrique aplatie, une immense terre inconnue. Enfin, une autre carte anonyme, datée de 1483 ou 1488, fait aussi apparaître des conceptions parentes : si l'Afrique extrême-orientale y rejoint l'Extrême-Orient asiatique, faisant de l'océan Indien une mer fermée prolongée à l'ouest par la mer Rouge, on voit, par contre, au point de rencontre oriental des deux continents, un lac donner naissance aux quatre fleuves que Colomb citera, lors de son arrivée à l'embouchure de l'Orénoque, comme ceux qui descendent du Paradis terrestre.*

Il ne faudrait d'ailleurs pas croire qu'une approche plus neuve, telle celle de Behaim, mais elle aussi fausse (doublement de l'étendue de l'Asie, Ceylan située deux fois comme Seilan et comme Taprobane, etc.), pût mieux aider à la connaissance du Nouveau Monde. On pourrait même dire au contraire, en voyant en 1508 une carte de John Ruysh, rectifiant Ptolémée, qui ignore encore le continent nord-américain et place l'Amérique du Sud (reconnue nouveau continent), prolongée au nord par les îles Hispaniola (Haïti) et Cuba, sous... le Groenland ; mais un Groenland qui est le prolongement nord-oriental de l'Asie. Plus stupéfiant encore si l'on songe à la qualité de la carte de 1500 de Juan de La Cosa, ex-pilote de Colomb, et de celle qui figure dans les œuvres de Martyr d'Anghiera en 1511, Sebastian Münster trace à Bâle en 1532 — six ans seulement avant sa remarquable carte qui donne la première silhouette complète, bien qu'écrasée, du Nouveau Monde — une carte où l'Amérique du Sud est entière, mais dont la prolongation au nord est seule-

ment Cuba transformée en mince péninsule, avec au nord un Groenland asiatique.

On voit donc que l'utopie de Colomb n'avait rien d'une idée hors de l'histoire. On n'en rendrait d'ailleurs pas un compte exact si l'on n'ajoutait pas que, pour la pensée médiévale qu'adoptait Colomb, les sources de l'or terrestre étaient dans un rapport plus ou moins direct avec la chaleur solaire et que, par conséquent, l'équateur en était le lieu par excellence. Mais si la majeure partie des notes marginales de Colomb souligne les informations les plus remarquables de ses livres, il n'y insiste pas plus sur les richesses minérales, les perles et les épices que sur des merveilles comme les éléphants, les anthropophages, les cités immenses, etc.

Une conclusion s'impose : un homme de structure intellectuelle plus moderne que celle de Colomb, et possédant les données cosmographiques les plus avancées qui existaient à la fin du XVe siècle, aurait jugé la traversée de l'Europe à l'Asie trop longue et trop dangereuse ; un esprit totalement médiéval l'aurait jugée trop pleine de périls pour d'autres raisons. C'est précisément parce que Colomb combinait en lui un penseur encore médiéval et un intrépide aventurier des temps nouveaux qu'il put être l'homme nécessaire.

Vers 1480, le plan et le programme de l'utopie sont mûrs en lui. Il va lui falloir douze ans pour réaliser son rêve.

Les conditions matérielles de la découverte

Paradoxalement, c'est la force même de sa conviction qui va maintenant entraver Colomb dans le rassemblement des conditions matérielles de la découverte.

En effet, si l'on ne connaît pas par des documents la teneur des propositions de Colomb au roi de Portugal, il est loisible de penser que le refus a tenu en dernier lieu au caractère exorbitant des exigences qu'il présentait comme conditions de son voyage d'exploration. On le peut parce que les Rois Catholiques bronchèrent aussi devant ces exigences qui finalement lui furent concédées dans les Capitulations de Santa Fé *au bénéfice du doute sur l'importance de la découverte. Il ne s'agissait de rien moins que d'être nommé amiral pour les îles et terres fermes à découvrir, vice-roi avec droit de désigner des gouverneurs pour les mêmes îles et terres fermes ; d'obtenir le dixième pour lui de toutes les marchandises et richesses produites par ces possessions ; plus une part sur tous les affrètements et leur produit, plus bien entendu l'anoblissement, le tout à titre héréditaire. Réclamés dans la perspective de la découverte de quelques nouvelles îles du Cap-Vert, ces privilèges sont déjà taxables de mégalomanie, mais qu'en dire alors qu'ils visent à la souveraineté sur un continent ? La mention « îles et terres fermes » était d'usage, a-t-on fait remarquer. Il est vrai, mais il n'en reste pas moins que l'acharnement de Colomb à se faire donner ce chèque en blanc ne peut se comprendre pour aller, avec une centaine d'hommes, à la conquête de l'immense empire du Cathay, dont Marco Polo avait peint la puissance sous le règne du Grand Khan. Les* Capitulations *vont donc elles aussi dans le sens de la confirmation d'une terre inconnue.*

Son projet repoussé plusieurs fois par Joan II de Portugal, Colomb passe en Espagne en 1484. Les conditions et les raisons immédiates de ce départ sont restées mystérieuses. Mais maintenant va commencer son histoire, officielle et néanmoins toujours repeinte en légende.

Sa femme est morte. Il vient en Espagne avec ou bientôt suivi par son fils unique Diego. Il semble être venu clandestinement. Ce que suffit à expliquer le fait que, même hostile à l'exploration de la route de l'Ouest, le roi de Portugal n'avait aucune envie de voir l'Espagne s'emparer du projet sous les auspices d'un homme qui en connaissait parfaitement le dossier.

L'arrivée au couvent de La Rabida, en Andalousie,

n'est pas celle d'un misérable fugitif errant au hasard.

Tout, au contraire, semble indiquer qu'en Espagne Colomb noue ou renoue des relations avec des personnages liés, ou dont les parents ont été liés, à la cause catalane qu'il a servie comme corsaire. La Rabida est dans la seigneurie de Huelva, qui a appartenu à la famille de Medinaceli avant de passer par mariage à celle de Medina-Sidonia. Or, c'est successivement à la charge de ces deux familles que Colomb va demeurer plus de deux ans. Les deux familles étaient, depuis 1470, liées par un traité d'alliance, y compris à l'encontre de « cortès et rois » (sic). *Luis de la Cerda, comte de Medinaceli, tenant d'un fief aux marches nord de la Castille, et en cela ennemi héréditaire naturel de l'Aragon, n'avait pas seulement guerroyé en aide à la révolution catalane contre Jean sans Foi, il en revendiqua le trône, et c'est vraisemblablement pour le désintéresser que, dans l'œuvre d'unification des Espagnes, son comté fut érigé en duché par les Rois Catholiques.*

Ces deux grands ducs envisagèrent successivement de financer l'expédition pour leur propre compte. Mais cela ne faisait visiblement pas l'affaire de Colomb, à qui il fallait un roi pour lui accorder les privilèges énumérés plus haut. L'étrange est qu'il songea et sonda ceux de France et d'Angleterre avant de s'adresser aux Rois Catholiques. Seuls son passé et ses traces peuvent expliquer une telle anomalie. Il est peu douteux d'ailleurs que Ferdinand d'Aragon ait toujours été hostile à Colomb, et c'est à la reine Isabelle que Colomb s'adressa enfin et vers qui il se tourna ensuite toujours avec prédilection. C'est à celle-ci personnellement que l'adressa le duc de Medinaceli, et c'est à sa chancellerie — celle de Castille, les deux royaumes jouissant toujours alors de leur autonomie — que le projet de Colomb fut soumis le 20 janvier 1486.

Ce projet fut soumis à une commission présidée par le prieur Hernando de Talavera. Elle fut unanime à déclarer qu'il était impossible que ce que disait Colomb fût vrai. Bien que composée à la fois de savants, de marins et de théologiens, cette commission était sans nul doute en retard par rapport aux connaissances portugaises.

Après ce refus, ses amis n'abandonnèrent pas Colomb. Et le plus important de ces amis fut certainement dans cette période un autre Catalan, Luis de Santangel, escribano de racion, *c'est-à-dire intendant général des Rois Catholiques, et de plus trésorier de la Sainte Hermandad ; par ailleurs grand banquier et négociant ; et* converso, *c'est-à-dire juif converti, ce qu'étaient nombre de riches bourgeois qui avaient sauvé leurs biens et leurs hautes situations au prix d'une messe.*

Les circonstances et conditions du revirement des Rois Catholiques sont demeurées obscures. Toutefois, il est clair que deux éléments se conjuguèrent. La chute de Grenade, achevant la Reconquista sur les Maures, libéra la monarchie espagnole de la lourde charge d'une longue guerre, et cela la rendait libre de se tourner vers l'extérieur et d'envisager de prendre sa place dans l'essor économique européen. Ce pouvait être un coup de maître que de commencer par trouver la plus courte voie de l'Asie, avec des chances de s'assurer la possession de relais sur la route. Mais, par ailleurs, en dehors des promesses des Capitulations, *les Rois Catholiques ne risquèrent rien dans l'expédition. C'est Luis de Santangel qui en avança les fonds sur la garantie de leur remboursement après le succès (ce qui eut lieu) ; quant aux bateaux et à leur équipage, ils furent simplement l'objet, de la part des souverains, d'un « virement au compte découverte » d'une amende en nature due par la ville de Palos de Moguer pour on ne sait quels sévices à l'encontre des intérêts royaux. « Vous avez été condamnés par ceux de notre Conseil à l'obligation de nous servir douze mois avec deux caravelles, à vos propres frais et dépens, en temps et en lieu qui par nous vous seront exigées, sous les peines prévues plus au long en ladite sentence portée contre vous. Etant donné que nous avons ordonné à Cristobal Colon d'aller avec une armada de trois caravelles en certaines parties de la mer Océane pour y accomplir quelque mission qui convient à notre service, nous voulons qu'il emmène avec lui les susdites deux caravelles et c'est ainsi que vous devez nous servir », écrivit la reine Isabelle.*

Cela n'engageait à rien. Même pas les « condamnés » que Colomb dut encore convaincre à leur tour, les moines de La Rabida servant d'intermédiaires avec l'armateur et corsaire andalou Martin Alonzo Pinzon. Le mirage de l'or aidant, il y réussit. Pauvre départ d'une si grande entreprise !

A partir de ce point, les œuvres de Colomb parlent pour lui avec plus d'éloquence que tous ses historiens. Il suffit de le suivre pas à pas, et d'abord dans le Journal de bord *du premier voyage, ou plus exactement dans le Résumé qu'en leva Las Casas, probablement à partir d'une copie qui appartint à Colomb, l'original ayant été versé aux archives des Rois Catholiques où il disparut ainsi que tous les autres journaux de bord du grand navigateur.*

Michel LEQUENNE

P.-S. Cette introduction est la réduction d'un travail historique de beaucoup plus grande envergure exécuté par nous en collaboration avec Soledad Estorach de 1953 à 1957 et resté inédit. L'étude des sources et la discussion des thèses contradictoires des spécialistes en a donc été éliminée, ainsi que quantité d'éléments biographiques dont l'essentiel peut être trouvé dans d'autres ouvrages, en particulier dans le remarquable Christophe Colomb *de Salvador de Madariaga.*

M. L.

Nous remercions ici Mercedes Guillen de Lobo pour son aide et ses précieux conseils.

S. E. et M. L.

Journal de bord
1492-1493

Ceci est le premier voyage, les routes et les chemins maritimes que suivit l'Amiral don Cristobal Colon [1] quand il découvrit les Indes, transcrit et abrégé, à l'exception de l'envoi préliminaire qu'il adressa aux Rois Catholiques et que voici littéralement ci-dessous. Et il commence ainsi :

In Nomine Domini Nostri Jhesu Christi

« Très Chrétiens, Très Hauts, Très Excellents et Très Puissants Princes, Roi et Reine des Espagnes et des îles de la Mer, Nos Seigneurs.

En cette présente année 1492, après que Vos Altesses eurent mis fin à la guerre contre les Maures qui régnaient encore en Europe, et l'avoir achevée en la très grande cité de Grenade où, le deuxième jour du mois de janvier de cette même année, je vis hisser, de par le droit des armes, les étendards royaux de Vos Altesses aux tours de l'Alhambra qui est la forteresse de ladite cité, et où je vis le roi maure sortir aux portes de la ville et baiser les royales mains de Vos

1. C'est par commodité, en raison de la tradition française, que, dans le titre et l'introduction de cet ouvrage, nous avons adopté la forme Christophe Colomb du nom du découvreur. En fait, cette forme est arbitraire. Le Gênois Cristoforo Colombo s'appela Colomo au Portugal, ce qui semble bien la forme castillane du catalan Colom. En Espagne, il se fit appeler Colon ; mais lui-même ne se donne jamais son nom, il se donne son titre d'amiral, El Almirante, et signe Christo Ferens, ce qui accentue, de son prénom, le sens de « porteur du Christ ».

Altesses et du Prince, Mon Seigneur ; bientôt, en ce même mois, en suite des informations que j'avais données à Vos Altesses des terres de l'Inde et d'un prince appelé Grand Khan [2] — ce qui veut dire en notre langue Roi des Rois — et de ce que, maintes fois, lui et ses prédécesseurs avaient envoyé à Rome y demander des docteurs en notre Sainte Foi afin de s'en instruire, et parce que jamais le Saint Père n'y avait pourvu et qu'ainsi tant de peuples se perdaient, tombant en idolâtrie et recevant parmi eux des sectes de perdition, Vos Altesses, comme catholiques chrétiens, Princes fidèles et propagateurs de la Sainte Foi Chrétienne, ennemis de la secte de Mahomet et de toutes les idolâtries et hérésies, pensèrent m'envoyer, moi, Cristobal Colon, auxdites contrées de l'Inde pour y voir lesdits princes, et les peuples, et les terres, et leur situation, et toute chose ainsi que la manière dont on pourrait user pour convertir ces peuples à notre Sainte Foi.

Elles m'ordonnèrent de ne pas aller par voie de terre à l'Orient — par où l'on a coutume de le faire — mais par le chemin d'Occident, par lequel nous ne savons pas, de foi certaine, que jusqu'à ce jour personne soit passé.

Ainsi, après avoir chassé tous les juifs hors de vos royaumes et seigneuries, Vos Altesses en ce même mois de janvier m'ordonnèrent de partir avec une suffisante armada auxdites contrées de l'Inde. Et, pour cela, Elles me comblèrent de grâces, m'anoblirent, décidèrent que dorénavant je m'appellerais Don et serais grand amiral de la mer Océane et vice-roi et gouverneur perpétuel de toutes les îles et de la terre ferme que je découvrirais et gagnerais, et qu'à ma suite on découvrirait et gagnerait dans la mer Océane, et que mon fils aîné me succéderait en ces titres et ainsi de génération en génération, pour toujours et à jamais.

---

2. Souvenirs du livre de Marco Polo dont les données historiques étaient devenues anachroniques.

Et je partis de la cité de Grenade le douzième jour du mois de mai de la même année 1492, un samedi ; je vins à la ville de Palos, qui est port de mer, où j'armais trois navires très convenables pour telle entreprise et je partis dudit port, bien pourvu de très nombreuses subsistances et de beaucoup de gens de mer, le troisième jour du mois d'août de ladite année, un vendredi, une demi-heure avant le lever du soleil. Et je pris le chemin des îles Canaries qui sont à Vos Altesses et se trouvent en ladite mer Océane pour, de là, prendre ma route et naviguer jusqu'à toucher aux Indes, m'y acquitter de l'ambassade de Vos Altesses auprès des susdits princes et y accomplir ainsi ce qu'Elles m'avaient ordonné.

En ces raisons, je me suis proposé d'écrire très ponctuellement, au jour le jour, tout ce que je ferais et verrais et qui m'arriverait pendant ce voyage, comme bien on le verra plus avant.

De plus, Seigneurs Princes, tout en écrivant chaque nuit ce qui sera arrivé le jour, et le jour la navigation de la nuit, j'ai le dessein de faire une nouvelle carte marine sur laquelle je situerai toute la mer et toutes les terres de la mer Océane, dans leurs propres positions, sous leur vent, et de composer en outre un livre, et d'y mettre tout fidèlement peint par latitude équinoxiale et longitude occidentale.

Et, surtout, il importe beaucoup que j'oublie le sommeil et sois très vigilant navigateur, pour que tout soit accompli ; ce qui demandera grand-peine. »

Vendredi 3 août

« Nous partîmes le vendredi 3 août 1492, à huit heures, de la barre de Saltes [3]. Nous allâmes vers le sud, jusqu'au coucher du soleil, sous un vent vif, pendant soixante milles qui font quinze lieues [4] ; ensuite, au sud-ouest, puis au sud quart sud-ouest, ce qui était le chemin des Canaries. »

Samedi 4 août

Ils naviguèrent [5] au sud-ouest quart sud.

Dimanche 5 août

Tant de jour que de nuit, ils poursuivirent leur route plus de quarante lieues.

Lundi 6 août

Le gouvernail de la caravelle *Pinta* [6], que montait Martin Alonso Pinzon, sauta ou se disloqua, par l'in-

3. Ile située dans l'embouchure de l'Odiel, en face de Huelva.

4. La lieue maritime espagnole fait 5 555 mètres, soit un peu moins de quatre des milles italiens utilisés par Colomb qui sont de 1 477,5 mètres, et presque trois des milles espagnols qui font 1 852 mètres.

5. Quand Las Casas résume, il passe de la première personne qui est Colomb à la troisième personne, avec peu de souci de style, comme s'il prenait rapidement des notes, ce qui s'explique par le fait que ce Résumé n'était pas destiné à la publication, mais probablement à être un document de travail.

6. La *Pinta*, la « Peinte », dans le sens de la « maquillée », autrement dit la « fière putain » ; la plus petite caravelle

dustrie — à ce que l'on crut ou soupçonna — d'un certain Gomez Rascon et de Cristobal Quintero dont c'était la caravelle et à qui ce voyage pesait. L'Amiral [7] se souvint qu'avant le départ ces hommes avaient été surpris en « intrigues et machinations », comme on dit. L'Amiral se vit ici en grand embarras de ne pouvoir secourir ladite caravelle sans se mettre en danger lui-même, mais il avoue qu'il sentait son inquiétude diminuer de savoir que Martin Alonso Pinzon était un homme de courage et de grandes ressources [8].

> Pinzon [...] l'arrangea avec quelques cordes de telle sorte qu'ils purent suivre leur chemin [9].

Enfin, entre jour et nuit, on fit vingt-neuf lieues.

Mardi 7 août

De nouveau, le gouvernail de la *Pinta* sauta. Ils le réparèrent, allèrent à la recherche de l'île de Lanzarote, qui est une des Canaries, et ils firent vingt-cinq lieues entre jour et nuit.

---

s'appellait la *Niña*, la « Petite », mais encore au sens de « fille » (légère). Nulle part en ses écrits Colomb ne donne le nom de sa caravelle, la plus grande, connue de tous les écoliers sous le nom de la *Santa Maria*, mais qui n'à jamais porté ce nom. Elle s'appelait probablement la *Maria Galante*, c'est-à-dire, une troisième fois mais sans l'ambiguïté du nom des deux autres, la « Fille de joie », d'où le silence pudique du dévot Colomb.

7. Bartolomé de Las Casas donne le titre d'amiral à Colomb dès le départ de Palos, alors que ce dernier n'eût dû s'en prévaloir, aux termes des *Capitulations de Santa Fé* signées par les souverains espagnols, qu'au plus tôt à partir de son arrivée à Guanahani qui marquait le succès de son entreprise.

8. Ce compliment garantit à lui seul l'authenticité du *Journal* abrégé, puisque Colomb revint brouillé à jamais avec Martin Alonso Pinzon.

9. Les passages imprimés en retrait n'appartiennent pas au Résumé de Las Casas, mais aux mêmes passages tels qu'ils apparaissent dans l'ouvrage du second fils de Colomb, Fernando, la *Vida del Almirante don Cristobal Colon,* dont il a été démontré que cette partie avait été écrite elle aussi à partir du *Journal de bord* original.

Mercredi 8 août

Les pilotes des trois caravelles eurent des opinions différentes sur l'endroit où l'on se trouvait, mais l'Amiral s'approcha au plus près de la vérité. Il voulait atteindre la Grande Canarie pour y laisser la caravelle *Pinta* qui faisait eau et dont le gouvernail était endommagé. Il voulait prendre là une autre caravelle, s'il la trouvait. Mais ils ne purent y arriver ce jour-là.

Jeudi 9 août

L'Amiral ne put toucher la Gomera que le dimanche à la nuit. Martin Alonso, qui ne pouvait plus naviguer, resta au large de la Grande Canarie sur ordre de l'Amiral [...]

> afin qu'il se rendît rapidement à terre, tenter de se procurer un autre navire ; l'Amiral s'en alla à l'île de la Gomera accompagné par la *Niña*. Ainsi, s'il ne trouvait pas de navire en une île, il pouvait en chercher dans une autre.
>
> [...] L'Amiral envoya une barque à terre qui revint au navire le matin suivant, son équipage disant qu'il n'y avait aucun bateau en cette île, mais que les habitants attendaient l'arrivée imminente de doña Beatriz de Bobadilla, dame de l'île, qui était présentement à la Grande Canarie et revenait sur un navire d'un certain Grajeda de Séville, lequel navire, jaugeant quarante tonneaux et fort convenable au voyage de l'Amiral, pourrait sans doute être acquis par celui-ci.
>
> L'Amiral, considérant cela, résolut d'attendre dans ce port et calcula que si Pinzon n'avait pu radouber son navire, lui obtiendrait cet autre à la Gomera.

Il resta donc là deux jours. Puis, ne voyant pas apparaître le navire attendu, et parce qu'un caboteur partait de l'île de la Gomera pour la Grande Canarie, il chargea l'un de ses hommes d'annoncer son arrivée à Pinzon et de l'aider à réparer son navire et il écrivit que s'il ne revenait pas pour lui prêter aide, c'était que ce caboteur ne convenait pas à leur navigation.

Comme, après le départ du caboteur, beaucoup de temps passa sans qu'il eût de nouvelles, l'Amiral décida le 23 août de revenir avec ses navires à la Grande Canarie.

Il partit donc le jour suivant et trouva en chemin le caboteur qui n'avait pas pu arriver encore à la Grande Canarie, parce que le vent lui avait été contraire.

Il reprit l'homme qu'il avait envoyé.

Des montagnes de l'île de Ténériffe qui sont très élevées, il virent sortir un grand feu.

Ses hommes en furent stupéfiés. Il leur fit comprendre la cause et les raisons d'un semblable feu, le comparant à celui du mont Etna en Sicile et à beaucoup d'autres montagnes où se voit pareille chose.

Après avoir passé cette île, le samedi 25 août, il arriva à la Grande Canarie, où Pinzon n'était, à grand effort, parvenu que le jour précédent. Par lui, l'Amiral apprit comment, le lundi, doña Beatriz était partie sur le navire que, au milieu de tant de difficultés et d'ennuis, ils voulaient se procurer. Bien que les autres eussent de cela grand regret, il se résigna à ce qui lui advenait, prenant tout en meilleure part et se disant que s'il ne plaisait à Dieu qu'il trouvât ce navire, il en était peut-être ainsi parce que, au cas où il l'aurait trouvé, il lui serait venu des empêchements et des difficultés pour l'obtenir, des pertes de temps dans le transbordement des marchandises qu'il portait, et par conséquent des retards dans son voyage.

[L'Amiral revint ensuite à la Grande Canarie] [10]. La *Pinta* fut fort bien radoubée par les grands efforts et la diligence de l'Amiral, de Martin Alonso et des autres.

Enfin, ils revinrent à la Gomera. Ils donnèrent une voilure ronde à la *Niña* qui en avait une latine [11]. Ce fut le dimanche 2 septembre qu'ils retournèrent à la Gomera avec la *Pinta* réparée.

L'Amiral dit que nombre d'Espagnols, hommes d'honneur, habitants de l'île de Hierro, qui étaient à la Gomera avec doña Inès Peraza — mère de Guillen Peraza qui fut plus tard le premier comte de la Gomera —, juraient que chaque année ils apercevaient une terre à l'ouest des Canaries, c'est-à-dire au ponant. D'autres habitants de la Gomera en affirmaient autant sous serment. L'Amiral dit ici qu'il se souvient qu'étant au Portugal, l'an 1484, quelqu'un de l'île de Madère vint demander une caravelle au roi pour aller vers cette terre ; et cet homme jurait que, chaque année, il la voyait, et toujours à la même place. L'Amiral dit aussi se rappeler que la même chose se disait aux îles des Açores ; et tous s'accordaient sur la direction, l'aspect et la grandeur.

S'étant donc pourvu d'eau douce, de bois, de viande et de tout ce qui appartenait aux hommes qu'il avait laissés là en partant radouber la caravelle *Pinta* à la Grande Canarie, l'Amiral mit finalement à la voile de cette île de la Gomera, avec ses trois caravelles, le jeudi, sixième jour de septembre.

---

10. Nous mettons entre crochets ce fragment de phrase qui résume le passage précédent, extrait de la *Vida del Almirante*.

11. La transformation de la voilure latine (triangulaire) de la *Niña* par une voilure carrée sera choisie plus tard par tous les bateaux pratiquant la navigation atlantique.

Jeudi 6 septembre

Il partit ce jour-là au matin du port de la Gomera et prit le cap de son voyage.

D'une caravelle qui venait de l'île de Hierro, l'Amiral apprit que trois navires du Portugal croisaient aux environs dans le but de le prendre. C'était là un effet du ressentiment que le roi avait pour le passage de l'Amiral au service de la Castille.

Mais il poursuivit ce jour et cette nuit, par temps calme, et au matin il se trouva entre la Gomera et Ténériffe.

Vendredi 7 septembre

Le calme dura tout le vendredi et le samedi jusqu'à trois heures de la nuit.

Samedi 8 septembre

Le samedi, à trois heures de la nuit, le vent de nord-est se leva et l'Amiral prit sa voie et sa route vers l'ouest. Il eut grosse mer en proue, ce qui gênait sa marche, mais il fit neuf lieues entre ce jour-là et sa nuit.

Dimanche 9 septembre

> Ce jour-là, ils perdirent complètement de vue la terre. Craignant de ne pas la revoir de longtemps, beaucoup soupiraient et pleuraient. L'Amiral les réconforta tous avec de grandes promesses de maintes terres et richesses, afin qu'ils conservassent espoir et perdissent la peur qu'ils avaient d'un si long chemin.

Il fit ce jour-là dix-neuf lieues et décida d'en compter moins qu'il n'en faisait, afin que ses gens n'en fussent ni effrayés ni découragés si le voyage se faisait très long.

Dans la nuit, il fit, à raison de dix milles par heure, cent vingt milles qui font trente lieues. Les marins gouvernaient mal, dérivant vers le quart nord-ouest et même vers le demi-quart, de quoi l'Amiral les semonça plusieurs fois.

Lundi 10 septembre

En ce jour et cette nuit, il fit soixante lieues à raison de dix milles par heure qui font deux lieues et demie. Mais il ne compta que quarante-huit lieues afin que ses gens ne s'effrayassent pas de la longueur du voyage.

Mardi 11 septembre

Ce jour-là, ils naviguèrent sur leur chemin qui était vers l'ouest et allèrent vingt lieues et plus. Ils virent un grand morceau de mât d'une nef de cent vingt tonneaux, mais ne le purent saisir. La nuit, ils firent près de vingt lieues, et l'Amiral n'en compta pas plus de seize pour la raison déjà dite.

Mercredi 12 septembre

Ce jour-là, allant leur chemin, ils firent trente-trois lieues entre jour et nuit, l'Amiral en comptant moins pour ladite cause.

Jeudi 13 septembre

Ce jour-là et sa nuit, suivant leur chemin qui était à l'ouest, ils firent trente-trois lieues ; l'Amiral en comptait trois ou quatre de moins. Les courants lui étaient contraires.

En ce même jour, au commencement de la nuit, les boussoles marquèrent le nord-ouest, et au matin légèrement le nord-est [12].

Vendredi 14 septembre

Ce jour-là et cette nuit, ils naviguèrent toujours vers l'ouest, faisant vingt lieues. L'Amiral en compta quelques-unes de moins. Ceux de la caravelle *Niña* dirent ici avoir vu une hirondelle de mer et un paille-en-queue, oiseaux qui jamais ne s'éloignent de la terre à plus de vingt-cinq lieues.

Samedi 15 septembre

Il navigua ce jour-là et sa nuit pendant vingt-sept lieues et plus sur le chemin de l'Ouest.

Au commencement de cette nuit, ils virent tomber du ciel dans la mer, à quatre ou cinq lieues d'eux, un merveilleux rameau de feu [13] [...]

> quoique le temps fût doux comme en avril, les vents orientés du nord-est au sud-ouest et légers, la mer tranquille et les courants continus vers le nord-est.

Dimanche 16 septembre

Ce jour-là et sa nuit, il navigua vers l'ouest. Ils firent trente-neuf lieues, mais l'Amiral n'en compta que trente-six.

Il y eut ce jour-là quelques nuages et il bruina.

L'Amiral dit ici que ce jour-là, puis tous les suivants, l'air fut tellement doux que les matinées étaient un charme et un grand plaisir et qu'il n'y manquait

12. Une des premières observations de la déclinaison magnétique, alors presque inconnue.
13. Probablement une étoile filante.

que d'ouïr le rossignol. Il dit : « Et le temps était comme d'avril en Andalousie. »

Là, on commença à voir de nombreuses touffes d'herbes très vertes qui semblaient, selon l'Amiral, s'être détachées depuis peu de la terre [14] ; ce pourquoi tous jugeaient qu'ils étaient près de quelque île. Mais, pour l'Amiral, ce ne pouvait être la terre ferme. Il dit : « Parce que, pour moi, la terre ferme est plus avant. »

Lundi 17 septembre

Il navigua toujours vers l'ouest, faisant, entre jour et nuit, cinquante lieues et plus. L'Amiral n'en nota que quarante-sept. Le courant les aidait. Ils virent beaucoup d'herbe et très souvent. C'était de l'herbe de rocher et elle venait du couchant. Ils pensaient être près de la terre.

Les pilotes prirent le nord, le marquèrent et trouvèrent que les aiguilles déclinaient d'un grand quart. Les marins étaient inquiets et chagrins sans dire pourquoi. L'Amiral, s'en étant aperçu, ordonna que, dès l'aube, on recommence à prendre le nord, et l'on trouva que les aiguilles étaient exactes. La cause en était que l'étoile Polaire semblait se mouvoir, mais non pas les aiguilles.

A l'aube de ce lundi, ils virent encore plus d'herbes qui semblaient des herbes fluviales ; et, au milieu d'elles, ils trouvèrent un crabe vivant que garda l'Amiral, disant que c'était là un signe certain de terre, parce qu'à plus de quatre-vingts lieues d'elle cela ne se pouvait trouver. L'eau de la mer était moins salée depuis leur départ des Canaries, et l'air toujours plus suave.

Ils étaient tous très gais, et les navires allaient à qui premier verrait la terre. Ils virent nombre de thons et ceux de la *Niña* en tuèrent un.

---

14. Ils entraient dans la mer des Sargasses.

L'Amiral écrit que ces signes venaient du couchant, « où, dit-il, j'espère que le Très Haut, qui tient en ses mains toutes victoires, très bientôt nous donnera terre ».

Il dit encore avoir vu ce matin un oiseau blanc qu'on nomme paille-en-queue, lequel jamais ne dort en mer.

Mardi 18 septembre

Il navigua ce jour et sa nuit, faisant plus de cinquante-cinq lieues dont il ne marqua que quarante-huit. La mer, tous ces jours-là, avait été étale comme le fleuve de Séville.

Ce jour, Martin Alonso, avec la *Pinta* qui était bon voilier, prit les devants, disant à l'Amiral, depuis sa caravelle, qu'il avait vu une grande multitude d'oiseaux voler vers le couchant et qu'il espérait cette nuit même voir la terre, et que pour cela il allait rapidement.

Du côté du nord apparut une grande obscurité, ce qui signifie qu'elle couvre la terre.

Mercredi 19 septembre

Poursuivant leur chemin, ils ne firent entre jour et nuit que quelque vingt-cinq lieues, car le temps était calme. L'Amiral en inscrivit vingt-deux.

Ce jour, à dix heures, un albatros vint à la nef amirale, et l'après-midi on en vit un autre, alors que ces oiseaux n'ont pas coutume de s'éloigner de terre à plus de vingt lieues [15]. Il y eut quelques ondées sans vent, ce qui est signe certain de proximité de terre.

L'Amiral ne voulut pas s'arrêter à louvoyer pour

15. D'après Martin Fernandez de Navarrete, premier déchiffreur et éditeur des écrits de Colomb au début du XIXe siècle, ils passaient alors au large de brisants.

s'assurer s'il y avait terre, bien qu'il eût pour certain que tant vers le nord que vers le sud il y avait quelques îles — comme cela était en vérité — et qu'il passait entre elles. Il fit ainsi parce que sa volonté était de poursuivre au-delà jusqu'aux Indes [16]. « Le temps est bon et, s'il plaît à Dieu, tout se verra au retour. » Telles sont ses paroles.

Ici, les pilotes firent le point : celui de la *Niña* trouvait être à quatre cent quarante lieues des Canaries, celui de la *Pinta* à quatre cent vingt, celui de la nef amirale à quatre cents juste [17].

Jeudi 20 septembre

Il navigua ce jour à l'ouest, quart nord-ouest et demi-quart, parce que les vents changèrent beaucoup par ce temps calme. Ils ne firent que sept ou huit lieues.

Deux albatros vinrent à la nef amirale, puis un autre, ce qui fut un signe certain de la proximité de la terre. Et ils virent beaucoup d'herbe, alors que la veille ils n'en avaient pas vu. Ils prirent à la main un oiseau qui semblait une hirondelle de mer, mais c'était un oiseau de fleuve et non de mer ; il avait les pattes comme une mouette.

A la pointe du jour, deux ou trois petits oiseaux de terre vinrent au navire en chantant ; et puis ils disparurent avant le lever du soleil. Plus tard vint un albatros. Il venait de l'ouest-nord-ouest et allait au sud-est, ce qui signifiait qu'il laissait la terre à l'ouest-nord-ouest, parce que ces oiseaux dorment à terre et,

16. On voit que tout ce début du *Journal* s'efforce de consolider le mirage de la terre proche, mais que, par son refus de tenter la vérification de sa prétendue conviction, Colomb n'est sans doute qu'à demi dupe.

17. Cette dernière distance serait juste, selon don M. F. de Navarrete. Il semble évident que les chiffres vrais n'étaient débattus qu'entre pilotes et que la fausse comptabilité de Colomb devait être seule donnée aux équipages.

au matin, vont en mer chercher leur vie sans s'éloigner à plus de vingt lieues.

Vendredi 21 septembre

Le calme régna la plus grande partie de ce jour, et puis il y eut quelque vent. Ils firent jusqu'à treize lieues entre jour et nuit, tantôt sur leur chemin, tantôt s'en écartant.

A l'aube, ils trouvèrent tant d'herbe sur la mer qu'elle en semblait caillée, et elle venait de l'ouest.

> Et comme on sait que la peur fait imaginer les pires choses, ils craignaient de la trouver si épaisse qu'il leur arrivât ce qu'on raconte de San Amador en la mer gelée où, dit-on, les navires ne peuvent plus avancer. Pour cela, ils conduisaient les navires hors des zones d'herbe à chaque fois que cela était possible.

Ils virent encore un albatros. La mer était étale comme un fleuve et l'air le plus pur du monde. Ils virent une baleine, signe qu'ils étaient près de la terre, parce que toujours elles vont près des côtes.

Samedi 22 septembre

Il navigua à l'ouest-nord-ouest, inclinant plus ou moins tantôt dans l'une, tantôt dans l'autre direction. Ils firent environ trente lieues. Ils ne voyaient presque plus d'herbe. Ils virent quelques pétrels et un autre oiseau. L'Amiral dit ici :

« Ce vent contraire me fut fort nécessaire parce que mes gens étaient en grande fermentation, pensant que dans ces mers ne soufflaient pas de vents pour revenir en Espagne. »

Pendant une partie de ce jour, il n'y eut plus d'herbe, ensuite elle réapparut, très épaisse.

Dimanche 23 septembre

Il navigua au nord-ouest, parfois au quart nord, parfois encore à l'ouest, ce qui était la route. On fit ainsi jusqu'à vingt-deux lieues.

Ils virent une tourterelle, un albatros, un autre petit oiseau de fleuve et d'autres oiseaux blancs. Les herbes étaient nombreuses et ils y trouvaient des crabes. Comme la mer était tranquille et étale, l'équipage murmurait et disait : puisqu'en ces parages il n'y avait pas de grosse mer, jamais il n'y aurait de vents pour retourner en Espagne. Mais plus tard, quoique sans vent, la mer devint si grosse que cela les étonna, ce pourquoi l'Amiral dit ici :

« Ainsi, très nécessaire me fut la grosse mer, et jamais ne l'apparut tant, sauf aux âges des Juifs, quand ils sortirent d'Egypte avec Moïse qui les tirait de captivité. »

Lundi 24 septembre

Il navigua sur la route de l'Ouest, jour et nuit, faisant quatorze lieues et demie. L'Amiral en compta douze.

Un albatros vint au navire et ils virent beaucoup de pétrels.

> Plus les indices de terre mentionnés se révélaient vains, plus la peur des marins grandissait ainsi que les occasions de murmurer. Ils se retiraient à l'intérieur des navires et disaient que l'Amiral, par sa folle déraison, s'était proposé de devenir grand seigneur à leurs risques et périls et de les vouer à une mort abandonnée. Parce qu'ils avaient déjà rempli leur obligation en tentant fortune et en s'éloignant de la terre et de tout secours plus que personne jamais, ils ne devaient point se faire les auteurs de leur propre ruine

ni suivre ce chemin jusqu'à ce que le repentir en devienne vain, que les victuailles leur manquent et aussi les navires qui étaient — c'était chose bien connue — pleins de défauts et de voies d'eau, à tel point qu'ils ne pourraient être leur sauvegarde, à eux qui s'étaient tant avancés en mer. Nul ne pourrait condamner ce que, dans une pareille situation, ils auraient pu décider. Bien plus, ils seraient considérés pour leur courage à s'être engagés dans une telle entreprise et d'être allés si avant. L'Amiral étant un étranger, ne jouissant d'aucune faveur, ayant toujours été désapprouvé et son opinion contredite par tant d'hommes doctes et savants, personne maintenant ne l'approuverait et ne le défendrait. On croirait plus volontiers ce qu'ils en diraient et on lui attribuerait à ignorance et à mauvais gouvernement tout ce qu'il pourrait leur reprocher pour se justifier. Il n'en manquait pas non plus pour dire que le mieux était de cesser la discussion, et que si l'Amiral ne voulait pas renoncer à son projet ils pouvaient le jeter à la mer et proclamer ensuite qu'il était tombé par mégarde en voulant observer les étoiles et leurs indices ; que personne ne pourrait vérifier la vérité de l'événement, et que c'était là le moyen le plus sûr de leur retour et de leur salut.

C'est ainsi que, jour après jour, ils continuaient à murmurer, se lamenter et comploter, et l'Amiral ne manquait pas de s'apercevoir de leur défaillance et de leur mauvaise volonté. Pour cette raison, parfois avec de bonnes paroles, d'autres fois, l'âme préparée à recevoir la mort, les menaçant des châtiments qui retomberaient sur eux s'ils entravaient le voyage, il calmait leurs intrigues et leurs terreurs et, pour renforcer l'espoir qu'il leur donnait, il leur rappelait les signes et les indices susdits, leur promettant que dans un temps bref ils rencontreraient quelque terre. Ils étaient si attentifs à ces signes que, jusqu'à la terre, chaque heure leur devint année [18].

Mardi 25 septembre

Il y eut ce jour-là beaucoup de calme, et ensuite du vent, et ils suivirent leur chemin de l'Ouest jusqu'à la nuit.

L'Amiral conférait alors avec Martin Alonso Pinzon, capitaine de la caravelle *Pinta,* à propos d'une carte qu'il lui avait, trois jours plus tôt, envoyée à sa caravelle et où, selon ce qu'il paraît, l'Amiral avait peint certaines îles de cette mer. Martin Alonso disait qu'ils étaient dans leurs parages, et l'Amiral répondait qu'ainsi cela lui semblait, mais que, puisqu'ils n'avaient pas encore trouvé ces îles, les courants devaient en être cause qui toujours avaient fait dériver les navires au nord-est, et aussi parce qu'ils n'avaient pas tant fait de route que les pilotes le disaient. A ce point, l'Amiral demanda qu'on lui renvoyât ladite carte. Et après qu'avec une corde on la lui eut envoyée, l'Amiral commença à l'étudier avec son pilote et ses marins.

Quand le soleil fut couché, Martin Alonso monta à la poupe de son navire et, en grande joie, appela l'Amiral, lui demandant don de bonne nouvelle parce qu'il voyait terre.

Quand il l'entendit répéter la nouvelle avec assurance, l'Amiral dit qu'il se jeta à genoux, rendant grâces à Notre Seigneur ; et Martin Alonso chantait le *Gloria in excelsis Deo* avec son équipage. Ainsi

---

18. Nous donnons ici tout au long le passage de la *Vida del Almirante* parce que ce moment si délicat du voyage est gommé dans le Résumé, et peut-être parce qu'il l'était par le *Journal de bord* lui-même puisque la *Historia de las Indias* du même Las Casas le rapporte presque dans les mêmes termes que Fernando Colon. Il illustre les difficultés préalables de l'entreprise.

firent aussi les hommes de l'Amiral, et ceux de la *Niña* grimpèrent au mât et aux agrès, et tous affirmèrent que c'était la terre.

Et cela parut ainsi à l'Amiral qui estima en être à vingt-cinq lieues.

Tous, jusqu'à la nuit, se répétèrent que c'était la terre. L'Amiral ordonna de quitter le chemin suivi, qui était vers l'ouest, et d'aller tous au sud-ouest où était apparue la terre.

On fit ce jour environ quatre lieues et demie à l'ouest et, dans la nuit, dix-sept au sud-ouest qui font vingt et une dont il n'avoua que treize à ses hommes, puisque toujours il leur faisait accroire qu'on avait peu cheminé afin que le voyage ne leur semblât pas trop long. Et pour ce il écrivit deux fois le compte du parcours, le moindre était le supposé et le plus long le vrai.

La mer devint très étale, ce qui permit à nombre de marins de se jeter à la nage. Ils virent beaucoup de dorades et d'autres poissons.

Mercredi 26 septembre

Il navigua sur le chemin de l'Ouest jusqu'à l'après-midi. De ce moment, ils allèrent vers le sud-ouest jusqu'à reconnaître que ce qu'ils avaient pris pour la terre ne l'était pas, mais bien le ciel.

Ils firent, jour et nuit, trente et une lieues, dont l'Amiral ne compta que vingt-quatre à ses hommes.

La mer était comme un fleuve, l'air doux et très suave.

Jeudi 27 septembre

Il navigua sur son chemin de l'Ouest. On fit, entre jour et nuit, vingt-quatre lieues. L'Amiral en compta vingt à l'équipage.

Beaucoup de dorades apparurent ; ils en tuèrent une. Ils virent un paille-en-queue.

Vendredi 28 septembre

Il navigua sur le chemin de l'Ouest. Par temps calme, ils firent entre jour et nuit quatorze lieues. Treize furent enregistrées. Ils trouvèrent peu d'herbe. Ils prirent deux dorades et ceux des autres navires davantage.

Samedi 29 septembre

Il navigua sur le chemin de l'Ouest. Ils firent vingt-quatre lieues, et il en compta vingt et une à ses hommes. Par le calme qu'ils eurent, ils avancèrent peu entre jour et nuit.

Ils virent un oiseau nommé frégate, qui fait vomir aux albatros ce qu'ils mangent pour le dévorer à son tour ; et d'autre chose il ne se nourrit. C'est un oiseau de mer, mais qui ne s'y pose pas ni ne s'éloigne de la terre à plus de vingt lieues. On en trouve beaucoup aux îles du Cap-Vert.

Plus tard, ils virent deux albatros. L'air était si doux et agréable que n'y manquait, dit l'Amiral, que le chant du rossignol, et la mer était étale comme un fleuve. Plus tard encore apparurent, par trois fois, trois albatros et une frégate.

Ils virent beaucoup d'herbe.

Dimanche 30 septembre

Il navigua sur le chemin de l'Ouest. On fit entre jour et nuit, par temps calme, quatorze lieues dont onze enregistrées. Quatre paille-en-queue vinrent au navire et c'était grand signe de terre, parce que autant d'oiseaux de même espèce, volant ensemble, ne pouvaient être loin de leur bande et perdus. Par deux fois, ils virent quatre albatros. Puis de l'herbe, beaucoup.

Il nota que « les étoiles qu'on nomme gardes[19], quand la nuit tombe, sont près du bras de la porte du couchant ; et quand le jour se lève, elles sont en ligne, sous le bras, en direction nord-est. Il semble que, de toute la nuit, elles ne se déplacent pas de plus de trois lignes qui font neuf heures, et ainsi chaque nuit. »

C'est ici ce que dit l'Amiral.

Et aussi, au soleil couchant, les aiguilles déclinent d'un quart au nord-ouest et, à l'aube, elles sont juste en direction de l'étoile Polaire. Par là, il apparaît que l'étoile se déplace comme les autres étoiles et que les boussoles disent toujours la vérité.

Lundi 1er octobre

Il navigua sur le chemin de l'Ouest. Ils firent vingt-cinq lieues, comptées aux hommes pour vingt. Ils essuyèrent une forte averse.

Aujourd'hui, à l'aube, le pilote de l'Amiral déclara qu'il tenait pour certain d'avoir fait cinq cent soixante-dix-huit lieues à l'ouest depuis l'île de Hierro. Le compte minime que l'Amiral montrait à ses hommes était de cinq cent quatre-vingt-quatre lieues, mais celui qu'il jugeait exact et gardait caché était de sept cent sept lieues.

Les comptes des autres navires étaient encore bien plus différents, puisque le pilote de la *Niña,* le mercredi suivant, dans l'après-midi, dit qu'il trouvait avoir navigué cinq cent quarante lieues[20], et celui de la *Pinta* six cent trente-quatre.

---

19. Les étoiles de l'Ourse mineure, les plus lointaines de l'étoile Polaire.

20. Six cent cinquante selon la *Historia de las Indias,* ce qui est plus probable.

Mardi 2 octobre

Il navigua sur le chemin de l'Ouest, nuit et jour, pendant trente-neuf lieues, comptées pour trente à l'équipage. La mer était toujours étale et bonne.

« Qu'à Dieu grâces infinies en soient rendues », dit ici l'Amiral.

De l'herbe venait d'est en ouest, contrairement à l'habitude. Beaucoup de poissons parurent. On en tua un. Ils virent un oiseau blanc qui semblait une mouette.

Mercredi 3 octobre

Il navigua sur son chemin ordinaire. Ils firent quarante-sept lieues, comptées aux hommes pour quarante. Ils aperçurent des pétrels ; beaucoup d'herbe, partie très vieille, partie très fraîche et qui portait une sorte de fruit. Puis ils ne virent plus aucun oiseau. L'Amiral pensait avoir laissé en arrière les îles peintes sur sa carte.

L'Amiral dit ici qu'au cours de la semaine passée, et en ces jours derniers où se montraient tant de signes de terre, il n'avait pas voulu louvoyer, bien qu'il eût connaissance de certaines îles dans ces parages, ne voulant pas s'arrêter car son but était d'atteindre aux Indes ; et il ajoute que s'arrêter n'aurait pas été de bon sens.

Jeudi 4 octobre

Il navigua sur le chemin de l'Ouest. Ils firent entre jour et nuit soixante-treize lieues, données pour quarante-six à l'équipage. Plus de quarante pétrels et deux albatros vinrent au navire. A l'un d'eux, un garçon de la caravelle jeta une pierre. Une frégate vint à la nef amirale, ainsi qu'un oiseau blanc semblable à une mouette.

Vendredi 5 octobre

Il navigua sur son chemin. Ils filèrent onze milles par heure. Quoique pendant la nuit le vent tombât un peu, ils parcoururent jusqu'à la fin de ce jour cinquante-sept lieues, qui furent comptées pour quarante-cinq à l'équipage. La mer était étale et belle.

« Qu'à Dieu grâces infinies en soient rendues », dit l'Amiral.

L'air était très doux et tempéré, aucune trace d'herbe. On vit beaucoup de pétrels, nombre de poissons volants qui tombèrent dans la nef.

Samedi 6 octobre

Il navigua sur le chemin de l'Ouest ou du Ponant, ce qui est la même chose. Ils firent entre jour et nuit quarante lieues, comptées aux hommes trente-trois.

Cette nuit-là, Martin Alonso dit qu'il serait bon de naviguer au quart ouest du sud-ouest, mais il sembla à l'Amiral que Martin Alonso ne disait pas cela pour l'île de Cipango [21], et il voyait que s'ils la manquaient, ils ne pourraient de si tôt toucher la terre, et qu'il valait mieux aller d'abord à la terre ferme et ensuite aux îles.

Dimanche 7 octobre

Il navigua sur son chemin de l'Ouest. Ils firent pendant deux heures douze milles par heure, et ensuite

21. Ce passage a été quasi constamment considéré comme erroné. La négation serait l'objet d'une faute de lecture ou d'un lapsus. Cette opinion constante nous semble, au contraire, le reflet d'un préjugé. Le plus probable est que Colomb a mis Pinzon dans le secret du continent inconnu (et aurifère par sa position équatoriale), mais que, pour remplir le « contrat » passé avec les Rois Catholiques, il veut d'abord toucher l'Inde, c'est-à-dire l'Asie, dont Cipango — le Japon — est le bastion avancé, ce qu'il sait par Marco Polo, en tant que point fixe à établir avant la découverte des terres inconnues.

seulement huit. Une heure avant le coucher du soleil, il avait fait vingt-trois lieues, comptées aux hommes pour dix-huit.

Ce jour-là, les caravelles couraient le plus qu'elles pouvaient, chacun voulant voir le premier la terre pour jouir des faveurs promises par les souverains à qui d'abord l'apercevrait.

Au lever du soleil [...]

> on vit apparence de terre vers le couchant, mais comme cela était imprécis, personne ne voulut s'en dire le découvreur, moins pour la honte d'avoir affirmé ce qui n'était pas que pour ne pas perdre le don de dix mille maravédis de rente annuelle, accordé à vie par les Rois Catholiques au premier qui verrait terre. Pour éviter qu'à chaque moment on eût de fausses joies du cri trompeur de « Terre, terre ! », l'Amiral avait prescrit peine de privation du don pour qui aurait crié voir la terre sans confirmation dans les trois jours, même si celui-là devait ensuite la voir réellement. Et, parce que ceux de la nef amirale avaient reçu cet avertissement, aucun ne s'avisait de crier « Terre, terre ! ».

La caravelle *Niña,* qui allait devant parce qu'elle était fin voilier, hissa un pavillon à la pointe de son grand mât et tira un coup de bombarde en signe de terre vue, parce qu'ainsi en avait ordonné l'Amiral. Il avait aussi ordonné qu'au lever comme au coucher du soleil les deux autres navires rejoignissent le sien, parce que l'état de la mer et du ciel à ces moments est propice à voir le plus loin.

Pourtant, l'après-midi, n'ayant pas vu la terre que ceux de la caravelle *Niña* pensaient avoir aperçue, et comme une grande multitude d'oiseaux volait du nord au sud-ouest, ce qui donnait à croire qu'ils allaient dormir à terre, ou que peut-être ils fuyaient l'hiver qui devait s'approcher des contrées d'où ils venaient, et parce que l'Amiral savait que la plupart des îles qui sont aux Portugais furent découvertes en suivant le vol des oiseaux, pour tout cela l'Amiral ordonna d'abandonner le chemin de l'Ouest et de mettre le cap vers l'ouest-sud-ouest, avec la détermination d'aller deux jours en cette direction.

Ce changement commença une heure avant le coucher du soleil. Ils auraient ainsi couru cinq lieues en toute la nuit et vingt-trois pendant le jour, soit en tout vingt-huit lieues entre nuit et jour.

Lundi 8 octobre

Il navigua ouest-sud-ouest. Ils firent entre jour et nuit onze lieues et demie ou douze, et par moments il semble qu'au cours de la nuit ils filèrent quinze milles à l'heure, si la lettre n'est pas infidèle.

La mer était étale comme le fleuve de Séville.

« Grâce à Dieu, dit l'Amiral, l'air est très doux comme en avril à Séville et c'est plaisir d'être là tant il est parfumé. »

L'herbe apparut, très fraîche, et beaucoup de petits oiseaux des champs. Ils en prirent un qui fuyait au sud-ouest. Ils virent aussi des corneilles, des canards et un albatros.

> Mais alors l'anxiété et le désir de voir la terre étaient si grands qu'ils n'accordaient plus foi à aucun indice.

Mardi 9 octobre

Il navigua au sud-ouest. On fit cinq lieues. Le vent changea, il se mit à l'ouest quart nord-ouest, et on fit quatre lieues. Il y en eut onze de faites à la fin du jour, et pendant toute la nuit vingt lieues et demie. Il n'en compta à ses hommes que dix-sept.

Toute la nuit, ils entendirent passer des oiseaux.

Mercredi 10 octobre

Il navigua ouest-sud-ouest. Ils filaient dix milles par heure, douze par moments et d'autres fois sept, et entre jour et nuit firent cinquante-neuf lieues, comptées aux hommes pour quarante-quatre lieues, pas plus.

Ici déjà, les hommes n'en pouvaient plus. Ils se plaignaient de la longueur du voyage. Mais l'Amiral les réconforta le mieux qu'il put en leur donnant bon espoir du profit qu'ils pourraient avoir. Et il ajoutait qu'il était vain de se plaindre, parce qu'il était venu pour atteindre aux Indes et qu'il entendait poursuivre jusqu'à les trouver, avec l'aide de Notre Seigneur.

Jeudi 11 octobre

Il navigua ouest-sud-ouest. Ils eurent grosse mer, plus que jusque-là au long du voyage.

Ils virent des pétrels et un jonc vert tout près de la nef amirale. Ceux de la caravelle *Pinta* virent un roseau et un bâton et ils saisirent un autre bâtonnet travaillé, à ce qu'il leur parut, avec le fer ; puis encore un morceau de roseau et une autre herbe qui pousse en terre, enfin une planchette. Ceux de la caravelle *Niña* virent aussi d'autres signes de terre et un rameau d'épine chargé de ses fruits. A cette vue, ils respirèrent tous et se réjouirent.

Ils firent en ce jour, jusqu'au coucher du soleil, vingt-sept lieues. Après le coucher du soleil, l'Amiral reprit son premier chemin vers l'Ouest. Ils filèrent douze milles à l'heure. Jusqu'à deux heures après minuit, ils coururent quatre-vingt-dix milles qui font vingt-deux lieues et demie. Et comme la caravelle *Pinta* était le meilleur voilier et allait devant la nef amirale, ce fut elle qui découvrit la terre et fit les signaux que l'Amiral avait ordonnés. Ce fut un marin nommé Rodrigo de Triana qui vit cette terre le premier, quoique l'Amiral, étant à dix heures de la nuit sur le château de poupe, vît une lueur, encore que si furtive qu'il ne voulut point affirmer que ce fût terre. Il appela toutefois Pero Gutiérrez, officier de la chambre du roi, et lui dit qu'il lui semblait voir une lumière, qu'il regardât à son tour, et ainsi fit l'autre et il la vit. L'Amiral parla semblablement à Rodrigo Sanchez de Segovia, que le Roi et la Reine avaient envoyé sur l'armada comme inspecteur, lequel ne vit rien, parce qu'il n'était pas placé de manière qu'il pût voir. Après que l'Amiral eut dit cela, on vit encore cette lueur une fois ou deux, et c'était comme d'une petite chandelle de cire qui se haussait et s'abaissait, ce qui pour bien peu eût été un indice de terre. Mais l'Amiral tint pour certain qu'il en était près. C'est pourquoi, quand ils furent réunis pour dire le *Salve Regina,* que tous les marins ont coutume de réciter et chanter à leur manière, l'Amiral les pria et conjura de faire bonne garde sur le château de proue et de regarder bien du côté de la terre, car à celui qui le premier la verrait il donnerait sur-le-champ un pourpoint de soie en sus des autres dons promis par les Rois pour tel fait, à savoir dix mille maravédis de rente perpétuelle.

A la deuxième heure après minuit, la terre parut, distante de deux lieues. Ils carguèrent les voiles, ne gardant que le tréou, qui est la grande voile sans bonnettes, puis se mirent en panne, temporisant jusqu'au jour du vendredi où ils arrivèrent à une petite île des Lucayes qui, dans la langue des Indiens, s'appelait Guanahani [22].

Alors ils virent des gens nus, et l'Amiral se rendit à terre dans sa barque armée avec Martin Alonso Pinzon et Vicente Yañez, son frère, qui était capitaine de la *Niña.* L'Amiral déploya la bannière royale, et les capitaines deux de ces étendards à croix verte que l'Amiral avait pour emblème sur tous les navires et

22. Cette île, baptisée San Salvador par Colomb, est maintenant identifiée à l'île Watling. Son identification dans l'archipel des Lucayes est évidemment une précision ajoutée par Las Casas au moment de l'établissement du Résumé.

Le premier voyage ; l'atterrissage aux Bahamas, 1492

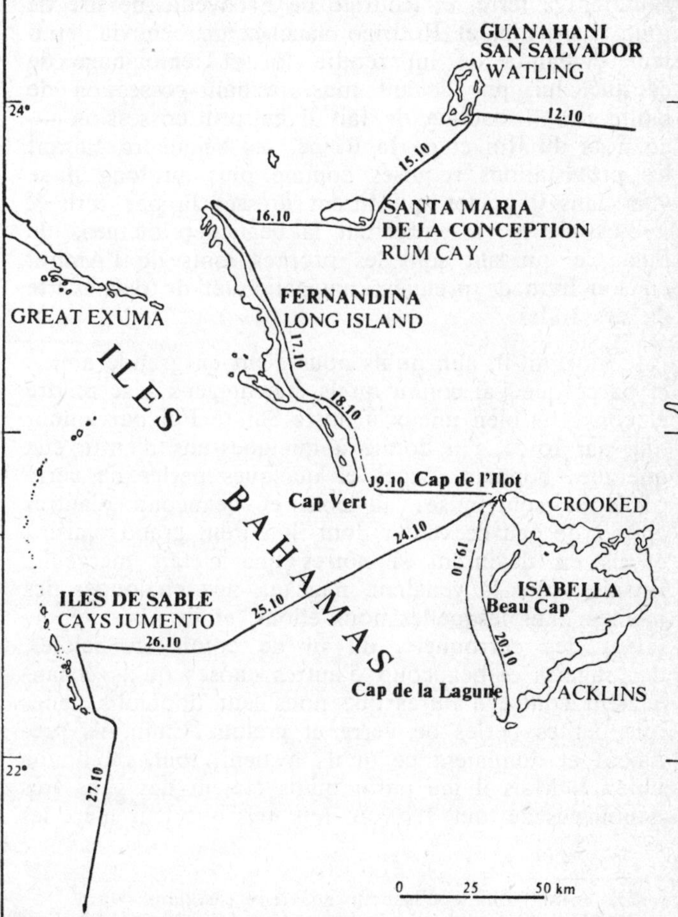

Les noms donnés par Christophe Colomb et les noms d'origine indigène qu'il a utilisés sont en caractère gras.

qui portaient un F et un Y [23] surmontés chacun d'une couronne, une lettre d'un côté de la croix et l'autre de l'autre côté.

Arrivés à terre, ils virent des arbres très verts et beaucoup d'eau et des fruits de diverses espèces. L'Amiral appela les deux capitaines et tous ceux qui sautèrent à terre, et Rodrigo de Escovedo, notaire de toute l'armada, et Rodrigo Sanchez de Segovia, et il leur demanda de lui rendre foi et témoignage de ce que, lui, par devant tous, prenait possession de ladite île — comme de fait il en prit possession — au nom du Roi et de la Reine, ses Seigneurs, faisant les protestations requises comme plus au long il se voit dans les actes qui furent dressés là par écrit [24].

Aussitôt se rassemblèrent là beaucoup de gens de l'île. Ce qui suit sont les propres mots de l'Amiral en son livre de première navigation et de découverte de ces Indes.

« Moi, dit-il, afin qu'ils nous aient en grande amitié et parce que j'ai connu qu'ils étaient gens à se rendre et convertir bien mieux à notre Sainte Foi par amour que par force, j'ai donné à quelques-uns d'entre eux quelques bonnets rouges et quelques perles de verre qu'ils se sont mises au cou, et beaucoup d'autres choses de peu de valeur dont ils eurent grand plaisir ; et ils en devinrent si nôtres que c'était merveille. Ensuite, ceux-là venaient, nageant, aux chaloupes des navires dans lesquelles nous étions, et ils nous apportaient des perroquets, du fil de coton en pelotes, des sagaies et beaucoup d'autres choses qu'ils échangeaient contre d'autres que nous leur donnions, telles que petites perles de verre et grelots. Enfin, ils prenaient et donnaient ce qu'ils avaient, tout, de bonne volonté. Mais il me parut qu'ils étaient des gens très dépourvus de tout. Ils vont nus, tels que leur mère les

---

23. Y est l'initiale d'Isabelle en vieux castillan.

24 Ces actes ont tous disparu, comme le *Journal de bord* lui-même.

a enfantés, et les femmes aussi, toutefois je n'en ai vu qu'une qui était assez jeune. Et tous les hommes que j'ai vus étaient jeunes, aucun n'avait plus de trente ans ; ils étaient tous très bien faits, très beaux de corps et très avenants de visage, avec des cheveux quasi aussi gros que de la soie de la queue des chevaux, courts et qu'ils portent tombants jusqu'aux sourcils, sauf en arrière, quelques mèches qu'ils laissent longues et jamais ne coupent. Certains d'entre eux se peignent le corps en brun, et ils sont tous comme les Canariens, ni nègres ni blancs ; d'autres se peignent en blanc et d'autres en rouge vif, et d'autres de la couleur qu'ils trouvent. Certains se peignent le visage et d'autres tout le corps ; certains se peignent seulement le tour des yeux et d'autres seulement le nez. Ils ne portent pas d'armes ni même ne les connaissent, car je leur ai montré des épées que, par ignorance, ils prenaient par le tranchant, se coupant. Ils n'ont pas de fer ; leurs sagaies sont des bâtons sans fer, et certaines ont à leur extrémité une dent de poisson, et d'autres différentes choses. Tous sont pareillement de belle stature, de belle allure et bien faits. J'en ai vu quelques-uns qui avaient des marques de blessures sur le corps et je leur ai demandé par signes ce qu'était cela, et ils m'ont fait comprendre que, d'autres îles qui sont voisines, des hommes venaient ici qui voulaient s'emparer d'eux et qu'ils s'en défendaient. Et j'ai cru, et je crois encore, qu'on vient ici de la terre ferme pour les prendre en esclavage. Ils doivent être bons serviteurs et industrieux, parce que je vois que très vite ils répètent tout ce que je leur ai dit, et je crois qu'aisément ils se feraient chrétiens, car il m'a paru qu'ils n'étaient d'aucune secte. S'il plaît à Notre Seigneur, au moment de mon départ, j'en emmènerai d'ici six à Vos Altesses pour qu'ils apprennent notre langue. Je n'ai vu dans cette île aucune bête d'aucune sorte sauf des perroquets. »

Ce sont les propres mots de l'Amiral.

« Dès l'aube vinrent à la plage beaucoup de ces hommes, tous jeunes, comme je l'ai déjà dit, et tous de belle allure. Ce sont gens très beaux. Leurs cheveux ne sont pas crépus, mais lisses et gros comme les crins du cheval. Ils ont tous le front et la tête très larges, plus qu'aucune race que j'aie vue jusqu'ici, et les yeux très beaux et non petits ; aucun d'eux n'est brun foncé mais bien de la couleur des Canariens — et il ne peut en être autrement puisque cette île est située d'est en ouest sur la même ligne que l'île de Hierro, aux Canaries —, ils ont tous semblablement les jambes très droites et le ventre plat, très bien fait.

« Ils vinrent à la nef sur leurs *almadias* [25] qui sont faites comme de longues barques, d'un tronc d'arbre tout d'une seule pièce, travaillées à merveille pour ce pays, et si grandes que dans quelques-unes allaient quarante ou quarante-cinq hommes. D'autres étaient plus petites, et tant que dans certaines d'entre elles ne tenait qu'un seul homme. Ils rament avec une sorte de pelle de boulanger et cela avance à merveille ; et si l'une de ces barques chavire, alors ils se jettent tous à la nage, ils la retournent et la vident avec des calebasses qu'ils portent sur eux. Ils apportaient des pelotes de coton filé, des perroquets, des sagaies et d'autres petites choses qu'il serait fastidieux d'énumérer. Ils donnaient tout pour n'importe quoi qu'on leur offrît. J'étais attentif et m'employai à savoir s'il y avait de l'or. Je vis que quelques-uns d'entre eux en portaient un petit morceau suspendu à un trou qu'ils ont au nez et, à force de signes, je pus com-

25. Colomb donne le nom arabe d'*almadias* à des barques que nous appellerions aujourd'hui des pirogues. Mais ce nom venant précisément d'un mot caraïbe inconnu alors, et le nom utilisé par les Indiens qu'il rencontrait étant, comme on le verra plus loin, *canoa* qui a donné canoë et aussi canot, nous transcrirons plus loin *almadias* par le terme générique de barque.

prendre qu'en allant au sud ou qu'en tournant l'île par le sud on allait là où était un roi qui possédait de grands vases d'or et en avait énormément. Je m'efforçai de les convaincre d'y aller, mais je vis bientôt qu'ils n'entraient pas dans cette idée. Je déterminai d'attendre jusqu'au lendemain après-midi et de partir ensuite vers le sud-ouest, puisque, selon ce que beaucoup d'entre eux me montraient, il y avait terres au sud, au sud-ouest, au nord-ouest, et que de celles du nord-ouest on venait les combattre souvent. Ainsi je décidai d'aller au sud-ouest chercher l'or et les pierres précieuses...

Cette île est bien grande, très plate, sans aucune montagne, plantée d'arbres très verts ; on y trouve beaucoup d'eau et en son milieu une lagune très grande. Elle est toute si verte que c'est plaisir de la regarder. La population est assez docile. Par envie de ce que nous avons et parce qu'ils savent qu'on ne le leur donnera pas sans quelque chose en échange, quand ils n'ont rien ils saisissent ce qu'ils peuvent et se jettent ensuite à la nage ; mais tout ce qu'ils ont, ils le donnent pour n'importe quelle bagatelle qu'on leur offre, au point qu'ils prennent en échange jusqu'à des morceaux d'écuelle et de tasses de verre cassées, et que j'ai vu donner seize pelotes de coton pour trois ceutis de Portugal qui valent un blanc de Castille [26] — et ces pelotes faisaient plus d'une arrobe [27] de coton filé. Cela, je le défendis et n'en laissai acheter par personne, sauf, si l'on en trouvait en quantité, à prendre le tout quand je l'ordonnerais et pour le compte de Vos Altesses. Le coton pousse sur cette île — bien qu'en le peu de temps que j'ai dessein d'y rester je ne puisse m'assurer de tout —, l'or y naît [28] aussi qu'ils portent suspendu au nez ; mais je ne

---

26. Une des plus infimes piécettes espagnoles de l'époque.
27. Entre treize et quinze kilos environ.
28. Pour la pensée médiévale, l'or « poussait » ou « naissait » dans la terre par une véritable alchimie naturelle d'action du soleil sur les terres minérales.

veux pas perdre de temps et vais voir si je puis toucher l'île de Cipango.

Maintenant, comme il fait nuit, tous s'en vont à terre sur leurs barques. »

Dimanche 14 octobre

« A l'aube, je donnai ordre d'appareiller à la chaloupe de la nef et aux barquettes des caravelles et je m'en fus vers le nord-est, le long de l'île, pour en voir l'autre côté qui était opposé à l'est, et aussi pour en visiter les villages. Bientôt, j'en vis deux ou trois, dont les habitants venaient tous à la plage, nous appelant et rendant grâces à Dieu. Les uns nous apportaient de l'eau, d'autres différentes choses à manger ; d'autres, quand ils voyaient que je ne me pressais pas d'aller à terre, se jetaient à la mer et en nageant s'approchaient, et nous comprenions qu'ils nous demandaient si nous étions venus du ciel. Et un vieux monta dans ma chaloupe, et d'autres à haute voix appelaient tous les hommes et toutes les femmes : " Venez voir les hommes qui viennent du ciel, apportez-leur à manger et à boire. " Beaucoup d'hommes vinrent, et beaucoup de femmes, chacun avec quelque chose, rendant grâces à Dieu, se prosternant et levant les mains au ciel ; et après, à grands cris, ils nous priaient de venir à terre. Mais je craignais d'approcher, ayant vu qu'un grand banc d'écueils entourait toute cette île. Ces récifs ménagent un port, assez profond pour toutes les nefs qui sont en la Chrétienté, et dont l'entrée est fort étroite. Il est vrai de dire qu'une fois en cette enceinte on trouve quelques bas-fonds, mais la mer ne s'y meut pas plus que l'eau dans un puits. Pour voir tout cela, je partis ce matin afin de pouvoir donner relation de tout à Vos Altesses, et aussi pour rechercher un endroit où se pourrait construire une forteresse. Et j'ai vu une langue de terre où il y avait six maisons et qui semble une île, bien qu'elle ne le soit point mais pourrait le devenir par l'effort de deux jours. Toutefois, je n'en vois pas la nécessité, parce que ces gens sont fort simples en matière d'armes, comme le verront Vos Altesses par les sept que je fis prendre pour les emmener, leur apprendre notre langue puis les renvoyer ; bien que, quand Vos Altesses l'ordonneraient, Elles pourraient les faire tous mener en Castille ou les garder captifs dans cette même île, parce qu'avec cinquante hommes Elles les tiendraient tous en sujétion et feraient d'eux tout ce qu'Elles pourraient vouloir. Plus loin, près de ladite petite île [29], il y a un verger d'arbres tels que jamais je n'en ai vu de si verts, avec leurs feuilles comme en Castille au mois d'avril et de mai. Et il y a beaucoup d'eau.

J'examinai bien ce port, puis je retournai à la nef et je mis à la voile, et je vis tant d'îles que je ne savais décider à laquelle j'irais tout d'abord. Les hommes que j'avais pris me disaient par signes qu'il y en avait tant qu'on ne pouvait les compter et ils m'en citèrent par leur nom plus de cent. En conséquence, je m'efforçai de reconnaître la plus grande et je décidai d'aller vers elle, et c'est ce que je fais.

Et de San Salvador cette île est éloignée d'environ cinq lieues, les autres davantage et quelques-unes moins. Toutes sont très plates, sans montagnes, très fertiles et toutes peuplées. Et elles se font la guerre les unes aux autres, quoique leurs habitants soient très simples et des hommes de belle allure. »

Lundi 15 octobre

« J'avais temporisé cette nuit, craignant de ne pas trouver un bon mouillage avant le matin et de devoir au petit jour carguer les voiles, parce que je ne savais pas si la côte était libre de bas-fonds. Mais comme l'île était plutôt éloignée de sept lieues que de cinq

29. Nous avons vu plus haut qu'il ne s'agit pas d'une île, mais d'une presqu'île.

et que la marée me retint, ce ne fut qu'à midi que j'arrivai à ladite île. Et je trouvai que la côte qui regarde l'île de San Salvador court du nord au sud sur une longueur de cinq lieues, et que l'autre côté que je parcourus allait d'est en ouest sur plus de dix lieues. Et comme de cette île j'en ai vu une autre, plus grande, à l'ouest, j'ai cargué les voiles pour naviguer tout ce jour-là jusqu'à la nuit, parce que je n'aurais pas pu aller jusqu'au cap ouest de cette île, à laquelle je donnai le nom de Santa Maria de la Conception [30]. Et, presque au coucher du soleil, je mouillai non loin dudit cap pour savoir s'il y avait là de l'or, parce que les hommes que j'avais fait prendre dans l'île de San Salvador me disaient que ceux d'ici portaient aux jambes et aux bras de très grands bracelets de ce métal. Je crus bien que tout ce qu'ils disaient n'était que tromperies pour fuir. Quoi qu'il en fût, ma volonté était de ne passer par aucune île sans en prendre possession, quoique, une prise, on puisse dire qu'elles le sont toutes. Je mouillai donc et demeurai jusqu'aujourd'hui mardi [31] à l'aube, où je gagnai la terre avec les chaloupes armées et je mis pied à terre. Les natifs, qui étaient nombreux, aussi nus et de la même condition que ceux de l'île San Salvador, nous laissèrent aller par toute l'île et nous donnèrent ce que nous leur demandions. Mais, parce que le vent souffle par le travers sud-est, je ne voulus pas m'attarder et je partis pour la nef.

Là, une grande barque avait accosté la *Niña,* et l'un des hommes de San Salvador qui était dans la cara-

---

30. Guanahani étant identifiée à l'actuelle Watling, Sainte-Marie-de-la-Conception doit donc être Rum Cay, bien que, ni par sa dimension ni par sa position, cette dernière île ne corresponde aux indications du *Journal de bord.* Il n'existe pourtant aucune autre identification plus vraisemblable, et les secousses sismiques peuvent avoir profondément modifié la configuration de ces parages.

31. Comme on le constate particulièrement ici, le *Journal* n'était pas tenu quotidiennement avec régularité, et Colomb y pratique sans cesse des retours en arrière qui ne vont pas sans obscurité.

velle se jeta à la mer et s'en alla avec la barque, laquelle s'enfuit sans qu'il n'y eut chaloupe qui pût l'atteindre jamais, parce qu'elle avait sur nous une grande avance. Ainsi donc, la barque toucha terre et les Indiens l'abandonnèrent ; quelques-uns de ma compagnie se jetèrent à la côte derrière eux et tous s'enfuirent comme des poules. Nous amenâmes la barque qu'ils avaient abandonnée au bord de la caravelle *Niña* vers laquelle se dirigeait à ce moment, d'un autre cap, une autre barque plus petite, montée par un seul homme qui venait échanger une pelote de coton. Parce que l'homme ne voulait pas entrer dans la caravelle, quelques marins se jetèrent à la mer et le prirent. Et moi qui étais à la poupe de la nef, ayant tout vu, je l'envoyai chercher, lui donnai un bonnet rouge, quelques petites perles vertes en verre que je lui mis aux bras et deux grelots que je lui attachai aux oreilles, puis j'ordonnai qu'on lui rendît sa barque qui était aussi près de la petite caravelle et le renvoyai à terre.

Ensuite, je fis voile vers l'autre grande île que je voyais à l'ouest et j'ordonnai aussi qu'on larguât l'autre barque que traînait en poupe la caravelle *Niña*. Je regardai alors à terre le moment de l'arrivée de l'homme à qui j'avais donné ce que j'ai dit sans avoir voulu prendre sa pelote de coton, bien qu'il voulût me la donner. Tous les autres vinrent à lui qui, émerveillé, leur disait qu'à ce qu'il lui semblait nous étions de bonnes gens à qui l'autre, qui s'était enfui, avait dû faire quelque tort pour lequel nous l'emmenions. Et c'était pour qu'il en fût ainsi que j'en avais usé avec lui comme je l'ai dit, que je l'avais fait partir en lui donnant les susdites choses, afin qu'ils nous eussent tous en cette estime et pour qu'en une autre occasion, que Vos Altesses enverront de nous ici, ces gens ne nous fassent pas mauvaise compagnie. Au reste, tout ce que je lui ai donné ne valait pas quatre maravédis.

Ainsi je partis vers les dix heures sous le vent sud-est qui glissait au sud, pour passer à cette autre île, laquelle est très grande et où tous les hommes de San Salvador que j'emmène font signes qu'il y a beaucoup d'or et que les habitants le portent en bracelets aux bras et aux jambes, et en anneaux aux oreilles, au nez et au cou.

Il y a, de l'île de Santa Maria à cette autre île, neuf lieues d'est en ouest ; et toute cette côte de l'île court du nord-ouest au sud-est. Et il me paraît bien que cette côte s'étend sur plus de vingt-huit lieues de longueur ; et elle est très plate, sans aucune montagne, ainsi qu'il en est à San Salvador et à Santa Maria. Toutes les plages sont sans rochers, mais dans toutes il y a sous l'eau quelques récifs près de la terre, ce pour quoi il est nécessaire, quand on veut aborder, d'ouvrir l'œil et de ne pas mouiller trop près de terre, bien que les eaux soient toujours fort claires et qu'on en voie le fond. A deux portées de bombarde de la terre, il y a si grand fond qu'on ne le peut atteindre. Ces îles sont très vertes et fertiles, d'air très doux, et on doit y trouver beaucoup de choses que j'ignore parce que je ne veux pas m'arrêter afin d'aller plus loin, visiter beaucoup d'îles et découvrir l'or. Et puisque déjà ces îles en donnent signes — et c'est bien de l'or que les gens d'ici portent aux bras et aux jambes car je l'ai comparé à quelques morceaux de celui que j'ai —, je ne puis manquer, avec l'aide de Notre Seigneur, de le trouver là où il naît.

Etant au milieu du bras de mer qui sépare ces deux îles, à savoir celle de Santa Maria et la grande à laquelle j'ai donné le nom de Fernandina, je trouvai un homme seul dans une barque qui passait de l'une à l'autre, portait un peu de son pain — à peu près gros comme le poing —, une calebasse d'eau, un morceau de terre rougeâtre réduite en poudre puis pétrie et quelques feuilles sèches qui doivent être chose très appréciée parmi eux, parce que déjà ils m'en apportèrent en présent à San Salvador [32]. Il portait aussi un

32. C'est la première mention européenne du tabac.

petit panier de leur façon qui contenait de petites perles de verre et deux blancs, par lesquels je connus qu'il venait de l'île de San Salvador, avait passé par Santa Maria et se rendait à la Fernandina. Il accosta la nef. Je l'y fis monter ainsi qu'il le demandait et je fis mettre aussi sa barque dans le bateau et garder tout ce qu'il emportait. J'ordonnai qu'on lui donnât à manger du pain et du miel ainsi qu'à boire. Et, ainsi, je le passerai donc à la Fernandina et je lui rendrai tout ce qui est sien afin que de nous il répande bonne renommée et que, lorsque Vos Altesses enverront ici, s'il plaît à Notre Seigneur, ceux qui viendront soient reçus à honneur et qu'on leur y donne de tout ce qu'il y a. »

Mardi 16 octobre et mercredi

« Je partis de l'île [33] de Santa Maria de la Conception aux alentours de midi, vers l'île Fernandina qui vers l'ouest semble être très grande, et je naviguai tout ce jour par le calme. Je n'ai pu arriver assez tôt pour voir le fond et mouiller en eau libre, parce qu'il faut en ces régions se tenir en grande vigilance pour ne pas perdre les ancres. Aussi me suis-je mis en panne toute cette nuit jusqu'au jour où je vins mouiller devant un village où était venu cet homme que j'avais rencontré hier dans sa barque entre les deux îles, et qui avait parlé de nous en termes si favorables que toute cette nuit il ne manqua pas de barques à venir accoster la nef, nous apportant de l'eau et de tout ce que ces gens avaient. Je leur fis donner à chacun quelque chose, tel que petites perles de verre enfilées par dix ou douze, grelots de tambourins en laiton — de ceux qui coûtent chacun un maravédis en Castille

33. L'original porte *las isla*, « les île » (*sic*). Où est la faute du copiste ? M. F. de Navarette en avait déduit que Santa-Maria-de-la-Conception était un groupe d'îles et que San Salvador était la Grande Saline et Santa Maria le groupe des Cayques ? La faute d'accord est un faible indice.

— et quelques aiguillettes, toutes choses dont ils faisaient très grand cas. J'ordonnai aussi qu'on leur donnât à manger de la mélasse quand ils viendraient sur la nef. A trois heures, j'envoyai à terre la chaloupe de la nef pour y faire de l'eau douce, et les habitants, de très bonne volonté, indiquaient à mes hommes où elle se trouvait et eux-mêmes portaient des barils pleins à la chaloupe, enchantés de nous complaire.

Cette île est très grande et j'ai décidé d'en faire le tour parce que, selon ce que je comprends, on peut y trouver, ou tout près d'elle, une mine d'or. Cette île est éloignée de l'île de Santa Maria de presque huit lieues d'est en ouest et, à partir de ce cap où je suis arrivé, toute la côte court du nord-ouest au sud-sud-est et j'en ai bien suivi vingt lieues sans cependant la voir jusqu'à son extrémité [34].

Maintenant, en écrivant cela, je mets à la voile sous vent du sud pour tenter de faire le tour de l'île tout entière et n'avoir de cesse que je n'aie atteint Samaot qui est l'île ou bien la cité où est l'or, ainsi que le disent tous ceux qui viennent à la nef et comme nous le disaient aussi ceux de l'île de San Salvador et de Santa Maria.

Les gens de ce lieu-ci sont semblables à ceux desdites îles ; ils ont même langage et mêmes mœurs, bien que ceux d'ici m'apparaissent gens un peu plus civilisés et de façons plus subtiles parce que je vois qu'ils nous ont apporté du coton, ici, à la nef, et d'autres petites choses, et qu'ils savent en marchander mieux le paiement que ne le faisaient les autres. De plus, dans cette île, j'ai vu des étoffes de coton en forme de *mantillos* [35]. La population est de plus belle allure et les femmes portent sur le devant du corps une petite chose de coton qui couvre à peine leur

34. Les directions et dimensions, et l'orientation, permettent d'identifier ici l'île Longue à la Fernandina.

35. C'est-à-dire que ces étoffes n'étaient ni cousues ni coupées, mais de simples pièces tissées carrées ou rectangulaires.

nature. C'est là une île très verte, plate et fertile, et je ne puis douter que toute l'année ils n'y sèment et récoltent du mil ainsi que toutes autres choses. J'ai vu beaucoup d'arbres très différents des nôtres, et nombre d'entre eux avaient des branches de différentes sortes jaillissant d'un même tronc — et un rameau était d'une sorte et l'autre d'une autre —, si étranges par leur diversité que c'était bien la plus merveilleuse chose du monde. Par exemple, une branche avait des feuilles comme celles des roseaux et d'autres comme les lentisques, et ainsi sur un seul arbre il y avait des feuilles de cinq ou six sortes et toutes différentes. Pourtant, ces arbres ne sont pas greffés, ce qui permettrait de dire que la greffe donne cela, car on trouve les mêmes dans les montagnes et ces gens ne les soignent pas. Je n'ai reconnu ici aucune secte et je crois que, très vite, ces gens deviendraient chrétiens parce qu'ils sont de très bon entendement.

Ici, les poissons sont si différents des nôtres que c'est merveille. Il y en a qui sont, comme les coqs, parés des plus fines couleurs du monde : bleus, jaunes, rouges, et toutes les couleurs. D'autres sont bariolés de mille manières et leurs couleurs sont si belles qu'il n'est homme qui ne s'émerveille et ne s'extasie à les regarder. Il y a aussi des baleines. A terre, je n'ai vu aucun animal d'aucune sorte, hormis les perroquets et les lézards. Un garçon m'a dit qu'il avait vu une grande couleuvre. Je n'ai vu ni brebis, ni chèvre, ni aucune autre bête. Il est vrai que je suis resté ici très peu de temps — une seule demi-journée —, mais s'il y en avait eu, je n'aurais pu manquer d'en voir quelques-unes. Du pourtour de cette île, j'en écrirai après l'avoir parcouru. »

Mercredi 17 octobre

« A midi, je partis du village devant lequel j'avais mouillé et où je fis de l'eau douce pour aller faire le tour de cette île Fernandina. Le vent était sud-ouest et sud, mais ma volonté était de suivre, vers le sud-est, la côte de cette île où j'étais, qui court toute du nord nord-ouest au sud sud-est ; et je voulais suivre ledit chemin du sud sud-est parce que, d'après tous les Indiens que j'ai emmenés et un autre de qui j'eus des indications, c'est de ce côté-là, dans cette région du sud, qu'est située l'île qu'ils appellent Samoet et où se trouve l'or. Martin Alonso Pinzon, capitaine de la caravelle *Pinta,* sur laquelle j'avais envoyé trois de ces Indiens, vint à moi et me dit que l'un d'eux lui avait donné très nettement à entendre que, par le côté nord-nord-ouest, on contournerait l'île bien plus vite. Je vis que le vent ne m'aidait pas pour le chemin que je voulais suivre et que, pour l'autre, il était bon. Je fis donc voile au nord-nord-ouest et, quand je fus à deux lieues du cap de l'île, je découvris un très merveilleux port avec un goulet ou plutôt deux goulets peut-on dire, puisqu'un îlot le séparait par le milieu, tous deux très étroits quoique le bassin intérieur fût assez large pour cent navires s'il était assez profond et propre et si l'entrée en était assez profonde. Il me parut bon de le bien voir et de le sonder. Ainsi je mouillai devant ce port et y entrai avec toutes les chaloupes des navires. Nous vîmes qu'il n'avait pas de profondeur.

Parce que je pensais quand je le vis que c'était l'embouchure de quelque fleuve, j'avais ordonné qu'on emportât des barils pour faire de l'eau. Nous trouvant à terre, huit ou dix hommes vinrent à nous et nous montrèrent près de là le village où j'envoyai mes gens chercher de l'eau, une partie en armes, les autres avec les barils. Ainsi allèrent-ils prendre l'eau. Comme la source était loin, je les attendis pendant deux heures. Durant ce temps, je marchais parmi les arbres qui étaient bien la plus belle chose qu'on eût jamais vue. Je regardais la verdure aussi abondante et fraîche qu'au mois de mai en Andalousie, et les arbres aussi différents des nôtres que le jour l'est de la nuit, et de même les fruits, les herbes et les pierres ainsi que toutes choses. Vrai est que quelques arbres sont de même espèce que ceux de Castille, encore qu'ils soient tous différents, et les arbres d'autres espèces y sont si pressés qu'il n'y a personne qui les puisse compter ni comparer à ceux de Castille.

Les gens étaient tous semblables à ceux dont j'ai déjà parlé, de la même condition, aussi nus et de la même stature. Comme les autres, ils donnaient ce qu'ils avaient pour n'importe quelle bagatelle qu'on leur offrît. Je vis là des mousses troquer des sagaies pour quelques petits morceaux d'écuelles cassées et de verre. Ceux qui étaient allés chercher l'eau me dirent comment ils étaient entrés dans leurs maisons et combien elles étaient bien balayées et propres. Leurs lits, couvertures et tentures sont des sortes de filets de coton [36]. Les maisons sont toutes construites en forme de tentes et ont de très hautes et bonnes cheminées [37]. Parmi tant de villages que je vis, aucun n'avait plus de douze à quinze maisons. Là, ils remarquèrent que les femmes mariées portaient des braies de coton, mais non les filles, sauf quelques-unes déjà âgées de dix-huit ans. Il y avait encore des chiens mâtins et braques. Ils trouvèrent aussi un homme qui avait au nez un morceau d'or grand comme un demi-castillan et sur lequel ils virent des lettres. Je leur fis reproche de ne pas l'avoir troqué en donnant à l'homme ce qu'il en aurait demandé, pour voir quelle sorte de monnaie c'était là. Ils me répondirent qu'ils n'avaient jamais osé.

L'eau prise, je retournai à la nef, mis à la voile et partis au nord-ouest, découvrant toute cette partie de l'île jusqu'à la côte opposée qui court d'est en ouest. Peu de temps après, tous ces Indiens redirent que cette île était plus petite que celle de Samoet et qu'il serait bon de retourner en arrière pour l'atteindre plus vite. Ici, le vent devint plus calme, puis com-

---

36. Les marins de Colomb viennent de découvrir le hamac.
37. Las Casas indique ici en note que les cases indiennes n'avaient pas de véritables cheminées, mais de simples ouvertures en couronne.

mença à souffler d'ouest nord-ouest, en sens contraire au chemin que nous avions suivi. Ainsi je virai de bord et naviguai toute la nuit dernière à l'est-sud-est, tantôt à l'est, tantôt au sud-est, et ce pour m'éloigner de la terre parce qu'une grande obscurité s'était faite et que le ciel était très chargé. Il y avait peu de vent, ce qui ne me permit pas d'approcher la terre pour mouiller. Ainsi donc, cette nuit, il plut très fort depuis minuit et presque jusqu'au jour, et maintenant encore le temps est nuageux, il va pleuvoir et nous sommes au cap sud-est de l'île où j'espère mouiller jusqu'à ce que le temps s'éclaircisse et que l'on puisse voir les autres îles où je dois aller. Et cela a été ainsi tous les jours depuis que je suis en ces Indes, il a plu peu ou prou. Vos Altesses peuvent croire que cette terre est la meilleure et la plus fertile et tempérée, la plus plane et bonne qui soit au monde. »

Jeudi 18 octobre

« Après que le temps se fut éclairci, j'allai sous le vent et voguai autour de l'île autant que je pus. Je mouillai à l'heure où il n'était plus possible de naviguer, mais je n'allai pas à terre, et à l'aube je mis à la voile. »

Vendredi 19 octobre

« Au lever du soleil, je levai les ancres et envoyai la caravelle *Pinta* à l'est et au sud-est, la caravelle *Niña* au sud-sud-est, et j'allai avec la nef au sud-est. Je donnai ordre d'observer cette marche jusqu'à midi, et puis que les deux changeassent de route pour venir me rejoindre. Nous n'avions pas vogué trois heures que nous vîmes une île à l'est vers laquelle nous nous dirigeâmes. Avant midi, les trois navires étaient à sa pointe septentrionale, qui forme un îlot couvert au nord par un banc de rochers et par un autre entre lui et la grande île. Les hommes de San Salvador qui vont avec moi nomment cette île Saomet. Moi, je lui ai donné le nom d'Isabelle.

Le vent était du nord et ledit îlot était, d'est en ouest, dans la direction de l'île Fernandina d'où j'étais parti, et la côte courait ensuite depuis l'îlot vers l'ouest, et il y avait douze lieues jusqu'à un cap que je nommai le Beau Cap et qui est du côté de l'ouest [38]. Il est beau, forme un golfe rond et très profond, sans bas-fonds, dont l'entrée rocheuse est basse mais dont l'intérieur est une plage de sable comme presque toute ladite côte. Je mouillai ici cette nuit de vendredi et jusqu'au matin. Toute cette côte et la partie de l'île que j'ai vues ne sont quasiment qu'une plage, et cette île est la plus belle chose que j'aie vue, car si les autres sont belles, celle-ci l'est davantage. Elle est pleine d'arbres très verts et très grands, et son sol est plus élevé que celui des autres îles découvertes. On y trouve quelques hauteurs qu'on ne peut appeler montagnes, mais qui embellissent le tout ; et il semble qu'il y ait beaucoup d'eau au milieu de l'île. Un grand promontoire se forme de cet endroit vers le nord-est. Il est planté très épais de beaucoup d'arbres très grands. Je voulus aller y mouiller pour descendre à terre et voir tant de beautés, mais il y avait peu de fond et je ne pouvais mouiller que loin de la terre, et le vent était excellent pour venir à ce cap où je viens de mouiller maintenant et auquel j'ai donné le nom de Beau Cap, parce qu'il est réellement beau. Pour ces raisons, je ne mouillai pas au susdit promontoire, mais encore parce que c'est de là que je vis ce cap si vert et si beau comme tous les autres produits et terres de ces îles, au point que je ne sais où aller d'abord et que mes yeux ne se peuvent lasser de voir tant de belles verdures et si diverses des

38. Ce passage est obscur, les indications d'orientation de l'original étant formellement contradictoires. Toutefois, Colomb ayant découvert cette nouvelle île en naviguant d'ouest en est, Isabelle doit être l'île Crooked si son point de départ est le sud de l'île Longue.

nôtres. Je crois, de plus, qu'il y a beaucoup d'herbes et beaucoup d'arbres très appréciés en Espagne pour les teintures et comme médecines et épices ; mais je ne les connais pas, de quoi je suis fort marri.

Quand j'arrivai ici, à ce cap, il vint de terre un parfum si bon et si suave des fleurs ou des arbres que c'était la chose la plus douce du monde. Demain, très tôt, avant que de partir d'ici, j'irai à terre pour voir ce qu'il y a sur le cap.

Les hommes que j'emmène avec moi disent que le village n'est pas là mais plus à l'intérieur, où se trouve le roi qui porte beaucoup d'or. Je veux demain, de bonne heure, aller si avant que je découvre ce village, voie et prenne langue avec ce roi qui, selon ce que me font entendre ces gens par signes, est le seigneur de toutes les îles alentour, va vêtu et porte sur lui beaucoup d'or. Néanmoins, je n'accorde pas entière foi à ces dires, tant pour ne pas les bien comprendre que parce que je vois qu'ils sont si pauvres en or que, si peu qu'en porte ce roi, cela leur paraît beaucoup.

Ce que j'appelle Beau Cap, je crois que c'est une île séparée de Saometo et qu'il y en a une autre plus petite entre elles. Mais je n'ai cure de visiter tout par le menu, ce que je ne pourrais faire en cinquante ans. Ce que je veux, c'est voir et découvrir le plus que je pourrai pour revenir auprès de Vos Altesses en avril, si Dieu le veut. Il est vrai cependant que, quand j'aurai trouvé les lieux où sont en quantité l'or ou les épices, je m'arrêterai jusqu'à ce que j'en aie pris tout ce que je pourrai. Et, pour cela, je ne fais qu'avancer à leur recherche. »

Samedi 20 octobre

« Aujourd'hui, à l'aube, je levai l'ancre du point où j'étais allé mouiller avec la nef au large de cette île de Saometo, jusqu'à ce cap du sud-est, auquel je donnai le nom de cap de la Lagune comme j'avais donné à l'île celui d'Isabelle, pour naviguer au nord-est et à l'est par la partie du sud-est et du sud où, selon ces hommes qui vont avec moi, je compris qu'étaient le village et le roi de cette île. Mais je trouvai partout si peu de fond que je ne pus, par cette voie, naviguer jusque-là. Et je vis qu'en poursuivant au sud-ouest je m'obligeai à un long détour. Pour cela, je me décidai à reprendre le chemin du nord-nord-est par la côte ouest que j'avais suivi pour venir, et de faire ainsi le tour de cette île pour la reconnaître [39]. Le vent fut si faible que je n'aurais pu à aucun moment atteindre la terre en longeant cette côte, sauf dans la nuit. Mais comme il est dangereux de mouiller près de ces îles — sauf de jour, quand on voit de ses yeux où l'on jette l'ancre — parce que le fond est partout accidenté, là libre et là non, je me suis mis en panne toute cette nuit de dimanche. Les caravelles mouillèrent parce qu'elles arrivèrent près de terre de bonne heure, et on y crut que j'irais mouiller à mon tour d'après leurs signaux dont nous avions coutume ; mais je ne le voulus pas. »

Dimanche 21 octobre

« A dix heures, j'arrivai ici, au cap de l'Ilot, et j'y mouillai ainsi que les caravelles. Après avoir mangé, j'allai à terre où il n'y avait pas de village, mais une seule maison dans laquelle je ne trouvai personne. Et je crois que par peur les habitants en avaient fui, parce que tous les ustensiles de ménage y restaient. Je ne permis pas qu'on touchât à rien et j'allais voir l'île avec mes capitaines et mes gens. Si les îles que j'ai déjà vues sont très belles et vertes et fertiles, celle-ci l'est davantage avec ses grandes futaies si vertes. Il y a de grandes lagunes, et tout près d'elles

39. Lacune dans l'original qui semble appeler le mot *reconocerla*, « la reconnaître ». Nous suivons ici la leçon de M. F. de Navarrete.

et tout autour est la futaie merveilleuse. Ici et dans toute l'île, les arbres sont verts et les herbes aussi, comme au mois d'avril en Andalousie. Le chant des petits oiseaux est tel qu'il semblerait que jamais l'homme ne veuille partir d'ici. Les bandes de perroquets obscurcissent le soleil. Oiseaux et petits oiseaux sont de tant d'espèces et si différentes des nôtres que c'est merveille. Il y a aussi des arbres de mille sortes, tous avec leurs fruits différents et tous si parfumés que c'est merveille et que je suis le plus chagrin du monde de ne les pas connaître parce que je suis certain qu'ils ont tous grande valeur. J'apporte d'eux des échantillons comme aussi des herbes.

Allant ainsi autour d'une de ces lagunes, je vis un serpent [40] que nous tuâmes et j'en apporte la peau à Vos Altesses. Dès qu'il nous vit, il se jeta dans la lagune, et comme elle n'était pas très profonde, nous l'y suivîmes jusqu'au moment où nous le tuâmes avec nos lances. Il mesure sept empans de long et je crois que, dans cette lagune, il y en a beaucoup de pareils. J'ai reconnu ici l'aloès [41] et, demain, je suis déterminé à en faire apporter dix quintaux à la nef parce qu'on me dit qu'il est d'un grand prix.

Etant allés aussi à la recherche de bonne eau douce, nous sommes arrivés à un village près d'ici — à une demi-lieue de notre mouillage — et ses habitants, lorsqu'ils nous aperçurent, se mirent tous à fuir, laissant les maisons, emportant leur linge et ce qu'ils avaient pour le cacher dans la montagne. Je ne laissai pas prendre la valeur d'une épingle. Plus tard, quelques hommes des leurs vinrent vers nous et l'un d'eux s'approcha même tout à fait. Je lui donnai quelques grelots et quelques petites perles de verre et il en fut content

---

40. Las Casas dit en note qu'il s'agissait sans doute d'un *yuana,* c'est-à-dire d'un iguane.

41. Colomb se trompait et le bois odoriférant qu'il ramena n'était pas du bois d'aloès, pas plus d'ailleurs que ce qu'il prit pour de la cannelle n'en était en effet. Ce premier voyage et le suivant se montrèrent aussi décevants pour la quête des épices déjà connues que pour celle de l'or.

et très joyeux. Pour que l'amitié grandisse encore davantage et pour les associer aussi, je lui fis demander de l'eau, et eux, après que je fus revenu à la nef, vinrent à la plage avec leurs calebasses pleines d'eau et ils se réjouirent beaucoup de nous la donner. J'ordonnai qu'on leur remît une autre enfilade de perles de verre et ils dirent qu'ils reviendraient le lendemain matin. Je voulais ici remplir d'eau tous les tonneaux des navires. Après cela, si le temps le permet, je partirai pour contourner cette île jusqu'à ce que je puisse prendre langue avec le roi et voir si je peux obtenir de lui l'or que j'entends qu'il porte. Ensuite, je veux partir pour une autre île, très grande, qui doit être Cipango si j'en crois les indications que me donnent les Indiens que j'emmène avec moi, laquelle ils nomment Colba [42] et disent qu'on y rencontre beaucoup de gens de mer et de très grandes nefs, et de cette île j'irai à une autre qu'ils appellent Bosio et disent aussi très grande. Je verrai aussi en passant les petites îles qui sont sur le chemin des grandes et, selon ce que je trouverai d'or ou d'épices, je déciderai ce qu'il convient de faire. Mais encore je suis résolu d'aller à la terre ferme et à la cité de Guisay [43] remettre les lettres de Vos Altesses au Grand Khan, lui demander réponse et revenir avec elle. »

Lundi 22 octobre

« Toute cette nuit et tout ce jour, je suis resté ici, espérant que le roi ou d'autres personnes de ce lieu apporteraient de l'or ou autre chose de prix. Et il vint beaucoup de ces gens, semblables à ceux des autres îles, aussi nus et pareillement peints, les uns en blanc, d'autres en rouge, d'autres en brun et de toutes sortes de façons. Ils apportaient des sagaies et des pelotes de coton à échanger, qu'ils troquaient en effet, ici,

42. Cuba.
43. Quinsay, la ville royale chinoise dans Marco Polo.

avec quelques marins, pour des morceaux de verre, de tasses brisées et pour des morceaux d'écuelles de terre. Quelques-uns d'entre eux portaient au nez des morceaux d'or qu'ils donnaient de bonne grâce pour une clochette de patte d'épervier [44] et pour des petites perles de verre. Mais il y en avait si peu que ce n'était rien. Il est vrai qu'ils se contentent de n'importe quelle petite chose que nous leur donnions. Ceux-là aussi regardaient notre arrivée comme grand merveille et nous croyaient venus du ciel.

Nous fîmes de l'eau pour les navires dans un lac qui est là près du cap de l'Ilot — ainsi que je l'ai nommé —, et dans ce lac Martin Alonso Pinzon, capitaine de la *Pinta,* tua un autre serpent, de sept empans comme celui d'hier. J'ai fait prendre ici de l'aloès, autant qu'on en a pu trouver. »

Mardi 23 octobre

« Je voudrais aujourd'hui partir vers l'île de Cuba, que je crois être Cipango sur les indications que me donnent ces gens de sa grandeur et de sa richesse. Je ne m'arrêterai donc pas plus longtemps ni [ne ferai] [45] le tour de cette île pour aller au village parler avec son roi ou seigneur ainsi que j'en avais dessein. Je ne veux pas m'arrêter longtemps puisque je vois qu'il n'y a pas de mine d'or ici. Et, pour faire le tour de cette île, il me faudrait grande diversité de vents, lesquels ne soufflent pas au gré des hommes. Puisqu'il faut aller où il y a grand trafic, je dis qu'il n'est pas de bon sens de s'attarder, mais qu'il faut au contraire suivre son chemin et toucher beaucoup de terres jusqu'à en trouver une qui soit très profitable. Je pense toutefois que celle-ci est très riche

44. Il s'agit de la clochette qui s'attachait à la patte des oiseaux de chasse.

45. Lacune de l'original, comblée par « ne ferai » qui s'impose.

en épices ; mais je ne m'y connais pas et j'en ai la plus grande peine du monde, car je vois mille espèces d'arbres qui ont chacun leur fruit différent et, en cette saison, verts comme ceux d'Espagne aux mois de mai et juin, mille sortes d'herbes, autant de fleurs, et de tout cela nous n'avons pu reconnaître que cet aloès dont j'ai ordonné aujourd'hui d'apporter une grande quantité à la nef pour l'amener à Vos Altesses.

Je n'ai mis ni ne mets à la voile pour Cuba, parce qu'il n'y a pas de vent mais calme plat et qu'il pleut beaucoup. Hier, il a longtemps plu sans qu'il fît froid ; au contraire, dans la journée il fait chaud et les nuits sont douces comme celles d'Espagne, au mois de mai, en Andalousie. »

Mercredi 24 octobre

« Cette nuit, à minuit, j'ai levé l'ancre du cap de l'Ilot où j'étais arrêté, et qui est au nord de l'île Isabelle, pour aller à l'île de Cuba qui, d'après ce que j'entendis des Indiens, est très étendue, de grand commerce, bien pourvue d'or et d'épices, visitée de grandes nefs et de marchands. Ils me montrèrent que j'y arriverais par l'ouest-sud-ouest, et je l'entends ainsi parce que je crois que s'il en est comme me le signifient tous les Indiens, ceux de ces îles et ceux que j'emmène sur mes navires — car je ne comprends pas leur langage —, c'est bien là l'île de Cipango dont on conte des choses si merveilleuses et qui, sur les sphères que j'ai vues et sur les peintures de mappemondes, est située en ces parages.

Je naviguai donc jusqu'au jour vers l'ouest-sud-ouest. A l'aube, le vent se calma, mais il plut comme il avait plu presque toute la nuit. J'allai donc ainsi jusqu'à l'après-midi sous peu de vent, puis de nouveau il se mit à souffler très amoureusement, gonflant toutes les voiles de la nef : la grand-voile, ses deux bonnettes, la trinquette, la civadière, la misaine, la voile d'artimon et celle du château de poupe. Je suivis mon chemin jusqu'au crépuscule et me trouvai à ce moment au large du cap Vert, qui est situé au sud de la pointe ouest de l'île Fernandina. Il était à sept lieues de moi au nord-ouest. Comme le vent était impétueux et que je ne savais quelle distance me séparait de ladite île de Cuba, je ne voulus pas aller à sa recherche la nuit. Toutes ces îles n'ont en effet aucun fond autour d'elles à moins de deux portées de bombarde, mais tantôt des écueils, tantôt des bancs de sable, et on ne peut pour cette raison mouiller avec sécurité si l'on n'y voit. Cela étant, je fis amener la voilure à l'exception de la trinquette et j'allai avec celle-là seule. Après un moment, le vent augmenta et me fit faire tant de chemin que je m'inquiétai. L'obscurité était profonde et il pleuvait. J'ordonnai d'amener aussi la trinquette. Ainsi nous ne fîmes cette nuit que deux lieues... »

Jeudi 25 octobre

Après le lever du soleil, l'Amiral navigua ouest-sud-ouest jusqu'à neuf heures et il fit environ cinq lieues. Ensuite, il changea de chemin, mit le cap à l'ouest. Ils filèrent huit milles à l'heure jusqu'à une heure après midi, puis jusqu'à trois heures, et ils firent quarante-quatre milles. Alors ils virent terre. C'étaient sept ou huit îles s'allongeant toutes du nord au sud [46]. Ils étaient à cinq lieues d'elles...

Vendredi 26 octobre

L'Amiral était au sud desdites îles. Le fond était bas sur cinq ou six lieues. Pourtant, il mouilla. Les Indiens qu'il emmenait dirent que, de là à Cuba, il y avait un jour et demi de chemin sur leurs barques

46. Les indications du *Journal* permettent ici de clairement reconnaître les petites îles des Bahamas et les Juments.

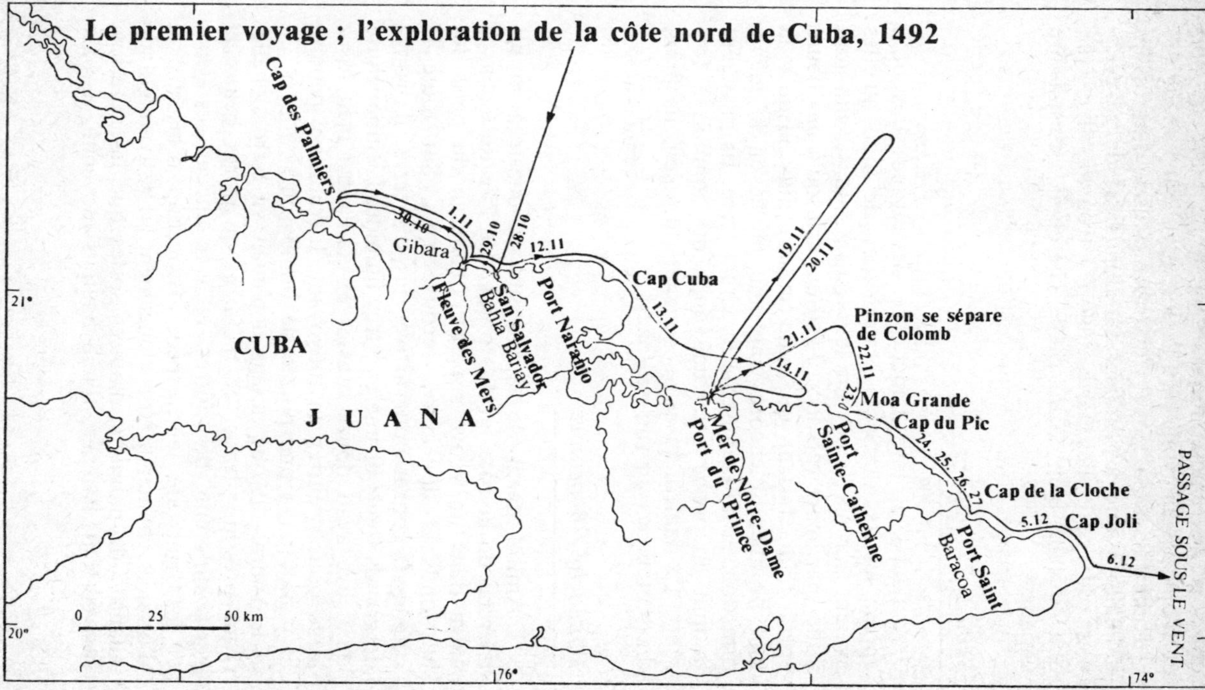
Le premier voyage ; l'exploration de la côte nord de Cuba, 1492
Cap des Palmiers
30.10
1.11
Gibara
29.10
28.10
12.11
Fleuve des Mers
San Salvador
Bahia Bariay
Port Naranjo
Cap Cuba
13.11
19.11
20.11
21.11
14.11
Pinzon se sépare
de Colomb
22.11
23.
Moa Grande
Cap du Pic
CUBA
J U A N A
Mer de Notre-Dame
Port du Prince
Port
Sainte-Catherine
24. 25. 26. 27
Cap de la Cloche
Port Saint
Baracoa
5.12
Cap Joli
6.12
PASSAGE SOUS LE VENT
0
25
50 km
21°
20°
76°
74°

qui sont des embarcations d'une seule pièce de bois et n'ont pas de voile. Et ils les appellent *canoas*.

Il partit de là pour Cuba parce que, d'après les indications que les Indiens lui donnaient de sa grandeur, de l'or et des perles qu'on y trouvait, il pensait que c'était bien l'île qu'il cherchait, c'est-à-dire Cipango.

Samedi 27 octobre

A l'aube, il leva l'ancre de devant ces îles qu'il appela les îles de Sable pour le peu de fond qu'elles avaient sur six lieues en leur partie sud. Il fila huit milles par heure vers le sud-sud-ouest jusqu'à une heure après midi, faisant quarante milles, puis jusqu'à la nuit ils allèrent encore vingt-huit milles en la même direction, et au crépuscule ils virent terre. Ils passèrent la nuit en panne sous une pluie qui tombait à torrents. Ce samedi jusqu'au coucher du soleil, ils firent dix-sept lieues au sud-sud-ouest.

Dimanche 28 octobre

L'Amiral partit de là, au sud-sud-ouest, à la recherche de la côte la plus proche de l'île de Cuba. Il entra dans un fleuve superbe, dépourvu du péril des bas-fonds et des autres inconvénients. Sur toute la côte qu'il courut pour arriver jusqu'à terre, il trouva de grands fonds et une eau très limpide. L'embouchure du fleuve avait douze brasses et était ainsi bien assez large pour y entrer en louvoyant. L'Amiral y pénétra et y mouilla à une portée de bombarde.

L'Amiral dit que jamais il n'avait vu terre si belle. Tout près du fleuve, ce n'étaient qu'arbres beaux et verts, différents des nôtres, et avec chacun les fleurs et les fruits de leur espèce. Beaucoup d'oiseaux et d'oiselets chantaient très doucement. Il y avait grande quantité de palmiers, d'autres sortes que les nôtres et que ceux de Guinée, d'une hauteur moyenne, la base du tronc sans membrane et avec des feuilles si grandes qu'on couvre les maisons avec elles. Le sol était très plat.

L'Amiral sauta dans la chaloupe et gagna la terre. Il arriva à deux maisons qu'il pensait être celles de pêcheurs, mais leurs hôtes s'enfuirent avec effroi. Dans l'une d'elles, il trouva un chien qui n'aboyait pas et, dans toutes les deux, des filets de fil de palme, des cordes, un hameçon de corne, des harpons en os, d'autres instruments de pêche et plusieurs foyers par maison. Il en conclut que dans chacune vivaient de nombreuses personnes. Il ordonna qu'on ne touchât à aucune chose de tout cela et il en fut ainsi.

L'herbe était aussi haute qu'en Andalousie aux mois d'avril et de mai. Il trouva beaucoup de pourpier et des blettes. Revenu à la chaloupe, il remonta le fleuve pendant un bon moment et dit que c'était grand plaisir de voir toutes ces verdures, ces futaies et ces oiseaux qu'il ne pouvait se décider à laisser pour regagner ses navires. Il dit encore que cette île est la plus belle que les yeux aient jamais vue, abondante en très bons ports et en fleuves profonds, et que la mer ne semble pas s'y agiter car l'herbe des plages arrive jusqu'auprès de l'eau, ce qu'on ne voit pas là où la mer est souvent mauvaise. Dans toutes ces îles, il n'avait pas jusqu'alors éprouvé de mer agitée.

L'île, poursuit-il, est pleine de très belles et très hautes montagnes, quoique de peu d'étendue. Par ailleurs, le sol a une élévation semblable à celle de la Sicile. Selon ce qu'il put entendre des Indiens pris dans l'île de Guanahani qu'il emmenait avec lui, l'île a beaucoup d'eau. Ils disent par signes qu'elle a dix grands fleuves et qu'avec leurs barques ils ne peuvent en faire le tour en vingt jours.

Alors que l'Amiral arrivait à terre avec ses navires, deux barques ou *canoas* surgirent qui prirent la fuite en voyant les matelots entrer dans leur chaloupe et ramer pour aller sonder le lit du fleuve en quête d'un mouillage. Les Indiens disaient qu'il y avait des mines d'or dans cette île et des perles. L'Amiral vit un lieu propice à la formation de ces dernières et des coquillages qui en sont indice. Il crut comprendre que là venaient des navires de fort tonnage appartenant au Grand Khan et que la terre ferme était distante de dix jours de navigation.

L'Amiral donna à ce fleuve et à ce port le nom de San Salvador.

Lundi 29 octobre

De ce port, l'Amiral leva l'ancre et navigua au ponant pour aller, dit-il, à la cité où était le roi, selon ce qu'il lui semblait, aux dires des Indiens.

A six lieues de là, une pointe de l'île surgissait au nord-ouest, une autre pointe apparaissait à dix lieues à l'est. Il fit encore une lieue et vit un fleuve, mais de moins large embouchure que le premier et qu'il nomma le fleuve de la Lune. Il alla jusqu'à l'heure des vêpres. Il vit un autre fleuve, beaucoup plus grand que les autres, ainsi que les Indiens le lui dirent par signes. Près de là, il vit de belles agglomérations de maisons. Ce fleuve, il le nomma fleuve des Mers. Pour prendre langue, il envoya deux chaloupes à l'un des villages. Un Indien de ceux qu'il emmenait alla dans l'une d'elles, car déjà ces hommes se faisaient un peu comprendre et manifestaient de la satisfaction d'être avec les Chrétiens. Tous les hommes, femmes et enfants du village s'enfuirent, abandonnant les maisons et tout ce qui s'y trouvait. L'Amiral ordonna qu'on ne touchât à rien. Les maisons, dit-il, étaient plus belles que celles qu'il avait vues jusque-là, et il pensait qu'elles seraient meilleures à mesure qu'on approcherait de la terre ferme. Elles avaient la forme de tentes militaires, mais aussi grandes que les pavillons royaux ; elles n'étaient pas disposées en rues, mais de-ci de-là, l'intérieur bien balayé et propre et leurs ustensiles bien arrangés. Toutes ces maisons sont faites de très belles branches de palmier. Ils y trouvèrent beaucoup de statues à figure de femme et beaucoup de têtes en manière de masques très bien travaillés. Je ne sais s'ils ont cela comme ornements ou pour les adorer. Il y avait dans ces maisons des chiens qui jamais n'aboyaient et des petits oiseaux sauvages apprivoisés ; il y avait aussi de merveilleux accessoires de pêche : filets, hameçons et appâts. Ils ne touchèrent à rien. L'Amiral pensa que tous les habitants de la côte devaient être des pêcheurs qui portaient leur poisson à l'intérieur des terres, parce que cette île est très grande et si belle qu'on ne se lasse pas d'en faire l'éloge. Il dit qu'il trouva des arbres et des fruits d'une très merveilleuse saveur ; et il dit encore qu'il devait y avoir là des vaches et d'autre bétail parce qu'il vit les squelettes de têtes qui lui semblèrent être celles de vaches. Toute la nuit, le chant des oiseaux grands et petits et celui des grillons les réjouirent ; l'air fut doux et embaumé, ni froid ni chaud. Pourtant, dit-il, alors qu'ils allaient par les autres îles vers celle-ci, la chaleur avait été grande ; ici non, l'air était tempéré comme en mai. Il attribue cette chaleur des autres îles à leur manque d'altitude et au vent naturellement chaud qui y souffle du levant. L'eau de ces fleuves était salée à l'embouchure ; ils ne surent où les Indiens prenaient l'eau douce qu'ils avaient dans leurs maisons. Les navires pouvaient manœuvrer pour rentrer dans ce fleuve et en sortir, et il y avait de très bons repères : sept ou huit brasses de fond à l'embouchure et cinq à l'intérieur. Toute cette mer semble être toujours calme comme le fleuve de Séville, dit l'Amiral, et ses eaux favorables à la sécrétion des perles. Il trouva de grands escargots sans goût, au contraire de ceux d'Espagne.

L'Amiral signale ici la situation du fleuve et du port dont il a parlé plus haut et qu'il nomma San Salvador[47]. Il y a là des montagnes belles et aussi

---

47. « C'est le port de Baracoa », note ici Las Casas. Navarrete le contredit : « C'est le port de Nipe et ce ne peut être que celui-là. » Les indications du *Journal* semblent donner raison à Navarrete. Baracoa est trop au sud pour que Colomb ait pu l'atteindre en naviguant sud-sud-ouest depuis, approxi-

hautes que la Peña de los Enamorados. L'une d'elles est surmontée d'un piton qui semble une belle mosquée. De cet autre fleuve et de ce port [48] dans lequel l'Amiral était alors, on voit au sud-est deux montagnes arrondies et à l'ouest-nord-ouest un beau cap plat qui s'avance loin.

Il sortit du fleuve des Mers vers le nord-ouest et, après avoir fait quinze lieues, il vit un cap couvert de palmiers et le nomma cap des Palmiers. Les Indiens qui étaient sur la caravelle *Pinta* dirent que derrière ce cap il y avait un fleuve, et que du fleuve on était à quatre journées de Cuba. Le capitaine de la *Pinta* dit qu'il pensait que cette Cuba [49] était une ville, et cette terre la terre ferme qui s'étendait loin au nord ; que le roi de cette contrée se trouvait en guerre avec le Grand Khan que les Indiens nommaient Cami [50],

---

mativement, l'île Verte. D'autre part, Las Casas ne devait guère avoir de cartes très précises.

48. Las Casas note ici : « C'est celui de Baracoa et c'est pour cela qu'il l'appelle cap Plat. » Cette notation contredit la précédente. Navarrete écrit: « Ce ne peut être que le port de Nuevitas del Principe ; les montagnes sont les Lomas del Mañueco, et le cap Plat la Punta del Maternillo. » Navarrete est très affirmatif et il est allé sur place, mais il y a beaucoup plus de dix-sept lieues entre le port de Nipe et Nuevitas del Principe, beaucoup plus de distance même que n'en couvrait généralement la flottille par jour le long des côtes ; donc Navarrete se trompe dans l'une de ses identifications, et plus probablement sur la première. Le colombiste américain Samuel Eliot Morison, qui a refait aussi les voyages de Colomb, identifie ces lieux à la Silla de Gibara, au sud-est du port de Gibara et au sud-est de Bariaí. Le « piton-mosquée » serait le Téton de Bariaí.

49. « Tous n'allaient qu'en tâtonnant, faute de comprendre les Indiens. Je crois que la Cuba dont les Indiens leur parlaient était la province de Cubanacan, dans cette île de Cuba qui a des mines d'or. » (Las Casas.)

50. Par un quiproquo qui ne manque pas de comique, Colomb parlait du Grand Khan (*Can* en espagnol) et les Indiens comprenaient et répondaient *Caribas* (Caraïbes, d'où est venu cannibales). Ils s'entendaient très bien ainsi, comme on le verra, et le malentendu dura jusqu'à ce que les Européens rencontrent les mangeurs d'hommes, terreur des Indiens des grandes Antilles, les Arawaks.

comme ils donnaient à son fief ou à sa cité le nom de Fava et beaucoup d'autres encore. L'Amiral résolut d'aller à ce fleuve et d'envoyer au roi de cette terre un présent avec la lettre des Rois. Pour cette mission, il désigna un marin qui avait, en Guinée, fait des choses semblables, et plusieurs Indiens de Guanahani qui acceptaient d'aller avec lui, à condition qu'ensuite ils puissent retourner à leur île. De l'avis de l'Amiral, ils étaient à quarante-deux degrés nord de la ligne équinoxiale [51] si le manuscrit d'où j'ai copié cela n'est pas altéré [52].

Il dit qu'il devait s'efforcer de se rendre auprès du Grand Khan qu'il pensait trouver dans cette région ou en la cité de Cathay [53] qui appartient à ce prince et est fort grande, selon ce qui lui fut dit avant son départ d'Espagne.

Toute cette côte, ajoute-t-il, est basse et belle. La mer y est profonde.

Mercredi 31 octobre

Il louvoya toute la nuit du mardi et vit un fleuve dans lequel il ne put entrer, son embouchure n'ayant pas de fond. Les Indiens avaient cru que les navires pourraient y pénétrer comme leurs barques. Poursuivant plus avant, l'Amiral trouva un cap qui s'avançait

51. « Les quartiers de réductions (*quadrantes*) de ce temps marquaient la double hauteur, et, par conséquent, les 42° auxquels dit l'Amiral qu'il se trouvait au nord de la ligne équinoxiale doivent se réduire à 21° de latitude nord. Ce qui est, à peu de différence près, le parallèle auquel naviguait alors Colomb. » (Navarrete.) L'existence de ces quadrants a été contestée, mais d'autre part Morison a démontré le peu d'expérience de la navigation astronomique à cette époque.

52. Cette note permet de douter que Las Casas ait établi son abrégé à partir de l'original.

53. Le Cathay de Marco Polo n'est pas une ville mais la Chine.

très loin et était entouré de bas-fonds [54]. Puis il vit une anse ou baie où pouvaient s'abriter de petits navires, mais il ne put y pénétrer en raison du vent qui s'était mis à souffler plein nord, alors que toute la côte courait du nord-nord-ouest au sud-est. Au-delà, il vit un autre cap qui formait une saillie encore plus forte. Pour cela, et parce que le ciel menaçait d'un vent violent, il dut retourner au fleuve des Mers.

Jeudi 1er novembre

Au lever du soleil, l'Amiral envoya les chaloupes à terre vers les maisons qui étaient là. Les marins constatèrent que les habitants avaient fui. Peu de temps après, un homme apparut. L'Amiral ordonna qu'on le laissât se rassurer et les chaloupes revinrent.

Après le déjeuner, l'Amiral renvoya à terre un des Indiens qu'il emmenait, lequel de loin cria à l'homme de ne pas avoir peur, que les étrangers étaient de bonnes gens, ne faisaient de mal à personne et n'appartenaient pas au Grand Khan [55], mais qu'au contraire ils avaient fait des présents dans beaucoup d'îles où ils étaient allés. L'Indien se jeta ensuite à la nage et atteignit la terre, où deux des siens le saisirent dans les bras puis l'emmenèrent à une maison où ils s'informèrent plus au long. Une fois assurés qu'on ne leur ferait pas de mal, ils se tranquillisèrent et plus de seize barques ou *canoas* vinrent aux navires, chargées de coton filé et d'autres petites choses. L'Amiral ordonna de ne leur en rien prendre, afin qu'ils comprissent qu'il ne cherchait que de l'or, appelé par eux *nuçay*. Ainsi, tout le jour, les Indiens ne firent qu'aller et venir de la terre aux navires, et quelques Chrétiens se rendirent à terre en pleine sécurité. L'Amiral ne vit

54. « C'est ce qu'on appelle aujourd'hui Boca de Carabelas [embouchure des Grandes Caravelles], et Punta del Maternillo [pointe de Maternille]. » (Navarrete.) Et, selon Morison, Punta Cobarrubia ou Punta Brava.

55. Le quiproquo se poursuit.

de l'or à aucun d'eux, mais il dit avoir vu un homme qui portait suspendu au nez un morceau d'argent ouvragé, ce qu'il tint pour signe que le pays recelait ce métal. Les Indiens firent savoir par signes qu'avant trois jours beaucoup de marchands viendraient de l'intérieur des terres acheter les choses qu'apportaient ici les Chrétiens et donneraient des nouvelles du roi de cette contrée, qui, selon ce qu'on put comprendre par signes, résidait à quatre journées de là. Tout cela parce que les riverains avaient envoyé beaucoup par tout le pays pour faire savoir la venue de l'Amiral.

« Ces gens, dit l'Amiral, ont même nature et mêmes coutumes que ceux que nous avons rencontrés jusqu'à présent, sans nulle secte autant que je sache. Jusqu'à ce jour, je n'ai vu faire aucune prière à ceux qui viennent avec moi mais, au contraire ils disent le *Salve* et l'*Ave Maria,* les mains au ciel, comme on le leur a montré, et ils font le signe de la croix. Leur langue aussi est une seule et même ; tous sont amis, et je crois qu'il en va ainsi dans toutes ces îles et qu'elles sont en guerre avec le Grand Khan qu'ils appellent Cavila [56] et sa province Bafan. Ils vont aussi nus que les autres. »

C'est ce que dit l'Amiral.

Il ajoute que le fleuve est très profond, tant que dans son embouchure les navires peuvent toucher la terre du bordage. L'eau n'est pas douce jusqu'à l'embouchure, mais elle l'est extrêmement à une lieue au-delà.

« Et il est certain, dit l'Amiral, que ceci est la terre ferme et que je suis devant Zayto et Guinsay [57], loin de cent lieues, plus ou moins, de l'une et de l'autre [58],

---

56. Mauvaise audition à n'en pas douter du mot « *cariba* ». De même, nous avons vu plus haut Colomb écrire « Colba » avant « Cuba ».

57. Les deux villes chinoises selon la graphie de Marco Polo.

58. « Je ne comprends pas ce baragouinage », note ici Las Casas en recopiant textuellement. La confusion de la forme

et cela est bien démontré par la mer qui se meut d'une autre façon qu'elle ne s'est mue jusqu'ici, et hier, en allant au nord-ouest, j'ai trouvé qu'il faisait froid. »

Vendredi 2 novembre

L'Amiral décida d'envoyer deux Espagnols en reconnaissance. L'un se nommait Rodrigo de Jerez et était d'Ayamonte, l'autre, un certain Luis de Torres, naguère juif, avait servi le gouverneur de Murcie et savait, dit-on, l'hébreu, le chaldéen et un peu d'arabe [59]. Avec eux il envoya deux Indiens : l'un de ceux de Guanahani et l'autre de l'une des maisons d'auprès du fleuve. Il leur donna des perles enfilées pour acheter des vivres s'ils venaient à en manquer et fixa à six jours le délai de leur retour. Il leur donna aussi des échantillons d'épices pour voir s'ils en trouveraient quelques-unes. Il leur donna enfin des instructions sur la manière de s'informer du roi de cette terre et sur ce qu'ils devaient lui dire au nom des Rois de Castille : comment ils avaient envoyé l'Amiral pour qu'il lui remît de leur part leurs lettres et un présent, pour s'informer de son Etat, contracter amitié avec lui, accorder les avantages qu'il pourrait désirer d'eux, etc. L'Amiral leur recommanda de s'informer aussi de certaines provinces, de certains ports et fleuves dont il avait mention ; à quelles distances ils étaient de là, etc.

A cet endroit, cette nuit-là, l'Amiral fit le point à l'aide d'un quadrant et trouva qu'il était à quarante-deux degrés de la ligne équinoxiale. Il dit qu'à son compte il trouvait avoir couru, depuis l'île de Hierro,

---

traduit l'hésitation de la pensée. Ce n'est pas la dernière fois que Colomb hésitera à prendre Cuba pour le continent, on le verra lors du deuxième voyage.

59. Colomb pensait, comme toutes les autorités de l'époque, que toutes les langues dérivaient de la première langue sacrée, l'hébreu. De là la logique d'un interprète en langues du Moyen-Orient, à défaut d'interprète en langues extrême-orientales.

onze cent quarante-deux lieues [60] et il affirme de nouveau que cet endroit est la terre ferme.

Samedi 3 novembre

Dans la matinée, l'Amiral monta en sa chaloupe et, parce que le fleuve forme un grand lac à son embouchure qui constitue un très remarquable port, très profond et net de tout écueil, avec une bonne plage, apte à mettre les navires en cale sèche, et beaucoup de bois, il remonta le fleuve jusqu'à trouver l'eau douce à deux lieues environ. Il monta sur une colline pour découvrir un peu de pays, mais il ne put rien voir du fait des grandes futaies, lesquelles étaient très fraîches et parfumées. Cela lui fit dire que, sans nul doute, il y avait là des plantes aromatiques. Il dit que tout était si beau que ses yeux ne pouvaient s'en lasser, ni ses oreilles du chant des oiseaux et des oiselets.

Beaucoup de barques ou *canoas* vinrent aux navires pour échanger des objets de coton filé et des filets où ils dorment, qui sont des hamacs.

Dimanche 4 novembre

Dès l'aube, l'Amiral entra dans sa chaloupe et descendit à terre chasser de ces oiseaux qu'il avait vus la veille. A son retour, Martin Alonso Pinzon vint à lui, portant deux morceaux de cannelle, et dit qu'un Portugais qui était à son bord avait vu un Indien qui en apportait deux très grosses bottes à son navire, mais que celui-ci n'avait osé les échanger de crainte d'encourir la peine que l'Amiral avait établie afin que personne ne fît de pareils trocs. Il disait encore que le même Indien portait des fruits rouges, gros comme

60. « La véritable distance parcourue était de 1 105 lieues. » (Navarrete.)

des noix. Le second maître de la *Pinta* dit qu'il avait trouvé des canneliers. L'Amiral s'y rendit, mais trouva que ce n'en étaient pas. Il montra à quelques Indiens de l'endroit de la cannelle et du poivre, qu'il avait apparemment apportés de Castille comme échantillon, et il dit qu'ils les reconnurent et lui indiquèrent par signes qu'il y en avait beaucoup près de là sur le chemin du sud-est. Il leur montra de l'or et des perles, et certains vieux répondirent que, dans un lieu qu'ils appelaient Bohio [61], il y avait énormément d'or, que les habitants le portaient au cou et aux oreilles, aux bras et aux jambes, et que là on trouvait aussi des perles. Il comprit aussi qu'ils disaient qu'en ce pays il y avait de grands navires et des marchandises, et que tout cela était au sud-est. Il comprit encore que, plus au-delà, il y avait des hommes avec un seul œil et d'autres avec des museaux de chiens [62], qu'ils mangeaient les êtres humains et, lorsqu'ils en prenaient un, l'égorgeaient, buvaient son sang et lui coupaient les parties naturelles.

L'Amiral résolut de retourner à la nef et d'attendre les deux hommes qu'il avait envoyés en mission, décidant, s'ils ne ramenaient pas quelqu'une de ces bonnes nouvelles qu'il désirait, de s'en aller chercher les susdites terres.

L'Amiral dit de plus : « Ces gens sont très paisibles et craintifs, nus comme je l'ai déjà dit, sans armes et sans lois. Les terres sont très fertiles, elles donnent

61. « Les Indiens de ces îles appelaient les maisons *bohio,* et c'est pour cela que je crois que l'Amiral ne comprenait pas bien, car il devrait ici parler de l'île Espagnole qu'ils appelaient Haïti. » (Las Casas.) Il semble bien toutefois que l'une des régions de Haïti s'appelait Bohio.

62. Colomb, qui avait appris dans l'*Imago Mundi* de Pierre d'Ailly l'existence des cynocéphales (considérés comme des hommes à têtes de chiens), prenait pour argent comptant les injures que les Indiens adressaient à leurs ennemis cannibales ; ou c'est encore une confusion linguistique : Cariba, leur nom, étant entendu comme *caniba,* et *can* étant « chien » en espagnol, les Caraïbes/cannibales devenaient hommes à têtes de chiens.

quantité de *mames* [63], sortes de carottes qui ont le goût de la châtaigne ; elles donnent aussi des féveroles et des fèves très diverses des nôtres [64], beaucoup de coton qui n'est pas semé mais vient naturellement sur de grands arbres dans les montagnes, et je crois qu'ils le récoltent en tout temps parce que j'ai vu sur un même arbre des capsules ouvertes, d'autres qui s'ouvraient et des fleurs. J'ai vu mille autres sortes de fruits qu'il ne m'est pas possible de décrire. Et tout cela doit être profitable. » C'est là ce que dit l'Amiral.

Lundi 5 novembre

A l'aube, il ordonna de tirer la nef à terre, puis les autres navires, mais non tous ensemble, afin que pour plus de sûreté il en restât toujours deux au mouillage, quoique, dit-il, ces gens aient été très sûrs et qu'on eût pu, sans crainte, mettre tous les navires ensemble en cale sèche. Sur ces entrefaites, le second maître de la *Niña* vint demander récompense à l'Amiral pour avoir trouvé de la gomme de lentisque. Mais il n'amenait point d'échantillon, l'ayant perdu en chemin. L'Amiral promit la récompense et envoya Rodrigo Sanchez et maître Diego voir ces arbres. Ils lui rapportèrent un peu de gomme, qu'il garda pour ramener aux Rois, ainsi qu'une branche de l'arbre. Il dit qu'il s'agissait bien de résine de lentisque, mais qu'il fallait la récolter en son temps et qu'il y en avait assez en cette région pour en prendre mille quintaux chaque année.

63. « Les *ajes* ou patates (*batatas*) ne sont autre chose que les *mames* dont il est question ici. » (Las Casas.) « Oviedo, dans son *Histoire naturelle des Indes*, chapitre 82, distingue les *ajes* des patates : les *ajes*, dit-il sont d'un violet tirant sur le bleu ; les patates sont plus grises et meilleures. Il ne leur donne pas le nom de *mames*. » (Navarrete.) « Le *mammea* ou *mammei* croît aux Antilles. On le sert sur toutes les tables. On en fait aussi une liqueur que les habitants nomment eau de créole. » (Note extraite du *Dictionnaire raisonné et abrégé d'histoire naturelle*, Fournier, Paris, 1807.)

64. Les haricots qui n'existaient pas en Europe.

Il trouva là, à ce qu'il dit, beaucoup de ce bois qui lui semblait de l'aloès. Il dit encore que ce port des Mers est un des meilleurs du monde, que l'air y est excellent et les gens les plus débonnaires. Et, parce qu'il a un cap de rochers assez élevé, on pourrait y faire construire une forteresse où, si le port devenait riche et grand, les marchands seraient en sûreté contre les autres nations. Et l'Amiral ajoute : « Que Notre Seigneur, qui tient en ses mains toutes victoires, nous garde en tout ce qui sera de son service. »

Il dit qu'un Indien fit comprendre que la gomme était bonne pour les douleurs d'estomac.

Mardi 6 novembre

« Hier dans la nuit, dit l'Amiral, les deux hommes que j'avais envoyés à terre revinrent. » Ils rapportèrent comment ils avaient marché douze lieues jusqu'à un village de cinquante maisons, qui avait bien mille habitants parce qu'ils vivent nombreux sous chaque toit. Ces maisons ont la forme de très grandes tentes militaires. Ils dirent qu'ils avaient été reçus en grande solennité selon la coutume du pays, et que tous, hommes comme femmes, les étaient venus voir puis qu'ils avaient été logés dans les meilleures maisons, et que tous les touchaient, leur baisaient les mains et les pieds, s'émerveillant et leur donnant à entendre qu'ils les croyaient venus du ciel, et ils leur donnaient à manger ce qu'ils avaient. Les deux envoyés racontèrent encore qu'à leur arrivée les notables du village les portèrent à bras jusqu'à la maison principale, leur donnèrent deux sièges où ils les firent asseoir et que tous les hommes s'assirent autour d'eux. L'Indien qui les accompagnait expliqua à ces gens la manière de vivre des Chrétiens et combien ils étaient bonnes gens. Ensuite, les hommes sortirent et les femmes entrèrent et prirent place de la même manière autour d'eux, baisant leurs mains, leurs pieds et les palpant pour savoir s'ils étaient de chair et d'os comme elles. Elles leur demandaient de rester au milieu d'eux au moins cinq jours. Les ambassadeurs montrèrent la cannelle, le poivre et les autres épices que l'Amiral leur avait donnés. Par signes, les Indiens répondirent qu'il y en avait beaucoup près de là, au sud-est, mais que, là où ils étaient, ils ne savaient pas s'il y en avait. Voyant qu'ils ne pouvaient les informer sur les villes, ils revinrent. S'ils avaient voulu accepter ceux qui se proposaient de les accompagner, plus de cinq cents hommes et femmes seraient venus avec eux, croyant qu'ils retournaient au ciel. Toutefois, un notable du village les accompagna avec son fils et un de ses hommes. L'Amiral les reçut à grand honneur et parla avec eux, leur montrant les nombreuses terres et îles qu'il y avait dans ces parages. Il pensa les amener aux Rois, mais il dit que le notable, saisi il ne sut par quel caprice, probablement la peur, voulut à la nuit noire regagner la terre. Parce qu'il ne voulut pas les contrarier et qu'il avait fait tirer sa nef à terre, l'Amiral laissa aller ces hommes sur promesse qu'ils reviendraient au lever du soleil. Mais ils ne revinrent plus.

Les deux Chrétiens rencontrèrent en chemin beaucoup de gens qui se rendaient à leurs villages, femmes et hommes, avec à la main un tison d'herbes pour prendre leurs fumigations ainsi qu'ils en ont coutume[65]. Sur leur chemin, ils ne trouvèrent aucun vil-

65. Las Casas, dans son *Historia de las Indias,* chapitre 46, ajoute à ce passage le savoureux commentaire suivant : « [...] qui sont des herbes sèches enveloppées dans une certaine feuille, sèche aussi, en forme de ces pétards (*mosquete*) en papier que font les garçons à la Pentecôte. Allumés par un bout, par l'autre ils le sucent ou l'aspirent ou reçoivent avec leur respiration, vers l'intérieur, cette fumée dont ils s'endorment la chair et s'enivrent presque. Ainsi, ils disent qu'ils ne sentent pas la fatigue. Ces pétards, ou n'importe comment que nous les appelions, ils les nomment tabacs. J'ai connu des Espagnols dans l'île Espagnole qui s'étaient accoutumés à en prendre et qui, après que je les en ai réprimandés, leur disant que c'était un vice, me répondaient qu'il n'était pas en leur pouvoir de cesser d'en prendre. Je ne sais quelle saveur ou quel goût ils y trouvent. »

lage de plus de cinq maisons, et partout ils recevaient le même accueil. Ils virent plusieurs espèces d'arbres, d'herbes et de fleurs odoriférantes. Ils virent des oiseaux très différents de ceux d'Espagne, sauf les perdrix, les rossignols qui chantaient [66] et les oies qui abondent ici. Ils ne virent pas de bêtes à quatre pattes, sauf des chiens qui n'aboyaient pas. La terre est très fertile et très cultivée en *mames,* féveroles et fèves différentes des nôtres, ainsi que semée en mil semblable à celui de nos régions. Ils virent aussi beaucoup de coton, brut, filé ou travaillé, tant que dans une seule maison il y en avait plus de cinq cents arrobes [67] et qu'ils pensèrent que chaque année l'on pouvait en récolter là quatre mille quintaux. L'Amiral dit qu'il lui semblait qu'ils ne le plantaient pas et qu'il donnait son fruit toute l'année. Ce coton est très fin et sa capsule est très grande. Tout ce que ces gens avaient, ils le donnaient à vil prix et ils laissaient un grand panier de coton pour un ferret d'aiguillette ou pour quelque autre petite chose.

« Ce sont, dit l'Amiral, des gens sans méchanceté et peu belliqueux. Ils vont tous nus, hommes et femmes, comme leur mère les enfanta. Il est vrai que les femmes portent une petite chose de coton assez grande pour couvrir leur nature, mais pas plus. Elles sont très soumises, pas très noires, moins au contraire que les Canariennes.

Je suis convaincu, Sérénissimes Princes, dit l'Amiral, qu'ils deviendront bientôt tous chrétiens dès que des personnes dévotes et religieuses entendront leur langue. Et, ainsi, j'espère en Notre Seigneur que Vos Altesses se détermineront à en envoyer en grand diligence pour réunir à l'Eglise de si grands peuples et les convertir, de même qu'Elles ont détruit ceux qui

66. « Le rossignol proprement dit n'existe pas en Amérique, mais il y a une foule d'oiseaux à bec fin qui ont pu être pris pour lui. » (Cuvier.)

67. Environ six tonnes.

ne voulaient pas confesser le Père, le Fils et le Saint-Esprit. Aux termes de leurs jours — car nous sommes tous mortels —, Vos Altesses laisseront leurs royaumes dans l'état le plus paisible, nettoyé de l'hérésie et des noirceurs, et Elles seront bien reçues devant l'Eternel Créateur. Puisse-t-Il leur accorder longue vie, grand accroissement en hauts royaumes et seigneuries et leur donner volonté et disposition d'augmenter la Sainte Religion Chrétienne ainsi que jusqu'ici Elles l'ont fait. Amen.

Aujourd'hui, j'ai remis la nef à flot et je me dépêche pour partir jeudi au nom de Dieu, vers le sud-est, chercher de l'or et des épices et découvrir terre. »

Telles sont les paroles de l'Amiral qui pensa partir le jeudi mais ne le put, parce que le vent lui fut contraire jusqu'au douzième jour de novembre.

Lundi 12 novembre

L'Amiral partit du port et du fleuve des Mers à la fin du quart de l'aube, pour aller à une île que les Indiens qu'il emmenait disaient avec insistance s'appeler Babèque. Selon ce qu'ils exprimaient par signes, là, les habitants recueillaient l'or sur la plage, à la lueur de flambeaux, puis, au marteau, ils en faisaient des lingots. Pour y aller, il fallait mettre la proue à l'est quart sud-est. Après avoir fait huit lieues le long de la côte, il trouva un fleuve, puis quatre lieues plus loin un autre qui semblait très considérable et plus grand qu'aucun de ceux qu'il avait trouvés. Il ne voulut s'arrêter ni entrer dans l'un ou l'autre, pour deux raisons : la première et principale, c'est que le temps et le vent étaient bons pour aller à la recherche de ladite île de Babèque ; l'autre, c'est que s'il y avait eu quelque cité populeuse et fameuse près de la mer, cela se serait vu ; d'ailleurs, pour remonter le fleuve, il eût fallu de petits bâtiments, ce que n'étaient pas les siens. Ainsi beaucoup de temps se serait perdu et il faut découvrir soi-même de semblables fleuves. Toute cette côte était peuplée, surtout près du fleuve, qu'il nomma fleuve du Soleil [68]. Il dit que, le dimanche 11 novembre, il lui avait paru qu'il serait bon de prendre quelques-uns des habitants des bords de ce fleuve pour les amener aux Rois et afin qu'ils apprennent notre langue et nous instruisent de ce qu'il y a dans cette terre, et qu'à leur retour ils soient les interprètes des Chrétiens et adoptent nos coutumes et notre foi. [...]

« Parce que je vois et connais, dit l'Amiral, que ces gens ne sont d'aucune secte, ni idolâtres, mais très doux et ignorants de ce qu'est le mal, qu'ils ne savent se tuer les uns les autres, ni s'emprisonner, qu'ils sont sans armes et si craintifs que l'un des nôtres suffit à en faire fuir cent, même en jouant avec eux. Ils sont crédules ; ils savent qu'il y a un Dieu dans le ciel et restent persuadés que nous sommes venus de là. Ils sont très prompts à dire quelque prière que nous leur enseignons et font le signe de la croix. Ainsi Vos Altesses doivent se déterminer à en faire des chrétiens, et je crois que, si l'on commence, en très peu de temps Vos Altesses parviendront à convertir à notre Sainte Foi une multitude de peuples en gagnant de grandes seigneuries et richesses ainsi que tous les peuples d'Espagne, parce que sans aucun doute il y a dans ces terres de grandes masses d'or. Et ce n'est pas sans raison que ces Indiens que j'emmène disent qu'il y a dans ces îles des endroits d'où ils extraient celui qu'ils portent au cou, aux oreilles, au bras et aux jambes en très gros bracelets. Il y a aussi des pierres, des perles précieuses et une infinité d'épices. Dans ce fleuve des Mers d'où je suis parti cette nuit, il y a certainement une grande quantité de gomme, et il y en aura plus encore si l'on veut en avoir parce que les arbres eux-mêmes, aussitôt plantés, prennent racine, et il y en a beaucoup et très grands qui ont les feuilles et les fruits comme ceux des lentisques,

68. D'après Morison, il s'agit de la baie de Puerto Sanra.

excepté que les arbres et les feuilles sont plus grands que ne le dit Pline et que je les ai vus sur l'île de Chio dans l'Archipel. J'ai ordonné d'inciser beaucoup de ces arbres pour voir s'ils donneraient de la résine et en emporter, mais comme il a plu tout le temps que j'ai été dans ledit fleuve je n'en ai pu recueillir que très peu que j'apporte à Vos Altesses. Aussi n'est-ce peut-être pas la saison d'inciser, qui est, je crois, le moment où les arbres sortent de l'hiver et veulent donner leurs fleurs ; tandis que maintenant leurs fruits sont, ici, déjà presque mûrs. On tirera aussi de ce pays une grande masse de coton, et je crois qu'il se vendra très bien par ici sans qu'il faille l'amener en Espagne, mais bien dans les grandes cités du Grand Khan que nous découvrirons sans aucun doute, et chez beaucoup d'autres seigneurs qui se feront un honneur de servir Vos Altesses, où on apportera d'autres produits d'Espagne et des terres d'Orient puisque celles-ci sont au ponant par rapport à nous. Il y a aussi énormément de bois d'aloès ici, mais ce n'est pas une chose de grand profit ; on peut en attendre au contraire de la gomme de lentisque, parce que nous n'en possédons que dans ladite île de Chio où, je crois, si ma mémoire ne me trompe, qu'on en tire bien cinquante mille ducats.

Il y a, à l'embouchure de ce fleuve où je suis [69], le meilleur port que j'aie vue jusqu'aujourd'hui : libre, large et profond, en bon lieu, bien situé pour construire une ville et une forteresse et pour que n'importe quels navires puissent aborder au pied des murs. Le pays est tempéré, élevé ; les eaux y sont très bonnes.

Hier, six jeunes hommes sur une barque ont accosté la nef ; cinq d'entre eux sont montés à bord. J'ai ordonné de les retenir et je les emmène [70]. Ensuite, j'ai

69. D'après Navarrete, Padre, entre les ports de Gibara et de Manati.

70. « Ceci ne fut pas la meilleure chose du monde », note Las Casas ; mais l'anthropologie de Colomb, imbue de supériorité chrétienne et de paternalisme civilisateur, ne s'encombre pas de « droit des gens ».

envoyé des hommes à une maison de la rive ouest du fleuve. Ils m'ont ramené six têtes de femmes, filles et adultes, et trois enfants. J'ai fait cela parce que les hommes se comporteront mieux en Espagne, ayant des femmes de leur pays, que sans elles, et que souventes fois il advint que des hommes de Guinée, amenés au Portugal pour y apprendre la langue, après leur retour, quand on pensait tirer parti d'eux dans leur pays en raison du bon traitement qui leur avait été réservé et des cadeaux qui leur avaient été donnés, dès l'arrivée dans leur pays disparaissaient à jamais. D'autres n'agissaient pas ainsi. Ayant donc leurs femmes, ils auront la volonté de s'entremettre dans les affaires dont on les chargera et, d'autre part, ces femmes enseigneront fort bien aux nôtres leur langue qui est une seule et même dans toutes ces îles de l'Inde où tous se comprennent et se visitent avec leurs barques. Cela n'est pas le cas en Guinée où il y a mille sortes de langues, fermées l'une à l'autre.

Cette nuit, sur une barque, un homme vint à mon bord qui était le mari d'une des femmes et le père de trois des enfants, un garçon et deux filles. Il me demanda de le laisser venir avec eux. A moi, cela me fit grand plaisir. Ils sont maintenant tous soulagés, d'où je conclus qu'ils doivent être tous parents. L'homme a déjà quarante ou quarante-cinq ans. »

Telles sont les propres paroles de l'Amiral. Il dit aussi plus haut qu'il faisait un peu froid et que, pour cette raison, il n'aurait pas été judicieux de naviguer en hiver à la découverte vers le nord. Ce lundi, il navigua jusqu'au coucher du soleil, faisant dix-huit lieues à l'est quart sud-est, jusqu'à un cap qu'il nomma cap de Cuba [71].

---

71. « Ce cap, selon le voyage que fit Colomb à l'est depuis sa sortie du fleuve des Mers (Nuevitas), doit être la Punta de Mulas [pointe des Mules]. » (Navarrete.)

Mardi 13 novembre

Toute cette nuit, il resta en panne comme disent les marins — ce qui veut dire louvoyer sans avancer —, et cela pour examiner un havre, faille de montagnes, telle une gorge entre deux sommets, qu'il avait entrevu au coucher du soleil et par où se montraient deux très hautes montagnes [72]. Là semblaient se séparer la terre de Cuba et celle de Bohio, et c'était ce qu'indiquaient par signes les Indiens qu'il emmenait avec lui.

Le grand jour venu, il fit voile vers la terre et passa une pointe qui, de nuit, lui avait paru affaire de deux lieues. Il entra en un grand golfe à cinq lieues au sud-sud-ouest et il s'en fallait encore de cinq qu'il arrivât au cap, où entre deux grands monts il y avait une faille dont il ne put déterminer si c'était un port.

Comme il désirait aller à l'île appelée Babèque, où, par ce qu'il entendait, il savait qu'il y avait beaucoup d'or, laquelle île se trouvait à l'est, et comme il ne voyait aucun grand village pour s'y abriter de la rigueur du vent qui grandissait plus que jamais, il décida de reprendre la haute mer et de filer à l'est sous le vent qui soufflait du nord. Il fit huit milles par heure et, dès la dixième heure du jour qu'il prit ce chemin jusqu'au coucher du soleil, il fit à l'est, depuis le cap de Cuba, cinquante-six milles qui font quatorze lieues. Jusqu'à l'autre terre de Bohio qui était sous le vent, en partant du cap dudit golfe, il trouva à son estimation quatre-vingts milles qui font vingt lieues. Et toute cette côte courait d'est-sud-est en ouest-nord-ouest [73].

---

72. « L'une de ces montagnes était le cap de Cuba, qui s'appelle la pointe de Mahici. » (Las Casas.) « Ces montagnes étaient celles du Cristal et celles du Moa. » (Navarrete.)

73. L'immense retrait de la côte fait croire à Colomb qu'il se trouve à l'extrémité de Cuba et devant une autre île, alors qu'il ne quitte pas Cuba.

Mercredi 14 novembre

Toute la nuit d'hier, il alla prudemment et louvoya parce que, disait-il, il n'eût pas été sage de naviguer de nuit entre ces îles avant de les avoir reconnues. D'autre part, les Indiens qu'il emmenait lui disaient la veille, mardi, qu'il y avait trois journées du fleuve des Mers jusqu'à l'île de Babèque, ce qui doit s'entendre comme journées de leurs barques, qui peuvent être de sept lieues. Puis le vent faiblit, et l'Amiral, qui devait aller à l'est, ne pouvait voguer qu'au quart sud-est. Pour cela, et pour d'autres inconvénients qu'il rapporte ici, il dut se maintenir jusqu'au matin. Au lever du soleil, il décida d'aller à la recherche d'un port, parce que le vent était passé du nord au nord-est et que, s'il n'en trouvait pas, il lui serait nécessaire de retourner à ceux qu'il laissait dans l'île de Cuba. Il arriva à terre après avoir fait cette nuit vingt-quatre milles à l'est quart sud-est. Il avança au sud [...] [74] milles, jusqu'à la terre où il vit beaucoup de baies, de petites îles et de ports ; mais comme le vent était violent et la mer très grosse, il n'osa pas s'aventurer à y pénétrer. Il préféra courir la côte au nord-ouest quart ouest, regardant s'il y avait un port. Il en vit beaucoup, mais pas très sûrs. Après avoir ainsi fait soixante-quatre milles, il trouva une baie très profonde, large d'un quart de mille, formant un bon port [75] avec un fleuve. Il y entra, mit le cap au sud-sud-ouest, puis au sud, et enfin au sud-est. Celui-ci était partout de bonne largeur et très profond. Il vit de là tant d'îles qu'il ne put les compter toutes. Elles étaient de bonne grandeur, très élevées, couvertes d'arbres de mille essences et d'infiniment de palmiers. Il s'émerveilla grandement de voir tant d'îles et si hautes, et il assure aux Rois que les montagnes que, depuis avant-hier, il a vues au long

74. Lacune de l'original.
75. « Il nous paraît que ce doit être le port de Tánamo dans l'île de Cuba. » (Navarrete.)

de ces côtes et celles de ces îles lui semblent telles qu'il n'y en a pas de plus hautes dans le monde ni de plus belles et claires, sans brouillard ni neige. Et, à leur pied, il y a un très grand fond. Il dit que ces îles sont celles, innombrables, que sur les mappemondes on situe au bout de l'Orient. Et il dit encore qu'il croyait qu'il y avait d'immenses richesses, des pierres précieuses et des épices en ces îles qui se prolongent loin vers le sud et s'élargissent de toute part. Il leur donna le nom de mer de Notre-Dame, et le port qui était près de l'embouchure de l'entrée desdites îles, il le nomma port du Prince ; mais il n'y entra pas, se contentant de le voir du dehors, jusqu'à son retour, le samedi de la semaine suivante, comme on le verra.

Il dit tant, et de telles choses de la fertilité, de la beauté et de l'altitude des îles trouvées en ce port, qu'il prie les Rois de ne pas s'exclamer de tant d'éloges, car il leur certifie qu'il croit n'en pas dire la centième partie : quelques-unes d'entre elles semblent toucher au ciel et être taillées comme des pointes de diamant, d'autres ont comme une table au sommet de leur grande hauteur. A leur pied, la mer est si profonde qu'une très grande caraque [76] pourrait y toucher. Et toutes sont couvertes de bois et sans rocs.

Jeudi 15 novembre

Il décida de parcourir ces îles sur les chaloupes des navires et il en dit des merveilles : qu'il y trouva de la résine de lentisque et infiniment d'aloès, que, dans quelques-unes, les Indiens travaillaient des racines dont ils faisaient leur pain [77]. Il vit trace de leurs feux

76. « Les vaisseaux de la plus grande dimension étaient déjà désignés ou connus sous ce nom au XIIIe siècle, ainsi qu'en témoigne les *Sept Lois* d'Alphonse le Sage : loi II, titre XXIV. » (Navarrete.)

77. « Il s'agit peut-être ici de la racine de manioc. » (Cuvier.)

allumés en plusieurs endroits. Il ne trouva pas d'eau douce. Il y avait quelques habitants qui s'enfuirent. Partout où il alla, il trouva de quinze à seize brasses de fond et de « bonne base », c'est-à-dire de sable et non de rochers, ce que désirent les marins parce que les rochers coupent les câbles des ancres des navires.

Vendredi 16 novembre

Comme, en tous lieux, îles et terres où il entrait, il plantait toujours une croix, il monta dans la chaloupe, s'en fut à l'embouchure de ces ports et, sur une pointe de terre, trouva deux pièces de bois, très grandes, l'une plus longue que l'autre et l'une sur l'autre faisant une croix, si bien qu'il dit qu'un charpentier n'aurait pu les placer plus exactement. Une fois cette croix adorée, il ordonna de la faire dresser, très grande et haute, avec les mêmes pièces de bois. Il trouva sur cette plage des roseaux dont il ne savait pas où ils poussaient. Il pensa que quelque fleuve les apportait et les jetait au rivage, et en cela il avait raison. Il alla à une crique à l'intérieur de l'entrée du port, du côté du sud-est (une crique est une faille étroite par où l'eau de la mer pénètre la terre). Là, il y avait une hauteur de pierres et de rocs, tel un cap, et à son pied le fond était si grand que la plus grande caraque du monde eût pu y accoster. Dans un endroit, six navires auraient pu rester sans ancre comme dans un bassin. Il lui parut qu'on pourrait construire ici un fort à peu de frais si, dans quelque temps, en cette mer d'îles, on parvenait à établir quelque fameux négoce.

Revenu à la nef, il trouva les Indiens qu'il emmenait pêchant des coques très grosses qu'on trouve dans ces mers. Il fit entrer ses gens dans l'eau pour chercher s'il y avait des « nacrées », ces huîtres où naissent les perles, et ils en trouvèrent beaucoup, mais sans perles. Il attribua cela à ce qu'on ne devait pas être dans la saison qui, selon lui, se situait vers mai ou juin [78]. Les marins prirent un animal qui semblait un *taso* ou *taxo* [79]. Ils pêchèrent avec des filets et prirent un poisson, entre beaucoup d'autres, qui ressemblait vraiment à un porc, non comme le thon, mais, dit l'Amiral, était tout écaillé, très raide, et n'avait en lui rien de mou hors la queue, les yeux et un trou pardessous pour expulser les excréments [80]. Il ordonna de le saler pour le rapporter et que les Rois le vissent.

Samedi 17 novembre

Il entra dans la chaloupe, le matin, et alla voir les îles qu'il n'avait pas visitées au sud-ouest. Il en vit beaucoup d'autres et très fertiles et très gracieuses, et entre elles il y avait de très grands fonds. Certaines de ces îles étaient arrosées de ruisseaux d'eau douce et il pensa que cette eau et ces ruisseaux provenaient de quelques sources qui naissaient au sommet des montagnes. De là, poussant plus loin, il trouva un ruisseau d'eau très belle et douce qui jaillissait, très fraîche, du fait de son lit sablonneux. Il y avait une très jolie prairie et beaucoup de palmiers, plus hauts que ceux qu'il avait vus jusque-là. Il trouva de grosses noix comme celles de l'Inde, à ce qu'il dit, je crois, et de gros rats [81], aussi comme ceux de l'Inde, ainsi que des écrevisses énormes. Il vit beaucoup d'oiseaux et sentit une violente odeur de musc, d'où il conclut qu'il devait y en avoir là [82].

---

78. « Je ne sais pas positivement s'il y a une saison où les coquilles produisent plus de perles ; mais cela pourrait bien être, et il se pourrait surtout qu'on l'ait cru, ce qui, pour l'époque dont il s'agit, sera revenu au même. » (Cuvier.)

79. « Pourquoi *taxo* ne serait-il pas le blaireau (*taxus* en latin, taisson en vieux français) ? L'animal dont il s'agit ici est probablement le coati. » (Cuvier.)

80. « Ce poisson dur et à groin de cochon est ou un coffre (*ostracion,* Lin.), ou un baliste. C'est probablement un coffre, d'après la description. » (Cuvier.)

81. « Ce devaient être des agoutis. » (Las Casas.)

82. « Il n'y a point de musc en Amérique ; mais comme il

Ce jour-là, des six garçons qu'il avait pris dans le fleuve des Mers en ordonnant qu'ils aillent sur la caravelle *Niña,* les deux plus vieux s'enfuirent.

Dimanche 18 novembre

Il sortit une autre fois avec les chaloupes, emmenant beaucoup d'hommes des navires, et il alla planter la grande croix qu'il avait ordonné de faire avec les deux pièces de bois mentionnées, à l'entrée dudit port du Prince, dans un endroit bien en vue et dégagé d'arbres. Elle était très haute et très belle à voir.

Il dit que la mer, ici, avance et se retire beaucoup plus qu'en tout autre port de ceux qu'il a vus en ces régions, et que ce n'est pas grand merveille alors qu'il y a tant d'îles. La marée est là, à l'inverse des nôtres, puisque, dans ce port, la mer est basse quand la lune est au sud-ouest quart sud.

Il ne quitta pas ce lieu, car c'était dimanche.

Lundi 19 novembre

Il partit avant le lever du soleil, par temps calme, et plus tard, vers midi, le vent souffla de l'est et il navigua au nord-nord-est. Au coucher du soleil, le port du Prince se trouvait au sud-sud-ouest, à sept lieues environ. Il vit, juste à l'est, l'île de Babèque dont il était à peu près à soixante milles [83].

Il navigua toute la nuit, plus ou moins au nord-est. Il fit soixante milles puis, jusqu'à la dixième heure, le mardi, douze autres milles, soit en tout dix-huit lieues au nord-est quart nord.

---

existe dans le nouveau continent beaucoup d'animaux à odeur musquée, il n'est pas étonnant que Christophe Colomb ait cru que ceux dont il parle étaient de véritables muscs. » (Cuvier.)

83. A cette distance et directement à l'est, il ne pouvait voir que la Grande Inague, qui serait ainsi la Babèque des Indiens.

Mardi 20 novembre

Il laissait Babèque — ou les îles de Babèque — au sud-est, d'où venait le vent, qui ainsi lui était contraire. Voyant qu'il ne changeait pas et que la mer se gonflait, il décida de retourner au port du Prince, d'où il était parti et qu'il laissait à vingt-cinq lieues. Il ne voulut pas aller à la petite île qu'il avait appelée Isabelle, dont il était à douze lieues et où il pouvait aller mouiller ce jour-là, pour deux raisons : l'une, c'est qu'il vit deux îles au sud et les voulait voir ; l'autre, c'est qu'il ne voulait pas que s'enfuient ceux des Indiens qu'il emmenait et qu'il avait pris à Guanahani, nommée par lui San Salvador, île qui était à huit lieues de cette Isabelle. Il dit qu'il avait besoin de ces hommes pour les emmener en Castille, etc. Ils étaient persuadés, dit-il, qu'une fois l'or trouvé, l'Amiral les laisserait retourner à leur terre.

Il arriva donc dans les parages du port du Prince, mais il ne put le toucher parce qu'il faisait nuit et que les courants l'entraînaient au nord-ouest. Il changea de nouveau de route et mit le cap au nord-est avec grand vent. Au troisième quart de la nuit, le vent se calma et tourna. L'Amiral mit le cap à l'est quart nord-est. Le vent soufflait sud-ouest. A l'aube, il se mit plein sud, puis il frisa le sud-est.

Au lever du soleil, il observa le port du Prince et le laissa au sud-ouest, presque au quart ouest, et il en était à quarante-huit milles qui font douze lieues.

Mercredi 21 novembre

Au lever du soleil, il navigua à l'est sous vent du sud. Il avança peu car la mer était contraire. Jusqu'à l'heure des vêpres, il fit vingt-quatre milles. Puis le vent tourna à l'est et l'Amiral vogua sud quart sud-est et, au coucher du soleil, il avait fait douze milles.

Ici, l'Amiral se trouva à quarante-deux degrés nord de la ligne équinoxiale, comme dans le port des Mers.

Mais il dit qu'il cessa d'utiliser son quadrant jusqu'à ce qu'il soit arrivé à terre, où il pourrait le contrôler. De toute façon, il lui paraissait qu'il ne devait pas être si loin, et il avait raison car il n'est pas possible que ces îles soient ailleurs qu'à [...] [84] degrés. En faveur de l'exactitude du quadrant, il dit qu'il penchait à voir le nord aussi haut qu'en Castille [85]. Et si cela est exact, il devait être bien près de la hauteur de la Floride et aller vers elle ; mais alors, où sont donc maintenant ces îles qu'il avait entre les mains ? Ce qui le confirmait dans son avis, c'était la grande chaleur. Mais il est clair que s'il se fût trouvé sur la côte de la Floride, il n'aurait pas eu chaud mais froid. Et il est aussi manifeste qu'on ne peut croire qu'en aucune partie de la terre située à quarante-deux degrés il fasse chaud, si ce n'est par quelque cause *per accidens,* ce que je ne sache pas qu'on ait vu jusqu'aujourd'hui.

De cette chaleur que, dit l'Amiral, ils souffraient en cet endroit, il déduisait que, dans ces Indes et par là où ils allaient, il devait y avoir beaucoup d'or.

Ce jour-là, Martin Alonso Pinzon s'éloigna avec la caravelle *Pinta,* sans ordre et contre la volonté de

---

84. Lacune de l'original.

85. Tout ce passage est de la plus grande confusion. Colomb, en date du 13 octobre, a dit sans équivoque qu'il pensait être à la même latitude que les Canaries (il était en réalité plus au sud) ; il ne pouvait donc penser être en même temps à celle de la Castille. La Castille est bien à 42° de latitude nord. Si Colomb n'avait pas utilisé un quadrant à double hauteur comme le prétend Navarrete, on devrait donc voir ici une grossière erreur de Colomb. Les recherches récentes établissent combien la navigation astronomique était alors balbutiante, et nous savons par ses « vérifications » d'Alfraganus que Colomb n'était pas expert en cosmographie. Il entreprenait son immense voyage à l'estime et tenait surtout avec son quadrant à chercher une vérification de ce que lui suggérait la mise bout à bout des lieues marines couvertes selon les orientations relevées. La lacune du texte de Las Casas montre que la véritable latitude du sud de Cuba n'était pas encore dans le domaine public cinquante ans après la découverte. Et l'on remarquera aussi que les commentaires de celui-ci à l'intérieur même du Résumé marquent souvent des hésitations de sa lecture de l'original du *Journal.*

l'Amiral, par cupidité dit ce dernier, croyant qu'un Indien que l'Amiral avait envoyé sur sa caravelle lui allait donner beaucoup d'or. Et ainsi il partit sans attendre, sans raison de mauvais temps, mais parce qu'il le voulut. Et l'Amiral dit ici : « Il m'en a fait et dit beaucoup d'autres [86]. »

Jeudi 22 novembre

La nuit de mercredi, il navigua au sud quart sud-est, sous vent d'est mais presque par calme. Au troisième quart, le vent souffla nord-nord-est. Il allait encore au sud vers cette terre que par là il lui restait à voir. Mais, quand le soleil se leva, il s'en trouva aussi loin que la veille du fait des courants contraires et elle restait à quarante milles de lui.

Cette nuit, Martin Alonso suivit son chemin à l'est pour aller à l'île de Babèque où les Indiens disent qu'il y a beaucoup d'or. Il allait en vue de l'Amiral et n'en était pas à plus de seize milles. L'Amiral navigua toute la nuit auprès de la terre. Il fit carguer quelques voiles et tenir un fanal toute la nuit, car il lui parut que Pinzon revenait vers lui, ce qu'il pouvait s'il l'avait voulu, la nuit étant très claire et la brise favorable.

Vendredi 23 novembre

L'Amiral navigua tout ce jour vers la terre, toujours au sud, sous peu de vent. Mais le courant ne le

86. Première mention de l'opposition croissante entre Colomb et Pinzon, et de la pure fièvre de l'or qui ne va cesser de dévorer les conquistadores, tandis que Colomb, qui est à coup sûr le contraire d'un homme désintéressé, contrôle mieux son propre désir de richesses et le contrebalance par d'autres buts. Au cours de cette période, il doit passer le plus clair de son temps à des relevés des côtes qui étonneront ceux qui les verront par leur qualité.

laissa pas arriver à elle. Bien plutôt en était-il aussi loin au coucher du soleil qu'au matin. Le vent était d'est-nord-est, propice pour aller au sud bien qu'il ait été faible. Au-delà de ce cap dépassait une autre terre, ou cap, allongée aussi à l'est, que ces Indiens qu'il emmenait nommaient Bohio et dont ils disaient qu'elle était très grande, qu'on y rencontrait des gens qui avaient un œil sur le front et d'autres, appelés cannibales [87], dont ils manifestaient avoir grand-peur. Dès qu'ils virent l'Amiral s'engager sur ce chemin, il dit qu'ils ne pouvaient plus parler parce qu'ils tenaient que ces gens les mangeaient et qu'ils sont très armés. L'Amiral dit qu'il croit bien qu'il y a quelque chose de cette sorte, mais que, puisque c'étaient des gens armés, c'est que c'étaient des hommes de raison qui sans doute avaient capturés quelques-uns de ceux d'ici, et que les autres, ne les voyant pas revenir à leurs terres, disaient qu'ils avaient été mangés. C'était d'ailleurs la même créance qu'avaient eue des Chrétiens et de l'Amiral quelques-uns de ceux qui les virent au début.

Samedi 24 novembre

L'Amiral navigua toute cette nuit et, à la troisième heure du jour, il prit terre à l'île plate [88], en ce même endroit où, la semaine précédente, il était arrivé en allant à l'île de Babèque. D'abord il n'osa pas s'approcher de terre, parce qu'il lui paraissait que la mer se brisait bien violemment en ce havre de montagnes. Enfin, il arriva à la mer de Notre-Dame où il y avait les si nombreuses îles et il pénétra dans le port qui est près de l'embouchure de l'entrée des îles. Il dit que s'il avait connu ce port auparavant et ne s'était

87. Première apparition du mot, tel qu'il restera dans le sens général de « mangeurs d'hommes ». Mais est-ce Colomb qui l'emploie ici ou Las Casas qui adapte ce qu'il retranscrit ?
88. « C'est la Caïe de Moa. » (Navarrete.)

pas arrêté à visiter les îles de la mer de Notre-Dame, il n'aurait pas eu besoin de revenir en arrière, quoiqu'il dise aussi tenir pour bien d'avoir vu lesdites îles. Dès qu'il fut arrivé à terre, il envoya la chaloupe sonder le port et trouva une très bonne barre avec un fond de six jusqu'à vingt brasses, net et sans récifs. Il y entra, mettant le cap au sud-ouest, puis il vira vers l'ouest, laissant au nord l'île plate qui, avec une autre, sa voisine, forme une lagune de mer où pourraient tenir toutes les nefs de l'Espagne et où, sans amarres, elles seraient en sûreté contre tous les vents [89]. Et ce goulet du sud-est, où l'on s'embouque cap au sud-sud-ouest, a une issue à l'ouest, très profonde et très large. Ainsi celui qui arriverait de la mer par le nord pourrait, tout en longeant cette côte, passer au milieu de ces îles et les reconnaître. Elles sont au pied d'une grande montagne [90] qui s'étend d'est en ouest, et qui est beaucoup plus longue et plus haute qu'aucune autre de celles de cette côte où il y en a infiniment, et laisse affleurer un récif tout de son long, tel un banc qui va jusqu'au goulet. Tout cela du côté du sud-est. Quant au côté de l'île plate, on y trouve aussi un récif, mais petit celui-là, et entre les deux, comme on l'a déjà dit, il y a ample largeur et grand fond. Dès l'entrée du côté du sud-est, dans ce même port, ils virent un grand fleuve, très beau et roulant plus d'eau que ceux qu'ils avaient vus jusque-là, et où l'eau venait douce jusqu'à la mer. A l'embouchure, il y a un banc, mais au-delà, vers l'intérieur, il a bien huit à neuf brasses de profondeur. Il est comme les autres, tout ombragé de palmiers et de beaucoup d'arbres.

---

89. « Ce doit être le port que Colomb appela Santa Catalina [Sainte Catherine], parce qu'il arriva la veille de la fête de cette sainte. » (Las Casas.) « Ce ne peut être que le port Caïe de Moa, dont la description qu'en fait ici l'amiral est très exacte. » (Navarrete.) Ces deux notes ne se contredisent pas, si ce n'est par une identification ultérieure erronée du port de Santa Catalina.

90. « Les chaînes de montagnes de Moa. » (Navarrete.)

Avant le lever du soleil, l'Amiral entra dans la chaloupe et s'en fut voir un cap ou une pointe de terre à une lieue et demie à peu près au sud-est de la petite île plate, car il lui semblait qu'il devait y avoir là quelque bon fleuve. En effet, près de la pointe du cap, du côté du sud-est, ayant parcouru deux portées d'arbalète, il vit couler un gros ruisseau d'eau très limpide qui se précipitait à grand fracas du haut d'une montagne. Il alla à ce ruisseau et y vit reluire quelques pierres, pailletées de taches couleur d'or [91]. Il se souvint alors qu'à l'embouchure du fleuve Tajo [92], près de la mer, on trouva de l'or et il lui parut certain qu'il devait y en avoir ici [93]. Il fit choisir plusieurs de ces pierres pour les porter aux Rois. Ce faisant, les mousses donnèrent de la voix, criant qu'ils voyaient des pinèdes [94]. L'Amiral regarda vers la montagne et vit les pins, si grands, si merveilleux qu'il ne pouvait trop dire sur leur hauteur et leur droiture, comme des fuseaux énormes et sveltes. Là, il lui apparut qu'on pouvait faire des navires et, sans fin, des planches et des mâts pour les plus grandes nefs d'Espagne. Il vit des chênes et des arbousiers, et un bon fleuve et un emplacement pour monter des scies à eau.

La terre et les airs y étaient plus tempérés que jamais, de par la hauteur et la beauté des montagnes.

Il vit sur la plage beaucoup de pierres couleur de

91. « Ce devaient être des pierres de marguerite (*piedras de margaritá*). » (Las Casas.) « Beaucoup de sortes de pierres peuvent avoir des taches couleur d'or, dues à des pyrites, à des micas, ou à quelques autres substances. Une semblable description n'indique rien de précis. » (Cuvier.)

92. Tajo : le Tage. Le Tage ne roule pas d'or et ce souvenir de Colomb est purement livresque. C'est Pierre d'Ailly qui raconte dans l'*Imago Mundi* qu'il y a de l'or dans le Tage, ce que Colomb a d'ailleurs relevé en marge de son exemplaire.

93. « Il n'y a aucun doute, il y en avait. » (Las Casas.)

94. « Il est vrai qu'il y a en cet endroit des pins admirables. » (Las Casas.)

fer et d'autres que certains disaient provenir de mines d'argent, toutes charriées par le fleuve. A cet endroit, il prit une antenne et un mât pour l'artimon [95] de la caravelle *Niña*. Il arriva à l'embouchure du fleuve et entra au fond de la partie du sud-est du cap, dans une rade très profonde et large où l'on aurait pu faire tenir cent nefs, sans aucune amarre ni ancre ; et le port était tel que les yeux jamais n'en virent de semblable [96]. Les montagnes étaient couvertes de pins, très hautes, il en descendait abondamment les eaux les plus limpides et il y avait par ailleurs les plus divers et les plus magnifiques bosquets d'arbres.

Il laissa derrière lui deux ou trois autres fleuves. Il fait aux Rois grand éloge de toutes ces choses et témoigne avoir ressenti à les voir, spécialement les pins, une extrême allégresse et joie, parce que là se pourraient faire autant de navires qu'on en désirerait en apportant les accessoires, mais non le bois et la poix qui sont ici en abondance. Et il assure ne pas exagérer de la centième partie, et qu'il plut à Notre Seigneur de toujours lui montrer une chose meilleure que l'autre, que jusqu'à présent il avait été toujours de bien en mieux, en ce qu'il avait découvert, tant pour les terres que pour les bois, les plantes, les fruits et les fleurs comme les gens, qui sont toujours de différentes façons en allant d'un lieu à un autre. Et de même avec les ports et les eaux. Finalement, il dit que si celui qui voit ces choses reste en si grande admiration, que sera-ce pour celui qui l'entendra ? Personne ne le pourra croire ne l'ayant pas vu.

Jeudi 26 novembre

Au lever du soleil, il leva l'ancre du port de Sainte-Catherine où il était, dans l'île plate, et navigua le

95. Le texte porte *mesana* qui est la misaine, mais en ce temps et en terres latines les noms des mâts sont inversés.
96. « C'est le port de Jaragua. » (Navarrete.)

long de la côte, sous peu de vent sud-ouest, vers le cap del Pico [97] qui était au sud-est. Il parvint tard au cap parce que le vent tomba et, arrivé, il vit au sud-est quart est un autre cap, environ à soixante milles de là. Il vit encore un autre cap qui était au sud-est quart sud du navire et lui paraissait se trouver à vingt milles de lui. Il le nomma cap de Campana [98], mais ne put l'atteindre de jour parce que, de nouveau, le vent tomba au calme plat.

Il avait fait en tout, ce jour, trente-deux milles qui font huit lieues, au long desquelles il enregistra et observa neuf ports très remarquables [99], desquels tous les marins s'émerveillèrent, et cinq grands fleuves. Cela parce qu'il allait toujours, longeant la côte pour tout bien voir.

Toute cette terre est de montagnes très hautes et très belles, ni arides ni de roches, mais très accessibles et aux vallées magnifiques. Comme les montagnes, les vallées sont aussi remplies d'arbres hauts et frais qu'on a grand-joie à regarder. Et il semble que ce sont surtout là des pins.

Derrière ledit cap du Bec, au sud-est, il y a aussi deux petites îles qui ont bien chacune deux lieues de tour et contiennent trois merveilleux ports et deux grands fleuves.

Sur toute cette côte, l'Amiral n'aperçut aucun village depuis la mer. Il se pouvait cependant qu'il y en eut, et il y en avait indice puisque, n'importe où qu'ils sautaient à terre, ils trouvaient des traces humaines et de nombreux foyers. Il estimait que la terre qu'il voyait aujourd'hui au sud-est du cap de Campana était l'île que les Indiens nommaient Bohio. Cela lui sembla ainsi parce que ledit cap est éloigné de cette

97. Cap du Bec. « C'est la pointe du Mangle ou du Guarico. » (Navarrete.)

98. Cap de la Cloche. « C'est la pointe Vaez. » (Navarrete.)

99. « Parmi les neuf ports que l'Amiral dit qu'il reconnut et signala dans cette partie de la côte, on doit distinguer le golfe Yamanique et les ports de Jaragua, de Taco, de Cayaganucque, de Nava et de Maravi. » (Navarrete.)

terre. Il dit que tous ces gens rencontrés jusqu'aujourd'hui ont une immense crainte des *caniba* ou *canima,* et ils disent qu'ils vivent dans cette île de Bohio, laquelle doit être très grande à ce qu'il lui paraît, et il pense que ces *caniba* viennent prendre ceux d'ici sur leurs terres et en leurs maisons parce qu'ils sont très poltrons et ne se connaissent pas en armes. Il lui semblait que c'était pour cette cause que les Indiens qu'il emmenait n'avaient pas coutume, au voisinage de cette terre, de s'installer sur la côte. Il ajoute que, après qu'ils le virent prendre la direction de Bohio, la terreur d'être mangés les rendait muets et qu'il ne pouvait les délivrer de cette peur. Ils disaient que les *caniba* n'avaient qu'un seul œil et une face de chien. L'Amiral pensait qu'ils mentaient et croyait que ceux qui les capturaient étaient de la seigneurie du Grand Khan.

Mardi 27 novembre

Hier, au coucher du soleil, il arriva près d'un cap qu'il appela de Campana et, bien que le ciel fût clair et qu'il y eût peu de vent, il ne voulut pas aller vers la terre et mouiller, malgré qu'il eût sous le vent cinq ou six ports merveilleux, afin de ne pas retarder la poursuite de son dessein, et parce qu'il s'arrêtait plus qu'il ne voulait par le désir qu'il avait de voir et la délectation qu'il goûtait à regarder la beauté et la fraîcheur de ces terres n'importe où il entrait. Pour ces raisons, ils se tint en panne cette nuit et temporisa jusqu'au jour. Comme la forte marée et les courants l'éloignèrent cette nuit-là de plus de cinq ou six lieues au sud-est du point où il était à la tombée du jour et qui lui avait semblé la terre de Campana, et comme au-delà de ce cap paraissait une large ouverture séparant une terre de l'autre et formant une île au milieu, il décida de revenir sous vent du sud-ouest. Il arriva là où il croyait l'ouverture et il trouva que ce n'était qu'une grande baie [100] avec, à son extrémité sud-est, un cap portant une montagne haute et carrée qui semblait une île [101].

Le vent sauta au nord et, de nouveau, l'Amiral prit la direction du sud-est pour courir la côte et découvrir tout ce qu'il y aurait là. Il vit bientôt, au pied de ce cap de Campana, un port merveilleux et un grand fleuve, et de là, à un quart de lieue, un autre fleuve, puis, une demi-lieue plus loin encore, un autre fleuve et un autre encore à une nouvelle demi-lieue du précédent, puis, une lieue plus loin encore, un cinquième, encore une lieue et un autre fleuve, puis de là, un quart de lieue de plus et un fleuve, et enfin une lieue et un dernier grand fleuve à vingt milles environ du cap de Campana et au sud-est. La plupart de ces fleuves avaient de grandes embouchures et larges et nettes, formant des ports sans bancs de sable ni rochers ni écueils, merveilleux pour de très grandes nefs.

Arrivant ainsi par la côte au sud-est du dernier fleuve, il trouva un grand village, le plus grand qu'il eût trouvé jusqu'aujourd'hui, et il vit venir au rivage de la mer une infinité de gens, tous nus, vociférant et leurs sagaies en mains. Il désira parler avec eux et amena ses voiles ; il mouilla et envoya les chaloupes de la nef et de la caravelle, s'étant pourvu de manière à ce que les siens ne fissent aucun dommage aux Indiens ni n'en puissent recevoir, leur précisant de donner quelques-uns des petits objets de pacotille. Les Indiens firent signe qu'ils ne les laisseraient pas sauter à terre et qu'ils leur résisteraient. Mais, quand ils virent que les chaloupes s'approchaient davantage de terre et qu'ils n'avaient pas effrayé les arrivants, ils s'éloignèrent de la mer. Les Chrétiens, croyant que, s'ils ne sortaient qu'à deux ou trois des chaloupes, les Indiens ne les craindraient pas, s'avancèrent vers eux à trois, leur criant de ne pas avoir peur en leur langue qu'ils savaient un peu par la conversation de

100. « C'était le port de Baracoa. » (Navarrete.)
101. « C'était le mont de Yunque. » (Navarrete.)

ceux qu'ils emmenaient. A la fin, les Indiens se mirent tous à fuir, tant que ni grand ni petit ne resta. Les trois Chrétiens allèrent aux maisons qui étaient de paille et de même allure que celles qu'ils avaient déjà vues. Ils ne trouvèrent rien ni personne en aucune d'elles. Ils retournèrent aux navires et hissèrent les voiles à midi pour aller à un beau cap qui restait à l'est, à environ huit lieues. Après avoir couru une demi-lieue dans la même baie, l'Amiral vit du côté du sud un très remarquable port, et du côté du sud-est des terres merveilleusement belles, riantes plaines ondulées entre ces montagnes. On apercevait là de grandes fumées, de gros villages et des terres bien travaillées. Pour tout cela, l'Amiral décida de descendre en ce port et de rechercher s'il pouvait s'aboucher avec les habitants et les pratiquer. Le port était tel qu'il dit que s'il avait loué les autres, il louait celui-ci davantage en raison de ses terres, de la douceur du climat, de l'ensemble des environs et des villages. Il dit des merveilles de la beauté de la terre et des arbres, parmi lesquels des pins et des palmiers [102], et de la vaste plaine qui s'étend au sud-est et n'est pas plane comme le sont ordinairement les plaines, mais ondulée de collines basses et aplaties qui en font la plus belle chose du monde avec, jaillissant partout, les nombreuses rivières gonflées qui descendent des montagnes.

Après avoir mis la nef au mouillage, l'Amiral sauta dans la chaloupe pour aller sonder le port qui a la forme d'une écuelle. Quand il fut au sud, face à son entrée, il trouva une embouchure de fleuve, assez large pour qu'une galère pût y entrer, et tournée de telle manière qu'on ne la découvrait que lorsqu'on était sur elle. Il y entra et lui trouva de largeur une longueur de sa chaloupe, soit cinq brasses, et huit de profondeur. Allant par cette embouchure, ce lui fut une chose si merveilleuse de voir les arbres et la fraîcheur, l'eau si claire, les oiseaux et la douceur

---

102. « Partout où il y a des palmiers d'une grande hauteur, la terre est très fertile. » (Las Casas.)

des lieux qu'il dit croire ne vouloir plus partir d'ici. Il disait aux hommes qui allaient en sa compagnie que, pour faire aux Rois une relation de tout ce qu'ils voyaient, mille langues ne suffiraient pas à l'exprimer ni sa main à l'écrire, et qu'il lui semblait être enchanté. Il désirait que maintes autres personnes prudentes et de crédit voient ceci dont il dit être sûr qu'elles ne les loueraient pas moins que lui.

Ici, l'Amiral ajoute ces paroles :

« Quel sera le profit que l'on pourra retirer de ce pays ? Je ne l'écris pas. Le certain, Seigneurs Princes, c'est que là où se trouvent de telles terres doivent se trouver aussi une infinité de choses de profit. Mais je ne m'arrête en aucun port parce que je veux voir le plus possible de terres pour en faire relation à Vos Altesses, et aussi parce que je ne connais pas la langue des gens d'ici, qu'ils ne me comprennent pas et que ni moi ni aucun de mes hommes ne les entendons. De ce que me disent les Indiens que j'emmène, bien souvent j'entends une chose pour l'autre qui en est l'opposé, et je ne me fie pas beaucoup à eux parce que plusieurs fois ils ont tenté de s'enfuir. Mais à présent, s'il plaît à Notre Seigneur, je verrai le plus que je pourrai et, peu à peu, je comprendrai, je connaîtrai et ferai enseigner cette langue à des personnes de ma maison, car j'ai remarqué que jusqu'ici il s'agit d'une même langue. Plus tard, on connaîtra les avantages et on travaillera à ce que tous ces peuples deviennent chrétiens, ce qui se fera sans tarder parce qu'ils ne sont d'aucune secte ni idolâtres. Vos Altesses feront construire des villes et des forteresses en ces pays et ils se convertiront. Je certifie à Vos Altesses qu'il ne me semble pas que sous le soleil puisse exister meilleures terres, plus fertiles, d'un climat plus régulier entre le froid et la chaleur, mieux pourvues d'eaux bonnes et saines — et non comme celles de Guinée qui sont toutes pestilentielles. En effet, grâce à Notre Seigneur, parmi mes gens, jusqu'à présent, personne n'a éprouvé le moindre mal de tête ni dû se mettre au lit pour quelque maladie, exception faite d'un vieux qui souffrait de la pierre et en avait souffert toute sa vie, et qui s'est trouvé guéri au bout de deux jours. Ce que je dis ici vaut pour les trois navires. Aussi, dès qu'il plaira à Dieu que Vos Altesses envoient ici des hommes doctes, ou qu'il en vienne d'eux-mêmes, la vérité de tout ceci sera reconnue.

Lorsqu'il y a quelques jours j'ai parlé d'un emplacement de ville et de forteresse sur le fleuve des Mers, pour les qualités du port et des environs, il est certain que tout ce que j'ai dit était la vérité ; mais il n'y a aucune comparaison entre ici et là — mer de Notre-Dame comprise — parce qu'il doit y avoir ici, à l'intérieur des terres, de grands villages très peuplés et des choses du plus grand profit.

Ici, comme en tous lieux que j'ai découverts et que j'espère découvrir avant mon retour en Castille, je dis que toute la Chrétienté trouvera grand négoce, et spécialement l'Espagne à qui tout doit être soumis. Et je dis que Vos Altesses ne doivent pas consentir à ce qu'aucun étranger ait la moindre relation avec ce pays et n'y mette le pied s'il n'est catholique chrétien, car ce fut la fin et le principe de cette entreprise que la propagation et la gloire de la religion chrétienne et de n'admettre en ces régions nul qui ne soit bon chrétien. »

Telles sont les paroles de l'Amiral.

De là, il remonta le fleuve et trouva qu'il avait plusieurs bras. Puis, faisant le tour du port, il vit qu'il y avait à l'embouchure du fleuve de gracieux bosquets d'arbres pareils à un délectable jardin. Et là il trouva une barque ou *canoa,* faite d'un seul tronc, aussi grande qu'une fuste [103] de douze bancs, très belle et mise à flot sous un hangar ou abri fait de poutres couvertes de grandes palmes, de manière à ce que ni le soleil ni la pluie ne puissent l'endomma-

---

103. La fuste est une sorte de bâtiment long et peu élevé sur l'eau, qui va à l'aviron et à la voile.

ger. L'Amiral dit encore que, par l'excellence du port, des eaux, des terres, de l'environnement et par l'abondance de bois, c'était bien là le lieu propre à la construction d'un bourg ou cité et d'une forteresse.

Mercredi 28 novembre

Il resta ce jour-là dans le port parce qu'il pleuvait et que le ciel était très couvert. Il eût pu courir toute la côte sous vent sud-ouest qu'il avait en poupe, mais comme il ne pouvait bien voir la terre et qu'il est dangereux aux navires d'aller sans la connaître, il ne partit pas. Les gens de l'équipage descendirent à terre et quelques-uns pénétrèrent quelque peu vers l'intérieur pour aller laver leur linge. Ils trouvèrent de grands villages, mais dont les maisons étaient vides car tous les habitants avaient fui. Ils revinrent en suivant un autre fleuve, plus grand et situé plus bas que celui dont ils occupaient le port.

Jeudi 29 novembre

Comme il pleuvait et que le ciel était toujours couvert, il ne quitta pas le port. Quelques chrétiens se rendirent à un autre village, du côté nord-ouest, et ne trouvèrent rien ni personne dans les maisons. Sur leur chemin, ils rencontrèrent un vieux qui ne put les fuir ; ils le prirent et lui dirent qu'ils ne lui voulaient pas faire de mal ; puis ils lui donnèrent quelques bagatelles de pacotille et le laissèrent aller. L'Amiral aurait voulu le voir pour l'habiller et prendre langue avec lui, car il se réjouissait beaucoup de la félicité de cette terre, de la disposition qu'elle présentait, favorable à un peuplement, et il estimait qu'elle devait avoir de grands villages. On trouva dans une maison un pain de cire que l'Amiral rapporta aux Rois. Il dit que, là où il y a de la cire, il doit y avoir mille autres bonnes choses. Dans une maison, les marins trouvèrent aussi une tête d'homme dans un petit panier suspendu à un pilier et recouvert d'un autre panier. Dans un autre village, ils en trouvèrent une autre, disposée de la même manière. L'Amiral crut que ces têtes étaient celles de principaux de leur lignage, car ces maisons étaient telles qu'en une seule beaucoup pouvaient loger qui devaient être parents et descendant d'un seul.

Vendredi 30 novembre

Il ne put partir parce que le vent, soufflant du levant, lui était contraire. Il envoya huit hommes bien armés, accompagnés de deux des Indiens qu'il emmenait, pour rencontrer les peuples de l'intérieur et prendre langue avec eux. Ils arrivèrent auprès de nombreuses maisons mais n'y trouvèrent rien ni personne, car tous s'étaient enfuis. Ils virent quatre jeunes hommes qui travaillaient à la houe dans leurs champs et qui prirent la fuite dès qu'ils aperçurent les Chrétiens, lesquels ne purent les attraper. Les marins, dit l'Amiral, firent beaucoup de chemin. Ils virent de nombreux villages, des terres très fertiles, toutes travaillées, de grandes rivières pleines [104] et, près de l'une d'elles, une barque ou *canoa* de quatre-vingt-quinze empans [105] de long, faite d'un seul tronc, très belle et dans laquelle cent cinquante personnes environ pouvaient trouver place et naviguer.

Samedi 1er décembre

Il ne partit pas, pour la même raison de vent contraire, et parce qu'il pleuvait beaucoup. Sur des roches vives, il planta une grande croix à l'entrée de ce port qu'il nomma, je pense, Puerto Santo. Une pointe est

---

104. Colomb parle pour des Espagnols qui connaissent les rivières généralement à sec par temps chaud et insiste toujours sur ce que les rivières qu'il rencontre sont ce qu'il appelle littéralement « des rivières d'eau ».

105. Environ dix-neuf mètres.

là, au sud-est de l'entrée du port, et qui voudra entrer devra se porter plutôt vers la pointe du nord-ouest que vers celle du sud-est, bien qu'à leurs pieds, jusqu'à fleur de rocher, il y ait douze brasses d'un fond très propre ; mais l'entrée du port, vers la pointe du sud-est, a un bas-fond qui affleure, bien qu'assez éloigné de la pointe pour que l'on puisse passer entre les deux au besoin car, du pied du bas-fond à celui du cap, il y a le même fond de douze à quinze brasses. Mais, à l'entrée, on doit mettre le cap au sud-est.

Dimanche 2 décembre

Le vent lui fut encore contraire et il ne put partir. Il dit que toutes les nuits souffle sans cesse un vent de terre, mais que tous les navires qui se trouveraient en ce port n'auraient à craindre aucune tempête de ce monde, car elles n'y peuvent pénétrer du fait d'un bas-fond qui se trouve à l'entrée, etc.

Il dit qu'à l'embouchure de ce fleuve un mousse trouva quelques pierres qui paraissaient contenir de l'or, qu'il les emporte pour les montrer aux Rois. Il dit aussi que là, à une portée de bombarde, il y a de grands fleuves.

Lundi 3 décembre

Parce que le temps lui était toujours contraire, l'Amiral ne quitta pas le port. Il résolut d'aller voir un très beau cap, à un quart de lieue de là, au sud-est. Il y alla avec les chaloupes et quelques hommes armés. Au pied de ce cap se trouvait l'embouchure d'un bon fleuve [106]. Il mit le cap au sud-est pour y pénétrer et la trouva large de cent pas et profonde d'une brasse à l'entrée, mais, à l'intérieur, le fleuve avait tantôt douze, tantôt cinq, quatre et deux brasses, et tous les navires qui sont en Espagne auraient pu y trouver

106. « Le fleuve Boma. » (Navarrete.)

place. Dépassant un bras de ce fleuve, l'Amiral alla au sud-est et trouva une petite crique dans laquelle il vit cinq très grandes barques que les Indiens appellent *canoas,* pareilles à des fustes, si belles et bien travaillées que c'était, dit-il, un plaisir de les voir. Au pied du mont, toutes les terres étaient travaillées. Ils prirent pied sous des arbres très épais et allèrent par un chemin qui conduisait aux barques. Ils arrivèrent à un hangar très bien ordonné et couvert de telle sorte que ni le soleil ni la pluie ne pouvaient y porter dommage. Sous cet abri était un autre *canoa,* fait d'un seul tronc, comme les autres, aussi grand qu'une fuste de dix-sept bancs. C'était un plaisir d'en admirer le travail et la beauté.

L'Amiral gravit une montagne et en trouva le sommet plat et si bien semé de nombreuses plantes, et en particulier de courges, que c'était une fête pour les yeux. Au milieu de ce plateau était un grand village. L'Amiral tomba subitement sur ses habitants qui, hommes et femmes, dès qu'ils le virent avec ses gens, se mirent à fuir. Un des Indiens qu'il emmenait et qui l'accompagnait les rassura, leur disant de n'avoir pas peur, que les étrangers étaient de bonnes gens. L'Amiral fit distribuer des grelots, des bagues de laiton et des perles de verre jaunes et vertes, ce dont les Indiens furent très contents. Ayant vu qu'ils n'avaient ni or ni autre chose précieuse, qu'il suffisait de les laisser rassurés et que la contrée était peuplée, bien que la peur ait fait fuir la plupart des habitants, il résolut de s'en retourner (et l'Amiral certifie aux Rois qu'avec dix hommes on en ferait fuir dix mille tant ils sont poltrons et lâches, et parce qu'ils n'ont pas d'armes excepté des bâtons au bout desquels en sont ajustés d'autres, petits, aigus et durcis au feu). Il dit qu'il s'empara adroitement de tous leurs bâtons en les leur faisant échanger, de telle sorte qu'ils les donnèrent tous.

Revenu là où ils avaient laissé les chaloupes, il envoya quelques Chrétiens à l'endroit par où ils étaient montés, parce qu'il avait cru y apercevoir une grande ruche. Avant que ceux qu'il avait envoyés fussent revenus, beaucoup d'Indiens se rassemblèrent et vinrent aux chaloupes où l'Amiral était déjà monté avec tous ses gens. L'un des Indiens s'avança dans le fleuve près de la poupe de la barque et tint un grand discours que l'Amiral ne comprit pas. Mais il remarqua que les autres Indiens levaient de temps en temps les mains vers le ciel et poussaient un grand cri. L'Amiral pensait qu'ils l'assuraient que sa venue leur était agréable, mais il vit l'Indien qu'il emmenait avec lui changer de couleur, devenir jaune comme la cire et trembler très fort tout en disant par signes qu'il fallait que l'Amiral sortît du fleuve parce qu'on voulait les tuer. Il s'approcha d'un Chrétien qui avait une arbalète armée et la montra aux autres Indiens. L'Amiral comprit qu'il leur disait que les Chrétiens les tueraient tous parce que cette arbalète portait loin et donnait la mort. Il prit aussi une épée, la tira du fourreau et la montra, répétant les mêmes menaces qui, aussitôt entendues, les firent tous fuir, cependant que ledit Indien tremblait encore tant il était poltron et de peu de cœur quoique homme de bonne stature et vigoureux.

L'Amiral ne voulut pas sortir du fleuve. Il le fit au contraire remonter vers la terre jusqu'où étaient les Indiens, très nombreux, tous peints en rouge et nus comme leurs mères les avaient enfantés, quelques-uns d'entre eux avec des panaches sur la tête et des plumes, tous avec leurs poignées de sagaies.

« Je m'approchai d'eux, leur donnai quelques bouchées de pain, puis leur demandai les sagaies et, en échange, je donnai aux uns un petit grelot, aux autres une bague de laiton, à d'autres quelques perles en verre, de sorte que tous s'apaisèrent, vinrent aux barques et remettaient tout ce qu'ils avaient pour ce qu'on voulait bien leur donner. Les marins avaient tué une tortue dont la carapace était en morceaux dans la barque. Les mousses en donnaient des morceaux gros comme l'ongle aux Indiens qui remettaient en échange une poignée de sagaies.

Ce sont, dit l'Amiral, des gens semblables aux Indiens dont j'ai déjà parlé, de même foi, qui, comme les autres, croient que nous venons du ciel et, pour n'importe quoi qu'on leur donne, sans jamais dire que c'est trop peu, donnent aussitôt ce qu'ils possèdent. Et je crois qu'ils feraient de même des épices et de l'or s'ils en avaient.

Je vis une maison très belle, pas très grande, et à deux portes comme elles sont toutes ; j'y entrai et y vis un ouvrage merveilleux pareil à des lits faits de telle sorte que je ne saurais le décrire et, pendus au toit, des coquillages et d'autres objets. Je crus que c'était un temple, j'appelai les Indiens, leur demandai par signes s'ils faisaient là leurs prières ; ils me répondirent que non, et l'un d'eux s'éleva jusqu'au toit et m'offrit tout ce qu'il y avait là. J'en acceptai quelque chose. »

Mardi 4 décembre

Il mit à la voile sous peu de vent et sortit de ce port qu'il avait nommé Puerto Santo. A deux lieues de là, il vit un bon fleuve dont il a parlé hier. Il longea la côte et, après avoir longé ledit cap, courut toute cette terre située d'est-sud-est en ouest-nord-ouest jusqu'au cap Lindo[107], à l'est quart sud-est du cap del Monte[108], et à cinq lieues l'un de l'autre. A une lieue et demie du cap del Monte, il y a un grand fleuve un peu étroit qui lui sembla avoir une bonne embouchure et être très profond. De là à trois quarts de lieue, il vit un autre très grand fleuve qui devait venir de très loin. Son embouchure, sans aucun banc, faisait bien cent pas de large et huit brasses de fond, ménageant une bonne entrée. Celui-ci, il envoya la barque l'examiner et le sonder. L'eau y était douce jusque dans la mer, et parmi les fleuves

107. Le cap Joli. « C'est la Punta del Fraile. » (Navarrete.)
108. Cap de la Montagne.

qu'il avait trouvés, c'était un des plus considérables et qui devait arroser nombre de villages. Au-delà du cap Lindo est une grande baie qui serait un bon passage pour l'est-nord-est, le sud-est et le sud-sud-est.

Mercredi 5 décembre

Il se mit en panne toute cette nuit, sous le cap Lindo qu'il avait atteint au crépuscule, pour voir la terre qui était à l'est. Et, au lever du soleil, il aperçut à deux lieues et demie à l'est un autre cap [109]. Après celui-là, il vit que la côte tournait au sud, puis revenait au sud-ouest, et il vit ensuite, dans cette direction, un autre haut et très beau cap à sept lieues de là. Il voulait y aller, mais y renonça par le désir qu'il avait de voir l'île de Babèque qu'il laissait au nord-est, à ce que disaient les Indiens qu'il emmenait. Il ne put cependant se rendre non plus à Babèque parce que le vent soufflait du nord-est.

Allant ainsi, il regarda au sud-est et vit terre [110]. C'était une île très grande et très peuplée, sur laquelle déjà, dit-il, il tenait des informations des Indiens qui l'appelaient Bohio. Des gens de cette île, il dit encore que ceux de Cuba, ou Juana [111], et de toutes les autres îles ont grand peur parce qu'ils croient qu'ils mangent les hommes. Lesdits Indiens lui contaient à force de signes bien d'autres choses extraordinaires, cependant l'Amiral ne dit pas qu'il les croyait, mais bien que ceux de cette île de Bohio devaient, par plus d'astuces et meilleure ingéniosité, faire captifs ceux-ci qui étaient débiles de cœur.

109. « C'est la Punta de los Azules. » (Navarrete.)

110. « C'est l'île Espagnole à ce qu'il paraît. » (Las Casas.) C'est en effet Haïti que Colomb aperçoit, qu'il appelait Bohio sur la foi de ce qu'il comprenait des explications des Indiens, et qu'il allait baptiser l'île Espagnole (Hispaniola).

111. « Une conséquence de ce passage c'est que l'Amiral aurait donné à Cuba le nom de Juana. » (Las Casas.)

Le premier voyage ; l'exploration d'Hispaniolia, 1492-1493

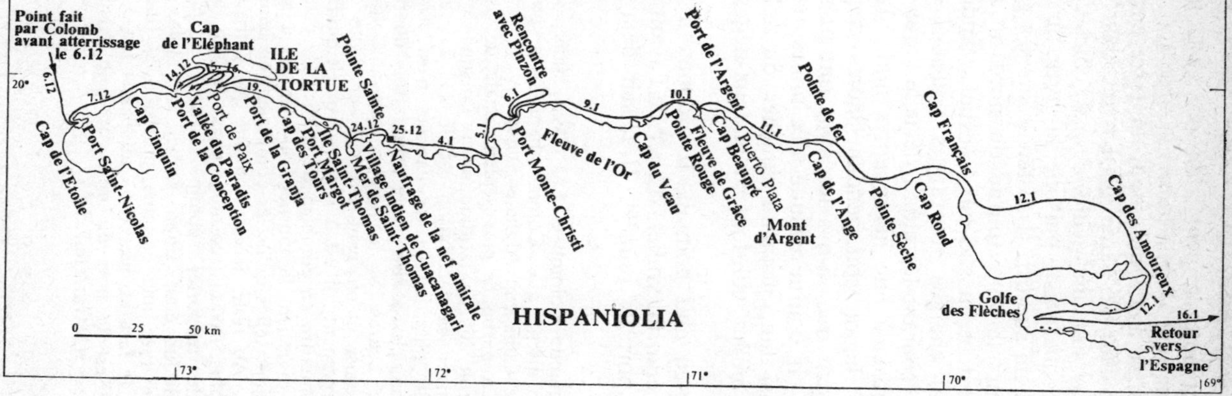

Ainsi, comme le vent était nord-est, tournant au nord, il décida d'abandonner Cuba ou Juana que, jusqu'alors, il avait pris pour la terre ferme du fait de sa grandeur et parce qu'il avait bien vogué cent vingt lieues sur une seule de ses côtes [112]. Il partit au sud-est quart est, puisque la terre qu'il avait vue se trouvait au sud-est. Il se tenait sur ses gardes parce que toujours le vent tourne du nord au nord-est, et de là à l'est et au sud-est. Le vent grandit beaucoup et l'Amiral chargea toutes ses voiles. La mer était étale et le courant les aidait de telle sorte que, depuis le matin jusqu'à une heure après midi, ils firent huit milles par heure, soit pendant moins de six heures, car ils disent que là-bas les nuits ont près de quinze heures [113]. Il courut ensuite dix milles par heure. Il aurait ainsi fait, jusqu'au coucher du soleil, quatre-vingt-huit milles qui font vingt-deux-lieues, toutes au sud-est.

Comme la nuit pointait, il ordonna à la caravelle *Niña,* qui était fin voilier, d'aller de l'avant pour reconnaître le port de jour [114]. Il faisait déjà nuit quand

---

112. Fernando Colomb et Las Casas, dans son *Historia de las Indias,* disent que Colomb baptisa la pointe extrême-orientale de Cuba cap Alpha-et-Oméga.

113. « La partie la plus septentrionale de Saint-Domingue est à environ 20° de latitude nord. Lorsque le soleil est au solstice d'hiver, sa déclinaison est de 23° 27', et la nuit, qui est alors la plus longue de l'année, n'est pas de plus de 13 h 14 mn, c'est-à-dire d'une heure trois quarts plus courte que quinze heures. Si le rapport fait à Colomb vient des habitants, ainsi qu'on peut le supposer, cette différence n'a rien de surprenant ; il est à regretter que Colomb ne nous ait pas fait connaître en combien de parties les peuples de Saint-Domingue divisaient la journée, ou bien s'il avait converti les parties du jour telles qu'ils les comptaient en heures semblables aux nôtres. Au reste, il est étonnant que Christophe Colomb, l'un des plus savants cosmographes de son temps, se soit contenté de rapporter, comme l'ayant entendu dire, une chose qu'il lui était sinon facile, du moins très possible de calculer avec une certaine précision. » (De Rossel.) On verra qu'il le fera et que ce n'était pas si facile.

114. « C'est le port du môle de Saint-Nicolas dans l'île Hispaniola. » (Navarrete.)

elle arriva à l'entrée dudit port, qui ressemblait à la baie de Cadix. Ils envoyèrent le sonder leur chaloupe portant un fanal. Avant que l'Amiral parvînt là où la caravelle louvoyait, attendant que la chaloupe lui fît signe d'entrer dans le port, la lumière que celle-ci portait s'éteignit. La caravelle, qui ne voyait plus de lumière, courut des bordées et elle fit un signal lumineux à l'Amiral. Lorsqu'il fut auprès d'elle, ils se racontèrent ce qui s'était passé. Pendant ce temps, ceux de la chaloupe allumèrent une autre lumière ; la caravelle alla vers elle, mais l'Amiral ne le put et il passa toute cette nuit à louvoyer.

Jeudi 6 décembre

Quand le jour parut, il se trouva à quatre lieues du port. Il le nomma port Maria [115], et cap de l'Etoile un cap important au sud quart sud-est. Il lui sembla que c'était là l'extrémité sud de cette île, et il en était à environ vingt-huit milles. Une autre terre lui apparut à l'est, à environ quarante milles, telle une île de médiocre grandeur. Il apercevait encore à l'est quart sud-est, et distant de bien cinquante-quatre milles, un autre cap très beau et bien fait auquel il donna le nom de cap de l'Eléphant [116]. A vingt-huit milles environ, également à l'est sud-est, il avait un autre cap qu'il appela cap Cinquin. Au sud-est, inclinant au quart est, il voyait une grande faille, ouverture ou havre sur la mer qui lui semblait un fleuve et n'était pas à plus de vingt milles de lui [117]. Il lui sembla aussi qu'entre le cap de l'Eléphant et celui du Cinquin il y avait une très grande passe, et quelques-uns des marins disaient qu'il y avait là un îlot séparé

115. « C'est le port Saint-Nicolas. » (Navarrete.) Comme nous allons le voir, Colomb va bientôt enlever ce port à la Vierge pour le donner à saint Nicolas.
116. « C'est la pointe Palmista. » (Navarrete.)
117. « C'est le grand port de l'Ecu (Puerto Escudo). » (Navarrete.)

de l'île. A cet îlot, il donna le nom d'île de la Tortue [118].

La grande île apparaissait comme une très haute terre, non hérissée de montagnes, mais plane comme les belles campagnes et sinon entièrement cultivée, au moins en grande partie. Les terres ensemencées ressemblaient aux champs de blé en mai, dans les campagnes de Cordoue.

Ils virent beaucoup de feux cette nuit-là et, au jour, de nombreuses fumées comme de postes de vigie en garde contre quelques gens avec qui ils auraient eu la guerre.

Toute la côte de cette terre va à l'est.

A l'heure des vêpres, il entra dans ledit port et le nomma port de Saint-Nicolas [119] en l'honneur de ce saint dont c'était la fête. En pénétrant dans ce port, il s'émerveilla de sa beauté et de son excellence. Et quoiqu'il ait beaucoup loué les ports de Cuba, il dit que sans nul doute celui-ci ne leur cède en rien, que bien plutôt il les surpasse et qu'aucun ne lui est comparable. Son embouchure et entrée a une lieue et demie de large et on y pénètre cap au sud-sud-est, bien que sa grande largeur permette de tourner la proue où on le veut. Il s'étend ainsi sur deux lieues au sud-sud-est : son extrémité sud forme comme un promontoire et, de là, il se développe également jusqu'au cap où l'on trouve une très belle plage et une étendue d'arbres de mille essences, tous chargés de fruits que l'Amiral croyait être des épices et des noix muscades, mais qui n'étaient pas mûrs et qu'on ne reconnaissait pas. Un fleuve arrosait le milieu de la plage. La profondeur de ce port est merveilleuse : jusqu'à une distance d'une

118. La Tortuga. C'est la future célèbre métropole des boucaniers et de la grande flibuste.

119. « Je ne comprends pas comment l'Amiral, après avoir donné à ce port, ainsi qu'il l'a dit plus haut, le nom de port Marie, lui donne maintenant celui de Saint-Nicolas. » (Las Casas.) « Ce port conserve encore aujourd'hui le nom de Saint-Nicolas. » (Navarrete.)

[...][120] de la terre, la sonde plombée de quarante brasses n'atteignit pas le fond ; à partir de cette distance, le fond est de quinze brasses et très net. Tout ce port est ainsi, de cap en cap, profond de quinze brasses à cinq pieds de distance de la terre et net d'écueils. Telle est aussi toute la côte, très accessible et nette, sans un seul bas-fond, avec, au long de sa rive, à la longueur d'une rame de barque de la terre, un fond de cinq brasses. Au-delà de la longueur du port proprement dit, qui s'étend en direction sud-sud-est et dans lequel pourraient louvoyer mille caraques, un bras de port s'ouvre d'une bonne demi-lieue à l'intérieur des terres, orienté au nord-est, d'une largeur de vingt-cinq pas toujours égale, comme si on l'avait tracé au cordeau, et situé de telle sorte qu'étant en ce bras on ne peut voir l'embouchure de la grande entrée et que le port semble fermé. La profondeur de ce bras est, de bout en bout, de onze brasses, le fond est de bonne base et de sable net, il a encore huit brasses à la rive où les navires peuvent toucher l'herbe du bordage. Tout ce port est très gracieux et riant, bien qu'on n'y voie pas d'arbres.

L'île sembla à l'Amiral tout entière plus rocheuse qu'aucune autre qu'il ait trouvée jusque-là, ses arbres plus petits et nombre d'entre eux de mêmes essences que ceux d'Espagne, tels les yeuses, les arbousiers et d'autres. Il en allait de même des herbes. C'est une terre très élevée, tout en plaines et en plateaux, et d'air excellent. Ils n'avaient pas encore eu de temps aussi froid qu'en cette île, bien qu'il soit trop de le dire froid si ce n'est pas rapport aux autres terres. En face de ce port s'ouvrait une belle vallée avec, au milieu d'elle, le fleuve susdit.

Il doit y avoir en cette région de grands villages, dit-il, à en juger par les barques aussi grandes que des fustes de quinze bancs sur lesquelles ils naviguent en nombre.

---

120. Lacune dans l'original.

A mesure qu'ils voyaient les navires, tous les Indiens fuyaient éperdument. Ceux que l'Amiral emmenait des petites îles avaient si grand désir de retourner à leur terre que, dit-il, il pensait devoir les ramener chez eux quand il partirait de là, parce que déjà, comme il ne prenait pas ce chemin, ils le tenaient pour suspect. Pour cela, il dit qu'il ne croyait pas ce qu'ils lui disaient. D'ailleurs, il ne les comprenait pas plus qu'ils ne le comprenaient lui-même, et ils avaient le plus grand effroi du monde des gens de cette île-ci. Aussi, pour arriver à prendre langue avec les habitants de cette île, il lui aurait fallu s'arrêter quelques jours dans ce port. Mais il ne le faisait pas, pour voir plus de terres et par doute que dure le beau temps. Il espérait de Notre Seigneur que les Indiens qu'il emmenait apprendraient sa langue et lui la leur, et plus tard il reviendrait et parlerait avec ces gens.

Vendredi 7 décembre

A la fin du quart de l'aube, il mit à la voile, sortit de ce port de Saint-Nicolas et navigua deux lieues au nord-est sous vent sud-ouest jusqu'à un cap que forme le carénage[121]. Il laissait un promontoire au sud-est et le cap de l'Etoile à vingt-quatre milles au au sud-ouest. De là, il navigua à l'est, longeant la côte jusqu'au cap Cinquin, ce qui faisait quelque quarante-huit milles. Il est vrai qu'il en fit vingt à l'est quart nord-est, que cette côte est toute très élevée et que la mer y est très profonde — de vingt à trente brasses au bord du rivage et de là sans fond à portée de bombarde. L'Amiral s'assura de tout cela, ce jour, allant par la côte, très à son aise, sous vent sud-ouest. Du promontoire dont il a déjà parlé plus haut, il dit qu'il est à une portée de bombarde du port de Saint-Nicolas, et que si on le séparait et coupait

121. Sans doute le bras de port dont il a parlé la veille.

sur cette distance, on aurait un îlot mesurant trois ou quatre milles de tour.

Toute cette terre est très élevée, ses arbres ne sont pas grands, mais tels les chênes-verts et les arbousiers. Elle ressemble, dit-il, à la terre de Castille.

Deux lieues avant d'arriver audit cap Cinquin, il trouva une petite rade [122], telle l'ouverture d'une montagne, par laquelle il découvrit une très grande vallée toute semée comme d'orge. Il pensa qu'il devait y avoir de grands villages dans cette vallée. Derrière elle, il y avait de massives et très hautes montagnes.

Quand il arriva au cap Cinquin, il avait le cap de la Tortue au nord-est, à environ trente-deux milles [123]. A une portée de bombarde de ce cap Cinquin, il y a un rocher qui pointe hors de la mer et se peut bien voir. Lorsque l'Amiral fut sur ledit cap, celui de l'Eléphant demeurait à environ soixante-dix milles de lui à l'est quart sud-est [124]. Et tout ce rivage est très élevé. A six lieues du cap, il trouva un grand promontoire et vit à l'intérieur des terres de grandes vallées, des plaines et de hautes montagnes, le tout à la semblance de la Castille [125]. De là, à huit milles, il vit un fleuve très profond, mais étroit — quoiqu'une caraque eût bien pu y entrer —, et l'embouchure sans bancs ni récifs. Seize milles plus loin, il trouva un port très large et profond au point de n'en pouvoir atteindre le fond à l'entrée, et qu'à trois pas des rives il avait encore quinze brasses. Et ce port pénètre les terres d'un quart de lieue.

Quoiqu'il fût encore très tôt — une heure de l'après-midi environ — et que le vent eût soufflé rudement en poupe, mais parce que le ciel annonçait une grande pluie et qu'il s'était fait une profonde obscu-

---

122. L'original porte *un agrezuela,* et M. F. de Navarrete pense qu'il faut lire *abrezuela* ou *anglezuela.*

123. « Ce cap ne devait être au nord qu'à une distance de onze milles. » (Navarrete.)

124. « Il y a encore erreur au sujet de cette distance, car elle ne doit être que de quinze milles. » (Navarrete.)

125. « C'est le port de l'Ecu (Puerto Escudo). » (Navarrete.)

rité, ce qui rend dangereuse la navigation même en terres que l'on connaît et davantage encore en celles que l'on ne connaît pas, il décida d'entrer dans le port qu'il appela port de la Conception[126]. Il aborda dans un fleuve pas très grand, qui est au fond du port et coule à travers des plaines et campagnes dont ils étaient émerveillés de la beauté. Il s'en alla avec des filets pour pêcher, mais avant qu'il arrivât à terre, un mulet pareil à ceux d'Espagne sauta dans la barque. Jusqu'alors, il n'avait pas vu un poisson qui ressemblât à ceux de Castille. Les marins en pêchèrent et en tuèrent d'autres, ainsi que des soles et d'autres poissons semblables à ceux de Castille.

Il alla un peu par cette terre qui est toute travaillée et il entendit chanter un rossignol[127] et d'autres oiselets pareils à ceux de Castille. Ils virent cinq hommes, mais qui ne les attendirent pas et s'enfuirent. Il trouva un myrte[128], d'autres arbres et plantes semblables à ceux de Castille, comme sont semblables aussi la terre et les montagnes.

Samedi 8 décembre

Pendant qu'ils étaient dans ce port, ils essuyèrent des averses accompagnées d'un violent vent du nord. Le port est bien abrité de tous les vents excepté de celui du nord, mais il ne peut être d'aucun dommage parce que l'ampleur du ressac évite aux navires de faire travailler leurs amarres et à l'eau du fleuve d'être

126. Selon Navarrete, c'est la baie de *Mosquito,* mais il donne la même identification à la rade, signalée plus haut à deux lieues du cap Cinquin. L'une de ces identifications est donc erronée.

127. « Le rossignol proprement dit n'existe pas en Amérique ; mais il y a dans le Nouveau Monde une foule d'oiseaux à bec fin qui ont pu être pris pour lui. » (Cuvier.)

128. « La même remarque que nous venons de faire sur le rossignol s'applique au myrte : il existe en Amérique une foule d'arbustes auxquels un homme qui n'était pas botaniste a pu appliquer ce nom. » (Cuvier.)

troublée. Après la minuit, le vent tourna au nord-est, puis à l'est, et de ces vents le port est bien abrité par l'île de la Tortue qui est en face à trente-six milles [129].

Dimanche 9 décembre

Ce jour-là, il plut et il fit un temps d'hiver comme d'octobre en Castille. L'Amiral n'avait encore vu aucun village, mais une seule maison, dans le port de Saint-Nicolas, plus belle et mieux construite qu'en toute autre région qu'il avait vue.

L'île est très grande, et l'Amiral dit qu'à peu de chose près elle doit avoir deux cents lieues de tour. Il vit qu'elle était toute bien travaillée. Il croyait que les villages étaient loin de la mer et situés de façon à ce qu'on y voie ceux qui y arrivaient. Ainsi fuyaient-ils tous, emportant avec eux tout ce qu'ils avaient, et se faisaient-ils des signaux de fumée comme gens de guerre.

L'embouchure de ce port a mille pas qui font un quart de lieue. Elle n'a ni bancs ni récifs ; on n'en trouve, au contraire, quasiment pas le fond jusqu'auprès du rivage. Elle a, vers l'intérieur, trois mille pas de longueur, si propres et de bonne base que n'importe quel navire peut y mouiller sans crainte et y entrer sans précaution. Au fond de ce port sont deux embouchures de fleuve qui charrient peu d'eau. Au-delà, il y a quelques-unes des plaines les plus belles du monde, assez semblables aux terres de Castille, mais qu'elles surpassent encore. Pour cela, il donna à ladite île le nom d'île Hispaniola [130].

---

129. « Cette distance n'est que de onze milles. » (Navarrete.)

130. Nous avons conservé au nom donné par Colomb à Haïti, l'île Espagnole, l'orthographe originale, puisque c'est sous ce nom ainsi orthographié qu'elle fut connue en France. Il est significatif que Colomb choisisse ce nom d'Espagnole et ne nomme pas l'île Castillane, manifestant son attachement politique à l'unité du royaume d'Espagne.

Lundi 10 décembre

Le vent soufflait violemment du nord-est et il fit chasser les navires sur leurs ancres d'un demi-câble, fait dont s'étonna l'Amiral qui l'attribua à ce que les ancres étaient trop près de la terre d'où venait le vent. Le voyant contraire pour aller où il le voulait, il envoya à terre six hommes bien armés avec mission de pénétrer deux ou trois lieues à l'intérieur pour voir s'ils pouvaient prendre langue. Ils allèrent et revinrent sans avoir rencontré gens ni maisons. Ils trouvèrent cependant quelques cabanes, des chemins très larges et des lieux où avaient été allumés nombre de feux. Ils virent les meilleures terres du monde et trouvèrent beaucoup d'arbres à lentisque. Ils rapportèrent de la résine, disant qu'il y en avait beaucoup, mais que ce n'était pas présentement la saison de la recueillir parce qu'elle ne coagule pas.

Mardi 11 décembre

Il ne partit pas, parce que le vent était encore est et nord-est. Comme il a été dit, l'île de la Tortue est en face de ce port et elle paraît grande. Sa côte suit presque celle d'Hispaniola et, entre l'une et l'autre, il peut y avoir dix lieues tout au plus [131], à savoir du cap Cinquin à l'extrémité de la Tortue d'où la côte de cette île court au sud. L'Amiral dit qu'il voulait passer entre ces deux îles pour bien voir l'Hispaniola qui est la plus belle chose du monde et parce que, à en croire les Indiens qu'il emmenait, on devait pouvoir aller par là à l'île de Babèque dont ils disaient qu'elle était très grande, de très hautes montagnes, grands fleuves et vallées. Ils disaient aussi que l'île de Bohio était plus grande que la Juana qu'ils appellent Cuba, et qu'elle n'est pas entourée d'eau, ce qui paraît donner

131. Il n'y a que cinq lieues, fait remarquer Navarrete, qui voit ici une erreur de Las Casas. Il faudrait lire dix milles.

à entendre qu'il s'agit de la terre ferme, qu'elle est là derrière cette Hispañiola qu'ils appellent Caritaba [132] et qu'elle est chose infinie. Tous ceux de ces îles vivent en grand-peur de ceux de Caniba et ils semblent avoir leurs raisons d'être obsédés de ces gens astucieux.

« Je répète donc, dit l'Amiral, ce que j'ai plusieurs fois dit : que Caniba n'est pas autre chose que le peuple du Grand Khan qui doit être voisin de celui-ci. Ils ont des vaisseaux, viennent capturer ceux-ci et, comme ceux qui sont pris ne reviennent pas, les autres croient qu'ils ont été mangés.

Chaque jour, dit l'Amiral, nous comprenons mieux ces Indiens, et eux de même, bien que plusieurs fois ils aient entendu une chose pour une autre. »

Il envoya des hommes à terre. Ils trouvèrent beaucoup de résine de lentisque, mais liquide, ce qu'il attribua aux pluies. A Chio, dit-il, on la récolte en mars, mais ces terres ont un climat si doux qu'on doit y pouvoir la récolter en janvier.

Ils pêchèrent beaucoup de poissons pareils à ceux de Castille : vandoises, saumons, merluches, dorées, saupes, chabots, corbinas, et des crabes. Ils virent aussi des sardines.

Ils trouvèrent beaucoup d'aloès.

Mercredi 12 décembre

Il ne partit pas ce jour-là, parce que le vent demeura contraire. Il érigea une grande croix à l'entrée du port, côté ouest, sur une éminence bien en vue, en signe, dit-il, que cette terre est à Vos Altesses et principalement sous le signe de Jésus-Christ, Notre Seigneur, et en honneur de la Chrétienté.

---

132. Il est visible qu'à partir de Haïti les indigènes des grandes Antilles ne connaissaient plus les îles, et à plus forte raison la terre ferme, par expérience, mais seulement par références indirectes.

Sitôt qu'elle fut posée, trois marins s'avancèrent par la montagne pour voir les arbres et les plantes. Tout à coup, ils entendirent venir une foule de gens, tous nus comme ceux des autres îles. Ils les appelèrent et s'en furent vers eux, mais les Indiens s'enfuirent. Finalement, ils saisirent une femme, mais ils n'en purent prendre d'autres.

« Cela, parce que, dit l'Amiral, je leur avais ordonné de saisir quelques habitants pour les traiter honorablement et leur faire perdre la peur, au cas où il y eût ici quelque chose de profit, comme il ne semble pouvoir en être autrement de par la beauté de cette terre. »

Ainsi ils amenèrent à la nef une femme très jeune et très belle qui parla avec nos Indiens parce qu'ils n'avaient tous qu'une même langue. L'Amiral la fit vêtir, lui donna des perles de verre, des grelots et des bagues de laiton, puis la renvoya à terre très honorablement, selon sa coutume. Il envoya avec elle quelques personnes de la nef et trois des Indiens qu'il emmenait avec lui, afin qu'ils parlassent avec ces gens.

Les marins qui allèrent dans la chaloupe quand ils reconduisirent la femme à terre dirent à l'Amiral que, déjà, elle ne voulait plus quitter le bateau, mais rester avec les autres femmes indiennes qu'il avait fait prendre dans le port des Mers de l'île Juana ou Cuba.

Tous les Indiens qui étaient d'abord avec cette Indienne arrivaient sur un de ces *canoas* — qui sont leurs caravelles et dans lesquelles ils naviguent de toutes parts —, et quand ils surgirent à l'entrée du port et virent les navires, ils s'en retournèrent, abandonnèrent leur *canoa* dans le premier endroit venu et prirent le chemin de leur village. La jeune Indienne montrait la direction du village. Cette femme portait un morceau d'or à la narine, signe qu'il y en avait bien dans cette île.

Les trois hommes que l'Amiral avait envoyés avec la femme furent de retour à trois heures de la nuit. Ils ne l'avaient pas accompagnée jusqu'au village, soit qu'il leur parût trop éloigné, soit qu'ils eussent eu peur. Ils dirent qu'au jour prochain beaucoup de gens viendraient aux navires parce qu'ils devaient déjà être rassurés des nouvelles apportées par la femme.

L'Amiral, plein du désir de savoir s'il y avait là chose de quelque profit, pour prendre langue avec ces gens dont la terre était si belle et si fertile et pour qu'ils fussent acquis au désir de servir les Rois, décida d'envoyer de nouveau au village, confiant en les nouvelles que l'Indienne avait pu donner des Chrétiens comme de bonnes gens. A cet effet, il choisit neuf hommes très convenablement armés et très aptes à mener pareille entreprise, auxquels il adjoignit un Indien de ceux qu'il emmenait avec lui. Ils allèrent au village qui était à quatre lieues et demie de là et le trouvèrent dans une vallée, vide, car au premier indice de la venue des Chrétiens tous les Indiens s'étaient enfuis vers l'intérieur des terres, abandonnant ce qu'ils possédaient.

C'était un village de mille foyers et de plus de trois mille hommes. L'Indien qui allait avec les Chrétiens courut derrière les habitants, donnant de la voix, leur disant de n'avoir pas peur, que les Chrétiens n'étaient pas de Cariba mais au contraire venaient du ciel et donnaient maintes belles choses à tous ceux qu'ils rencontraient. Ce qu'il disait leur fit tant d'impression qu'ils se rassurèrent et s'approchèrent à plus de deux milles. Tous venaient auprès des Chrétiens et leur posaient les mains sur la tête, ce qui est signe de grand respect et d'amitié, mais ils restèrent tout tremblant jusqu'à ce que les nôtres eussent multiplié leurs assurances.

Les Chrétiens dirent qu'après que les craintes des Indiens furent apaisées ceux-ci entraient en leurs maisons et leur rapportaient de ce qu'ils avaient à manger, à savoir essentiellement du pain de *niames*[133] fait avec des racines pareilles à de gros radis qu'ils sèment, qui poussent dans toutes leurs terres et est à la base de leur vie. De ces racines, ils font du pain qu'ils cuisent et grillent, et qui a la saveur même de la châtaigne, à tel point qu'il n'est personne qui n'en croit manger en y goûtant. Ils leur donnèrent de ce pain, du poisson et de tout ce qu'ils avaient.

Les Indiens qui allaient sur la nef avaient compris que l'Amiral désirait avoir quelque perroquet, et il semble que celui des leurs qui accompagnait les Chrétiens ait dit quelque chose à ce sujet à ceux d'ici, car ils apportèrent des perroquets. Et ils donnaient tout ce qu'on leur demandait sans rien vouloir en échange. Ils prièrent les Chrétiens de ne pas s'en retourner cette nuit, disant qu'ils leur donneraient bien d'autres choses qu'ils avaient dans la montagne.

Pendant que tous ces gens étaient avec les Chrétiens, ils virent venir une grande foule dans laquelle se trouvait le mari de la femme que l'Amiral avait honorée et renvoyée. Ils portaient cette femme sur leurs épaules et venaient rendre grâce aux Chrétiens pour l'honneur que l'Amiral lui avait témoigné et les présents qu'il lui avait faits.

Les Chrétiens dirent à l'Amiral que tous ces Indiens étaient plus beaux et de meilleur commerce qu'aucun de ceux qu'ils avaient rencontrés jusque-là. Mais l'Amiral dit qu'il ne comprend pas comment ils peuvent être de commerce plus facile que les autres, laissant entendre que tous ceux qu'il avait rencontrés dans les autres îles étaient déjà d'un commerce très facile.

---

133. « *Niames* ou *gnammes :* c'étaient des *ajes,* espèce de patates dont les racines, qui avaient le goût de châtaignes, leur servaient à faire du pain. C'est ce que l'Amiral répète plus loin aux journées des 16 et 21 décembre. Les Indiens appelaient *cazabi* le pain qu'ils faisaient avec la racine de la plante nommée yucca. Voir Oviedo au chapitre V de son *Histoire naturelle des Indes.* » (Navarrete.)

Quant à la beauté, les Chrétiens disaient qu'il n'y avait pas de comparaison possible, aussi bien pour les hommes que pour les femmes, et qu'ils sont plus blancs que ceux des autres îles. Entre autres, ils avaient vu deux jeunes filles aussi blanches que l'on peut l'être en Espagne.

De la beauté des terres qu'ils avaient vues, ils dirent aussi que les plus belles et les meilleures de Castille ne pouvaient se comparer à celles-ci. Et l'Amiral était de cet avis en raison de ce qu'il avait vu et de ce qu'il voyait à présent. On lui disait aussi que celles qu'il avait devant lui n'avaient point de comparaison avec les terres de la vallée et que, entre celle-là et la campagne de Cordoue, la différence était aussi grande qu'entre le jour et la nuit. Ils disaient que toutes ces terres étaient travaillées et qu'au milieu de la vallée coulait un fleuve si grand et si large qu'il pouvait irriguer toutes les terres [134]. Tous les arbres étaient verts, chargés de fruits, et les plantes toutes fleuries et très hautes. Les chemins étaient larges et bons, l'air comme en avril en Castille. Le rossignol et d'autres oiselets chantaient comme en ledit mois en Espagne, et les envoyés disaient que c'était la plus grande douceur du monde. Dans la nuit, quelques oiselets chantaient délicieusement, on entendait beaucoup de grillons et de grenouilles, les poissons étaient pareils à ceux d'Espagne. Ils virent beaucoup de lentisques, de l'aloès et des cotonniers. Ils ne trouvèrent pas d'or et ce n'est pas merveille ; en si peu de temps, ils ne pouvaient en trouver.

Ici, l'Amiral rechercha de combien d'heures étaient le jour et la nuit et, de soleil à soleil, il trouva que passèrent vingt ampoulettes [135] qui sont d'une demi-heure chacune. Mais il dit qu'il peut y avoir là une erreur, soit qu'on ne retourne pas l'ampoulette assez vite, soit que le sable passe mal. Il dit aussi qu'au

---

134. « Celui qui porte le nom de fleuve des Trois-Rivières. » (Navarrete.)
135. Sablier.

moyen du quadrant il trouva qu'il était à trente-quatre degrés de la ligne équinoxiale [136].

Vendredi 14 décembre

Il sortit de ce port de la Conception sous vent de terre qui, peu après, tomba. Il vérifia qu'il en fut de même chacun des trois jours qu'il alla en ces parages. Puis un vent souffla du levant. Il navigua sous lui vers le nord-nord-est et arriva à l'île de la Tortue où il vit une pointe qu'il nomma pointe Jambe, située à l'est-nord-est de la tête de cette île. Il en était à environ douze milles. De là, il découvrit une autre pointe qu'il appela pointe Élancée, et qui était située dans la même direction nord-est, à environ seize milles. Ainsi donc, de la tête de la Tortue jusqu'à la pointe Aiguë, il y avait à l'est-nord-est près de quarante-quatre milles qui font onze lieues. Sur ce parcours, on trouvait quelques grandes pièces de plage.

L'île de la Tortue est une terre très élevée, mais non pas montagneuse. Elle est très belle et très peuplée de gens semblables à ceux de l'île Hispaniola ; la terre y est aussi travaillée. L'Amiral croyait voir la campagne de Cordoue.

Constatant que le vent lui était contraire et qu'il ne pouvait aller à l'île de Banèque, il décida de revenir au port de la Conception d'où il était parti, mais il ne put toucher un fleuve qui se trouve à deux lieues à l'est dudit port.

Samedi 15 décembre

Il partit une autre fois du port de la Conception afin de poursuivre sa route, mais comme il sortait du port, un fort vent d'est s'éleva qui lui était contraire, et il reprit le chemin de la Tortue. De cette île, il revint

136. Quadrant faussé ou autre cause, Colomb est à 20° de latitude nord.

vers le fleuve que, la veille, il avait voulu atteindre et voir sans y parvenir. Cette fois-ci non plus il ne le put toucher, mais il jeta l'ancre sous le vent à une demi-lieue de là, près d'une plage où était un bon mouillage net d'écueils. Les navires amarrés, il alla sur les barques examiner le fleuve et entra en un bras de mer qui en était à moins d'une demi-lieue mais n'était pas son embouchure. Il fit demi-tour et trouva l'embouchure, qui n'avait pas plus d'une brasse de fond et dont le cours était torrentueux. Il y entra pourtant avec ses chaloupes pour aller aux villages qu'avaient vus ses envoyés l'avant-veille. Il fit jeter un filin à terre et, halant, les marins tirèrent les chaloupes sur deux portées de bombarde. Ils ne purent remonter plus haut du fait de la violence du courant. L'Amiral vit quelques maisons et la large vallée où sont les villages. Il dit que jamais il n'avait vu chose plus belle que cette vallée par le milieu de laquelle coule le fleuve. Il vit aussi des gens à l'estuaire du fleuve, mais tous prirent la fuite. Il ajoute que ces gens doivent être bien traqués pour vivre en si grand crainte. En effet, dès que les Chrétiens arrivaient quelque part, les Indiens allumaient aussitôt des feux de fumée sur les hauteurs de toutes ces terres ; et cela bien davantage en cette île Hispaniola et dans celle de la Tortue, qui est aussi une grande île, qu'en celles qu'ils laissaient derrière eux.

Il donna à cette vallée le nom de vallée du Paradis, et au fleuve le nom de Guadalquivir, parce que c'est, dit-il, un fleuve aussi grand que le Guadalquivir à Cordoue, que ses rives sont des plages de pierres très belles et qu'il est partout navigable.

Dimanche 16 décembre

Vers minuit, sous petit vent de terre, l'Amiral mit à la voile pour sortir de ce golfe. Quittant les rives de l'île Hispaniola, il navigua à la bouline parce qu'à la troisième heure se leva un vent d'est. Au milieu du golfe, l'Amiral rencontra un *canoa* monté par un seul Indien et il s'émerveilla de ce que l'autre pouvait se tenir sur l'eau par un vent si fort. Il fit hisser sur la nef le *canoa* et l'Indien. Celui-ci en fut très flatté. L'Amiral lui donna des perles de verre, des grelots et des bagues en laiton et il l'emmena sur son navire jusqu'à un village près de la mer, à seize milles de là, où, trouvant un bon mouillage, il jeta l'ancre devant la plage attenant au village qui semblait récemment construit car toutes les maisons en étaient neuves [137]. L'Indien s'en fut aussitôt à terre sur son *canoa* pour donner nouvelle de la venue de l'Amiral et des Chrétiens comme celle de bonnes gens. Mais déjà on les savait tels pour ce qui s'était passé dans les autres villages où étaient allés les six Chrétiens [138]. Plus de cinq cents hommes arrivèrent bientôt sur la plage, puis, peu après, leur roi. Ils vinrent à côté des navires qui étaient mouillés très près de la terre. D'abord un par un, puis beaucoup à la fois, ils montèrent sur la nef sans apporter la moindre chose avec eux, sauf quelques-uns qui portaient aux oreilles et au nez des grains d'or très fin qu'ils donnaient de bonne grâce. L'Amiral ordonna de faire honneur à tous car, dit-il, « ce sont les meilleurs gens du monde et les plus paisibles. Par-dessus tout, j'ai grande espérance en Notre Seigneur que Vos Altesses les feront tous chrétiens et qu'ils seront vos sujets, ce que pour tels déjà je les tiens ».

Il vit aussi que ledit roi restait sur la plage et que tous lui rendaient respect. L'Amiral lui envoya un présent que, dit-il, le roi reçut avec beaucoup de cérémonie. Il semblait, dit-il encore, un jeune homme de quelque vingt et un ans et était accompagné d'un gouverneur et d'autres conseillers qui lui parlaient et répondaient à sa place. Lui prononçait très peu de paroles. Un des Indiens qu'emmenait l'Amiral parla avec ce roi, lui dit comment les Chrétiens venaient du

137. « Le port de la Paix (Puerto de Paz). » (Navarrete.)
138. Plus haut, il est questions de neuf Chrétiens.

ciel, qu'ils allaient à la recherche de l'or et voulaient se rendre à l'île de Banèque. Il répondit que cela était bien et qu'il y avait beaucoup d'or dans ladite île. A l'alguazil de l'Amiral qui lui avait apporté le présent, il montra le chemin qu'il convenait de suivre, et qui, en deux jours, permettait d'aller d'ici à l'île, et dit que s'ils avaient besoin de quelque chose de sa terre, il le leur donnerait volontiers.

Ce roi et tous les siens allaient nus comme leurs mères les avaient enfantés, et leurs femmes de même, sans nul embarras. C'étaient les plus beaux hommes et les plus belles femmes que, jusque-là, ils avaient rencontrés. Ils étaient assez blancs, au point que s'ils fussent allés vêtus, protégés du soleil et de l'air, ils auraient été presque aussi blancs qu'on l'est en Espagne. Cette terre est assez froide, et la meilleure que la langue puisse mentionner. Elle est très élevée, toute en campagnes et en vallées. Sur les plus hauts sommets, des bœufs pourraient labourer. En toute la Castille, il n'est point de terre qui se puisse comparer à celle-ci pour la beauté et la qualité. Toute cette île et celle de la Tortue sont entièrement travaillées comme l'est la campagne de Cordoue.

Elles sont semées d'*ajes,* qui sont de petits rameaux que l'on plante et au pied desquels viennent des racines pareilles aux carottes qui, râpées et pétries, leur servent à faire une sorte de pain. Puis ils replantent autre part le même petit rameau, qui leur donne à nouveau quatre ou cinq de ces racines très savoureuses, de même goût que les châtaignes. Ces racines étaient ici plus grosses et meilleures que celles que l'Amiral avait vues partout ailleurs, car il dit qu'il y en a également en Guinée. Celles de ce lieu sont aussi grosses que des jambes, et tous les gens, dit-il, étaient gros et vaillants — non pas débiles comme ceux qu'il avait rencontrés auparavant — et de très affable conversation ; ils n'étaient d'aucune secte.

Les arbres étaient là si puissants que leurs feuilles en cessaient d'être vertes et devenaient noirâtres à force de verdir. C'était une chose merveilleuse de voir ces vallées, ces fleuves aux bonnes eaux, ces terres à pain et à pâturages pour bestiaux de toutes espèces dont ils ne possèdent aucune, propres à faire des potagers et toutes les choses du monde que l'homme sache demander.

Plus tard, dans l'après-midi, le roi vint à bord de la nef. L'Amiral lui rendit les honneurs qui lui étaient dus et lui fit dire comment il appartenait aux Rois de Castille qui étaient les plus puissants princes du monde. Mais les Indiens que l'Amiral emmenait et qui étaient ses interprètes n'en croyaient rien, ni le roi non plus. Ils croyaient tous que les Chrétiens venaient du ciel et que les royaumes des Rois de Castille se trouvaient là et non dans ce monde.

L'Amiral offrit à manger au roi des mets de Castille. Il en mangeait une bouchée, puis donnait tout le reste à ses conseillers, à son gouverneur et aux autres de sa suite.

« Que Vos Altesses veuillent croire que ce grand nombre de terres sont si bonnes et si fertiles, spécialement celles de cette île Hispaniola, qu'il n'est personne qui le sache dire et personne qui ne puisse le croire s'il ne le voit. Et qu'Elles veuillent croire que cette île et les autres sont leurs tout autant que la Castille, et qu'il ne s'en faut ici que de s'établir et que d'y ordonner de faire ce que l'on voudra puisque, moi, avec ces gens que j'ai qui ne sont pas nombreux, je puis parcourir toutes ces îles sans encourir aucun affront ; que j'ai vu déjà trois seulement de mes marins descendre à terre et faire fuir une multitude de ces Indiens sans la moindre tentative de leur faire mal. Ils n'ont pas d'armes, sont tous nus, n'ont pas le moindre génie pour le combat et sont si peureux qu'à mille ils n'attendraient pas trois des nôtres. Ils sont donc propres à être commandés et à ce qu'on les fasse travailler, semer et mener tous autres travaux qui seraient nécessaires, à ce qu'on leur fasse bâtir des villes, à ce qu'on leur enseigne à aller vêtus et à prendre nos coutumes. »

Lundi 17 décembre

Il s'éleva cette nuit un vent violent est-nord-est, mais la mer ne s'agita pas beaucoup parce qu'elle est là, gardée et protégée par l'île de la Tortue qui, vis-à-vis le port où était l'Amiral, ménage un abri. Il resta donc là toute cette journée. Il envoya les marins pêcher avec des filets. Les Indiens se réjouirent beaucoup d'être avec les Chrétiens et ils leur apportèrent certaines flèches de ceux de Caniba ou Cannibales, qui sont faites de tiges de roseau armées de petits bâtons aigus et durcis au feu ; ces flèches sont très longues. Ils leur montrèrent deux hommes à qui il manquait des morceaux de chair de leurs corps et ils leur firent entendre que c'étaient les Cannibales qui les leur avaient mordus et mangés. L'Amiral ne le crut pas. Il renvoya quelques Chrétiens au village et, en échange de perles de verre, ils obtinrent quelques morceaux d'or travaillé en feuilles très minces. Ils virent qu'un Indien, que les autres appelaient *cacique* et que l'Amiral tint pour le gouverneur de cette province, portait un morceau grand comme la main d'une de ces feuilles d'or et semblait vouloir l'échanger. Il rentra chez lui et les autres restèrent au milieu de la place. De la pièce d'or, le cacique fit faire des petits morceaux qu'il revint échanger un à un. Quand il n'en eut plus, il indiqua par signes qu'il avait envoyé en chercher et qu'un prochain jour on le lui apporterait.

« Toutes ces choses : la manière dont ils agissent, leurs coutumes, leur docilité et leur jugement prouvent, dit l'Amiral, qu'ils sont gens plus éveillés et plus entendus que tous ceux rencontrés jusque-là.

Dans l'après-midi arriva de l'île de la Tortue un *canoa* qui portait bien quarante hommes. Comme il arrivait à la plage, tous ceux du village qui étaient rassemblés là s'assirent en signe de paix. Alors quelques-uns des hommes du *canoa*, puis presque tous descendirent à terre. Le cacique se leva, seul, et, avec des paroles qui semblaient de menace, il les fit retourner à leur *canoa,* il leur jeta de l'eau, puis il ramassa des pierres de la plage et les lança dans la mer. Lorsque les autres, en grande obéissance, eurent tous rejoint leur *canoa* et réembarqué, le cacique prit une pierre et la posa, pour qu'il la lançât, dans la main de mon alguazil que j'avais envoyé à terre avec mon notaire, et d'autres, pour voir s'ils pouvaient rapporter quelque chose de profit. L'alguazil refusa de jeter des pierres. »

En cette circonstance, ce cacique montra bien qu'il se ménageait l'Amiral. Le *canoa* s'en alla donc et, lorsqu'il fut parti, ils dirent à l'Amiral qu'il y avait davantage d'or en l'île de la Tortue qu'en l'île Hispaniola, parce qu'elle est plus près de Banèque. L'Amiral dit qu'il ne croyait pas qu'il y eût des mines d'or ni dans l'île Hispaniola ni dans celle de la Tortue, mais que l'or y était probablement apporté de Banèque, et en petites quantités parce que ces Indiens n'ont rien à donner en échange. Cette terre est d'ailleurs si bonne qu'ils n'ont pas besoin de beaucoup travailler pour se nourrir et pas davantage pour se vêtir puisqu'ils vont tout nus.

L'Amiral croyait être très près de la source de l'or et que Notre Seigneur allait lui montrer où il naît. Il était informé que, du point où il était jusqu'à Banèque, il y avait quatre journées, soit environ trente ou quarante lieues qui pouvaient être couvertes en un jour de beau temps [139].

Mardi 18 décembre

Il resta ce jour au mouillage sur cette plage parce qu'il n'y avait pas de vent, et aussi parce que le

139. « Cette île de Bavèque ou Banèque n'a jamais paru ; c'était peut-être l'île de la Jamaïque. » (Las Casas.) Les nombreuses indications antérieures qui se recoupent toutes montrent que Babèque doit être la Grande Inague.

cacique avait dit qu'il lui apporterait de l'or. Non pas que l'Amiral crût à ce qu'il avait dit qu'il pouvait en avoir beaucoup puisqu'il n'y avait pas ici de mines, mais pour mieux savoir d'où ils l'apportaient.

Dès l'aube, il ordonna de pavoiser la nef et la caravelle d'armoiries et d'étendards pour la fête de ce jour de Sainte-Marie-d'O [140] ou de l'Annonciation. On tira de nombreux coups de bombarde.

Le roi de cette île Hispaniola, dit l'Amiral, était sorti très tôt de sa maison qui était à quelque cinq lieues de là, à ce qu'on peut en juger, et il arriva à la troisième heure au village où se trouvaient déjà quelques hommes de la nef que l'Amiral avait envoyés pour voir s'il arrivait de l'or. Ces hommes annoncèrent que plus de deux cents hommes venaient avec le roi, que quatre d'entre eux le portaient sur une sorte de brancard et que c'était un jeune homme comme on l'a dit plus haut. Ce jour-là, alors que l'Amiral dînait sous le château de la nef, le roi arriva avec tous ses gens. Et l'Amiral dit aux Rois :

« Vos Altesses seraient sans aucun doute satisfaites de son appareil et du respect que les siens lui témoignent, malgré que tous soient entièrement nus. Comme le roi entrait ainsi dans la nef, il me trouva à table, dînant sous le château de poupe. D'une démarche assurée, il vint s'asseoir auprès de moi sans me permettre ni de me lever pour aller à sa rencontre ni de quitter la table avant que j'eusse terminé mon repas. Je pensai qu'il aurait du plaisir à goûter de nos viandes et j'ordonnai qu'on lui en servît aussitôt. Quand il entra sous le château, il fit signe de la main que tous les siens restassent dehors, et ainsi firent-ils avec le plus grand empressement et les plus grandes

140. « Il y a près de Ségovie un couvent et une église dédiée à la Sainte Vierge, sur une montagne assez élevée ; cette église est entourée de petits rochers formant un ovale ou un O ; de là Sainte-Marie d'O, qui est l'une des soixante-quinze ou quatre-vingts vierges qu'on honore en Espagne d'un culte particulier. » (Chalumeau de Verneuil.)

marques d'obéissance. Ils allèrent tous s'asseoir sur le pont, excepté deux hommes d'âge mûr, que je jugeai être l'un son conseiller et l'autre son gouverneur, qui vinrent s'asseoir à ses pieds. Des viandes que je lui offris, il ne prit de chacune que ce qu'il fallait pour me faire honneur, puis il fit passer le reste aux siens qui tous en mangèrent. Et il fit de même pour les boissons, les portant seulement à sa bouche puis les donnant aux autres. Et tout cela avec une merveilleuse dignité et très peu de mots. Ceux qu'il prononçait étaient, autant que je pouvais le comprendre, très entendus et de grand sens. Ses deux conseillers regardaient sa bouche, parlaient pour lui, et avec lui très respectueusement. Après le repas, un de ses écuyers apporta une ceinture de forme toute semblable à celles de Castille, mais autrement travaillée. Il la prit et me la donna, ainsi que deux morceaux d'or travaillés qui étaient très minces. Je crois qu'ils recueillent ici très peu de ce métal, bien que je sache qu'ils sont voisins des terres où il naît et où il y en a beaucoup.

Je vis qu'une tenture que j'avais sur mon lit lui plaisait ; je la lui donnai, ainsi qu'un très beau collier d'ambre que je portais au cou, une paire de souliers rouges et une fiole d'eau de fleur d'oranger. Il en fut si content que c'était merveille. Lui, son gouverneur, ses conseillers avaient grand-peine de ne pouvoir m'entendre et que je ne les comprisse pas. Malgré tout, je saisis qu'il me disait que si quelque chose d'ici me convenait, toute l'île était à ma disposition. J'envoyai chercher un mien collier, qui avait en pendentif un excellent d'or [141] gravé à l'effigie de Vos Altesses, et je le lui montrai, disant comme la veille que Vos Altesses gouvernaient et régnaient sur la meilleure partie du monde et qu'il n'y avait pas d'aussi grands princes. Je lui montrai aussi les bannières royales et celles de la Croix, et de cela il eut grande admiration. " Quels grands Seigneurs devaient être Vos Altesses,

141. « L'excellent d'or était une monnaie qui valait deux castillans. » (Las Casas.)

disait-il à ses conseillers, pour de si loin et du ciel m'avoir envoyé sans crainte jusqu'ici." Ils se dirent bien d'autres choses que je ne pus comprendre, mais je vis bien qu'il était émerveillé de tout.

Quand il fut déjà tard et qu'il voulut partir, l'Amiral le fit reconduire très honorablement dans une barque et fit tirer plusieurs coups de bombarde. Revenu à terre, il se plaça sur son brancard et s'en alla avec ses plus de deux cents hommes. Son fils allait derrière, porté sur les épaules d'un Indien, homme très distingué. A tous les marins et autres gens des navires, partout où il les rencontrait, il ordonnait de donner à manger et de leur rendre des honneurs. Un marin dit qu'il l'avait rencontré sur son chemin et qu'il avait vu que tous les objets que lui avait donnés l'Amiral étaient portés devant lui chacun par un homme qui lui avait semblé choisi parmi les plus notables. Un peu en arrière allait son fils, avec une escorte aussi importante que la sienne, et une autre encore entourait un frère du même roi ; mais celui-ci allait à pied, appuyé aux bras de deux notables. Ce frère vint à la nef après le roi, et l'Amiral lui donna quelques objets d'échange. Ce fut à ce propos que l'Amiral apprit qu'en leur langue le roi était appelé cacique.

En ce jour, dit l'Amiral, on échangea peu d'or, mais il sut d'un vieillard qu'il y avait à cent lieues et plus — selon ce qu'il put comprendre — beaucoup d'îles rapprochées dans lesquelles naît énormément d'or. Et ce vieillard allait jusqu'à dire que, parmi d'autres îles, il y en avait une qui était tout en or, et d'autres où il abondait à tel point qu'on n'avait qu'à le ramasser, le passer au tamis et où on le fond pour en faire des barres et mille autres ouvrages dont il figurait la forme par gestes. Ce vieillard indiqua à l'Amiral la direction de ces îles et la région où elles étaient. L'Amiral résolut d'y aller et dit que, si ce vieillard n'avait pas été un personnage aussi important auprès de ce roi, il l'aurait retenu et emmené avec lui, ou, s'il avait su sa langue, il l'aurait prié de l'accompagné, croyant, tant cet homme était en bons termes avec lui et les autres Chrétiens, qu'il serait venu de bon gré. Mais comme il tenait déjà ces gens pour vassaux des Rois de Castille et qu'il n'était pas de raison de leur faire offense, il décida de le laisser.

Il érigea une immense croix au milieu de la place du village. Les Indiens l'y aidèrent beaucoup et, dit-il, y firent des prières et l'adorèrent. Devant ces démonstrations, l'Amiral espérait en Notre Seigneur que toutes ces îles deviendraient chrétiennes.

Mercredi 19 décembre

Cette nuit, on mit à la voile pour sortir de ce golfe que l'île de la Tortue et l'Hispaniola forment là. Au lever du jour, le vent qui tourna au levant empêcha, la journée durant, de sortir d'entre les deux îles et, la nuit, de toucher un port qui apparaissait non loin de là [142].

Il vit dans ces parages quatre pointes de terre, une grande baie et un fleuve ; de là, un très grand promontoire [143] où il y avait un village et, derrière, une vallée entre plusieurs montagnes très élevées couvertes d'arbres, qu'il jugea être des pins. Sur les Deux-Frères [144], il y a une montagne très haute et massive qui va du nord au sud-ouest et, à l'est-sud-est du cap des Tours, on trouve une petite île à laquelle l'Amiral donna le nom de Saint-Thomas, parce que le lendemain était jour de vigile de ce saint [145]. Selon ce qu'il en jugeait depuis la mer, tout le tour de cette île offrait des caps et des ports merveilleux. Avant

142. « Le port de La Granja. » (Navarrete.)
143. « La rade du port Margot. » (Navarrete.)
144. « Ces Deux-Frères et le cap des Tours n'ont pas été nommés jusqu'ici. » (Las Casas.) « Le cap des Tours, c'est la pointe de Limbe. » (Navarrete.)
145. La veille de la fête et non la fête elle-même ; pour certains saints, ce jour est très important, on jeûne, on va à confesse, etc.

d'arriver à l'île et du côté de l'ouest, il y a un cap qui s'avance largement dans la mer, tantôt haut et tantôt bas, et pour cela il le nomma cap Haut-et-Bas. Du cap des Tours vers l'est quart sud-est, il y a soixante milles de distance jusqu'à une montagne plus haute que les autres qui s'avance dans la mer [146] et qui, de loin, semble être une île à cause d'une échancrure qu'elle a du côté de la terre. L'Amiral lui donna le nom de mont Caribata parce que cette province se nommait Caribata. C'est une très belle montagne, couverte d'arbres verts et clairs, sans neige ni nuages. Le temps était alors ici, pour l'air et la douceur, comme de mars en Castille et, pour les arbres et les plantes, comme de mai. Les nuits, dit-il, étaient de quatorze heures.

Jeudi 20 décembre

Aujourd'hui, au coucher du soleil, il entra et mouilla dans un port situé entre l'île de Saint-Thomas et le cap Caribata [147]. Ce port est magnifique et capable de contenir autant de navires qu'il y en a dans la Chrétienté. Son entrée, vue de la mer, semble impraticable à ceux qui n'y sont pas encore entrés, à cause d'un récif dont les rochers s'étendent depuis la montagne jusqu'auprès de l'île, disposés non régulièrement, mais l'un par-ci l'autre par-là ; ceux-ci en pleine mer, ceux-là près de la terre, ce qui fait qu'il est nécessaire d'être attentif pour y pénétrer par des passes qui sont très larges et bonnes pour qu'on y entre sans crainte. Toutes ont bien sept brasses de fond et, au-delà du récif, le port a douze brasses. Un navire amarré avec un quelconque câble peut y tenir contre quelque vent que ce soit.

L'Amiral dit qu'il y a, à l'entrée du port, un canal à l'extrémité ouest d'un îlot de sable couvert d'arbres.

---

146. « Montagne sur le Guarico, et celle de Monte Cristi, à la distance de quarante-deux milles. » (Navarrete.)

147. « Ce port est la baie d'Acul. » (Navarrete.)

Il y a sept brasses de fond à son pied. Mais il y a aussi nombre de bas-fonds dans ces parages et il convient d'ouvrir l'œil jusqu'à ce qu'on soit dans le port. Lorsqu'on y est, il n'y a plus à craindre tourmente de ce monde.

De ce port, on apercevait, qui descendait là du sud-est, une immense vallée, entièrement cultivée, tout entourée de montagnes si élevées qu'elles semblaient toucher le ciel, et magnifiques, couvertes qu'elles étaient d'arbres verts. Il y a ici, sans aucun doute, des montagnes plus élevées que celle de l'île de Ténériffe [148] aux Canaries, que l'on tient pour la plus haute qui se puisse trouver. De ce côté de l'île de Saint-Thomas, il y a un autre îlot [149] à une lieue, et encore un autre entre les deux. Tous ont des ports merveilleux, mais il convient de bien veiller aux bas-fonds.

L'Amiral vit aussi des villages et des feux de fumée qui s'allumaient.

Vendredi 21 décembre

Aujourd'hui, avec les barques des navires, il alla voir ce port et le trouva tel qu'il affirma qu'aucun ne l'égalait de ceux qu'il avait vus jamais [150]. Et il s'excuse, disant qu'il a tant loué les autres qu'il ne sait plus comment louer celui-là, et qu'il craint d'être accusé de tout magnifier avec démesure. Mais il justifie ses éloges, ajoutant qu'il a avec lui de vieux marins qui disent et diront la même chose ainsi que tous ceux qui se trouvent sur cette mer ; à savoir que toutes les louanges qu'il a données des ports dépassés sont vérité et qu'il est vrai de même que

148. « En effet, ces montagnes sont fort élevées, mais pas autant que celle de Ténériffe. » (Navarrete.)

149. « L'île aux Rats. » (Navarrete.)

150. « C'est en effet un bon port, mais celui de Nipe, que Colomb nomma San Salvador dans l'île de Cuba, est meilleur. » (Navarrete.)

celui-ci est meilleur que tous les autres. Il dit de plus en ces termes :

« J'ai couru vingt-trois ans la mer, sans la quitter un temps qui vaille d'être compté ; j'ai vu tout le Levant et le Ponant où j'ai navigué pour aller au Septentrion où est l'Angleterre [151] ; j'ai parcouru la Guinée ; mais en toutes ces contrées ne se trouvera la perfection des ports [...] toujours trouvé le [...] meilleur que l'autre [152].

J'ai toujours bien regardé à ce que j'écrivais, et je répète et réaffirme avoir bien écrit, et que celui-ci dépasse tous les autres, qu'il peut contenir tous les navires du monde et qu'il est si bien clos qu'il suffit d'une corde, la plus vieille qu'ait un navire, pour l'y tenir amarré.

Depuis l'entrée jusqu'au fond, ce port a cinq lieues [153]. »

L'Amiral vit quelques terres bien travaillées, mais il est vrai qu'elles le sont toutes, et il ordonna à deux hommes de quitter les chaloupes et d'aller sur une hauteur regarder s'il y avait un village, car de la mer on n'en voyait aucun, alors que la nuit précédente, vers dix heures, quelques Indiens étaient venus à la nef sur un *canoa* pour voir l'Amiral et les Chrétiens comme des merveilles. Il leur avait donné de la pacotille dont ils s'étaient réjouis beaucoup. Les deux Chrétiens revinrent et dirent où était un grand village qu'ils avaient vu un peu en retrait de la mer. L'Amiral ordonna de ramer vers le point de la côte le plus près du village. Il vit des Indiens qui venaient à la

151. Passage décisif, de la main de Colomb et malheureusement obscur. Les vingt-trois ans de mer on fait couler beaucoup d'encre, mais ils sont clairs, la formule *por ir el camino de septentrion que es Inglaterra* ne signifie pas qu'il n'a pas dépassé ce pays.

152. Il y a dans l'original une lacune d'une ligne et demie. Mais on devine la répétition de la formule des ports toujours meilleurs.

153. « Ce port n'a que cinq milles. » (Navarrete.) Encore une fois erreur ou lapsus ?

plage, mais il lui sembla qu'ils venaient avec crainte. Pour cela, il fit arrêter les chaloupes afin que les Indiens qu'il emmenait pussent dire aux autres qu'aucun mal ne leur serait fait. Alors ceux-ci s'approchèrent plus de la mer, et l'Amiral s'approcha plus de la terre. Lorsqu'ils furent entièrement hors d'inquiétude, il en vint tant que toute la plage en était couverte. Tant les hommes que les femmes et les enfants, faisant mille démonstrations, couraient les uns par-ci, les autres par-là, pour nous apporter de ce pain de *niames* qu'ils appellent *ajes* qui est très blanc et très bon, aussi de l'eau dans des calebasses et dans des cruches de terre de la façon de celles de Castille. Il nous apportait tout ce qu'ils avaient dans ce monde et ce qu'ils savaient que l'Amiral désirait. Et tout cela d'un si bon cœur et avec tant de joie que c'était merveille.

« Et qu'on ne dise pas, dit l'Amiral, qu'ils donnaient libéralement parce que ce qu'ils donnaient valait peu, car ceux qui donnaient des morceaux d'or et ceux qui donnaient la calebasse d'eau agissaient de même et aussi libéralement. Et c'est chose facile, ajoute-t-il, que de savoir, quand une chose est donnée, qu'elle est donnée de grand cœur. »

Voici encore ses paroles :

« Ces gens n'ont ni bâtons, ni sagaies, ni aucune autre sorte d'arme, non plus que les autres habitants de toute cette île que je tiens pour immense. Ils vont nus, tels que leur mère les enfanta, les femmes comme les hommes. Dans les autres terres de la Juana et des autres îles, les femmes, surtout dès qu'elles dépassent l'âge de douze ans, portent devant elles, pour couvrir leur nature, une petite chose de coton assez semblable à une braguette de nos chausses d'hommes. Mais, ici, ni jeunes ni vieilles n'en portent. Partout ailleurs, tous les hommes avaient par jalousie caché leurs femmes aux Chrétiens. Mais ici, non. Et il y a de très beaux corps de femmes. Ce sont elles les premières qui sont venues rendre grâces au ciel et nous apporter tout ce qu'elles avaient, et spécialement des vivres : pain d'*ajes,* tartes de noisettes et cinq ou six sortes de fruits. »

L'Amiral en fit sécher quelques-uns pour les rapporter aux Rois.

Dans les autres endroits, dit-il, les femmes n'avaient pas agi autrement avant de se cacher, et il ordonna aux siens d'être partout attentifs à n'offenser personne en quoi que ce soit et à ne rien prendre aux Indiens contre leur volonté. Aussi leur payait-on tout ce qu'on recevait d'eux.

Finalement, l'Amiral dit qu'il ne peut croire qu'un homme ait déjà vu des gens d'un cœur si bon, si généreux et si craintifs, car tous se défaisaient de ce qu'ils avaient pour le donner aux Chrétiens, courant, à peine les voyaient-ils arriver, pour leur apporter tout.

Après cela, l'Amiral envoya six Chrétiens au village pour le reconnaître. Les habitants leur y rendirent tous les honneurs qu'ils pouvaient et savaient en leur donnant ce qu'ils possédaient, car ils n'avaient pas le moindre doute que l'Amiral et tous ses gens ne fussent venus du ciel. Les autres Indiens que l'Amiral emmenait avec lui des autres îles croyaient la même chose, bien que déjà on leur eût dit à quoi ils devaient s'en tenir.

Après que les six Chrétiens furent partis, plusieurs *canoas* chargés de monde arrivèrent pour prier l'Amiral, de la part d'un seigneur, d'aller à son village avant son départ. (Un *canoa* est une barque dans laquelle ils naviguent, et ils en ont des grands et des petits.) Voyant que ce village était sur une pointe de terre, placée sur son chemin, et que le seigneur l'attendait avec beaucoup de monde, l'Amiral y alla. Mais avant qu'il ne partît, tant de gens vinrent sur la plage que c'en était étonnant. Hommes, femmes, enfants lui criaient de ne pas s'en aller, mais de rester avec eux. Les messagers qui étaient venus l'inviter attendaient dans leurs *canoas*, afin qu'il ne partît pas sans voir leur seigneur. Et ainsi fit l'Amiral.

Dès qu'il fut arrivé là où ce seigneur l'attendait avec beaucoup de victuailles, celui-ci ordonna à tous ses gens de s'asseoir, puis de porter tous leurs vivres aux barques où était l'Amiral, près du rivage de la mer. Lorsqu'ils virent que l'Amiral avait reçu tout ce qu'on lui avait apporté, tous les Indiens, ou la plupart, coururent vers leur village qui devait être assez proche pour en rapporter plus de victuailles encore, des perroquets et d'autres choses qu'ils avaient, et cela de si grand cœur que c'était merveille. L'Amiral leur donna des colliers de verre, des bagues de laiton et des grelots ; non qu'ils aient rien demandé, mais parce que cela lui parut sage, et surtout, dit-il, parce qu'il les tenait déjà pour chrétiens et pour sujets des Rois de Castille plus que les Castillans eux-mêmes. Il ne s'en faut, dit-il, que de savoir leur langue et de les commander, car tout ce qu'on pourrait leur ordonner, ils le feraient sans discuter. L'Amiral revint de là à ses navires, et les Indiens, hommes, femmes comme enfants, criaient aux Chrétiens de ne pas s'en aller et de rester avec eux. Quand ils s'en allèrent, des *canoas* pleins d'Indiens les accompagnèrent jusqu'à la nef. Il ordonna de les traiter avec honneur, leur fit donner à manger, et des objets qu'ils emportèrent. En son absence était aussi venu un autre seigneur de la région de l'ouest, et quoique le navire fût à plus d'une grande demi-lieue de la terre, beaucoup d'Indiens y venaient à la nage. Le seigneur dont je viens de parler était reparti. L'Amiral envoya quelques personnes le voir et l'interroger sur ces îles. Il les reçut très bien et les emmena à son village pour leur donner certains grands morceaux d'or, mais ils arrivèrent à un large fleuve que les Indiens passèrent à la nage, ce que les Chrétiens ne purent faire, aussi retournèrent-ils.

Dans toute cette contrée, il y a des montagnes si immenses qu'elles paraissent atteindre au ciel et que celle de l'île de Ténériffe ne semble rien en comparaison, tant pour la hauteur que pour la beauté. Et toutes sont si couvertes de vertes forêts que c'en est merveille. Entre elles, il y a de très gracieuses plaines dont une, au fond de ce port, au sud, si grande que les yeux ne peuvent en embrasser l'étendue, bien qu'il n'y ait pas à cela l'obstacle d'une montagne. Il semble qu'elle ait quinze ou vingt lieues. Un fleuve la traverse et elle est entièrement peuplée et cultivée, aussi verte maintenant que l'est la Castille en mai ou juin, bien que les nuits soient de quatorze heures et que cette terre soit assez septentrionale. Ce port est donc très bon contre tous les vents qui peuvent venter, fermé et profond, très peuplé de gens très bons et paisibles, sans armes bonnes ou mauvaises, et tout navire peut y rester sans crainte que des vaisseaux viennent à la nuit l'assaillir, car, bien que son entrée soit large de plus de deux lieues, elle est fermée par deux récifs, à peine visibles sur l'eau, ne ménageant dans cette barre qu'un étroit passage qu'on jurerait fait de main d'homme, pour laisser une porte ouverte, juste suffisante à ce que les navires puissent entrer. A l'embouchure, il y a sept brasses de fond jusqu'au pied d'un îlot plat, couvert d'arbres jusqu'à sa plage. L'entrée est à l'ouest et un navire peut s'y engager sans crainte jusqu'à toucher le rocher du bordage. A une lieue au nord-est du cap de ce port, il y a trois îles et un grand fleuve. C'est le meilleur port du monde. Il lui donna le nom de port de la mer de Saint-Thomas, parce que c'était ce jour-là la fête de ce saint.

Il l'appela mer pour son étendue.

Samedi 22 décembre

A la pointe du jour, il mit à la voile pour suivre son chemin à la recherche des îles dont les Indiens disaient qu'elles renfermaient beaucoup d'or, dont quelques-unes plus d'or que de terre. Le temps ne le permit pas et il dut revenir au mouillage. Il envoya la barcasse pêcher au filet.

Le seigneur de cette terre[154], qui possédait un village près de là, envoya un grand *canoa* chargé de gens parmi lesquels un de ses principaux serviteurs, pour prier l'Amiral d'aller avec ses navires à sa terre et pour lui dire qu'il lui donnerait tout ce qu'il avait. Il lui envoyait par ce *canoa* une ceinture qui, au lieu de bourse, retenait un masque à deux grandes oreilles, la langue et le nez d'or battu.

« Ces gens sont de si grand cœur qu'ils donnent de la meilleure volonté du monde ce qu'on leur demande et qu'il semble qu'on leur accorde une faveur en leur demandant. »

C'est ce que dit l'Amiral.

Ils s'approchèrent de la barque, donnèrent la ceinture à un mousse, puis vinrent sur leur *canoa* aborder la nef et porter leur ambassade. Avant que l'Amiral pût les comprendre, une partie du jour se passa. Les Indiens qu'il emmenait ne les entendaient pas bien eux-mêmes, car il y avait entre eux quelque diversité de mots pour nommer les choses. Enfin, il finit par comprendre leur invitation par leurs signes. Cela le décida à partir le lendemain, quoiqu'il n'eût pas coutume de quitter un port le dimanche, non par superstition quelconque, mais seulement par dévotion. Ce fut cette fois, dit-il, avec l'espérance qu'en raison de la bonne volonté qu'ils montraient ces peuples deviendraient chrétiens et sujets des Rois de Castille. Et parce qu'il les considérait déjà comme tels, il les aimait et s'appliquait à leur faire plaisir afin qu'ils servissent Leurs Altesses avec amour.

Aujourd'hui, avant de partir, il envoya six hommes à trois lieues de là vers l'ouest, à un très grand village dont le seigneur était venu le voir la veille et qui disait qu'il avait quelques morceaux d'or. Quand les Chrétiens arrivèrent là, le seigneur prit par la main

154. « C'était Guacanagari, souverain du Marien où l'Amiral construisit un fort et laissa trente-neuf Chrétiens. » (Las Casas.)

le notaire de l'armada qui était l'un d'eux et que l'Amiral avait envoyé pour qu'il pût s'opposer à ce que les autres traitassent les Indiens de manière indue. Car ceux-ci n'étaient que simplesse, et les Espagnols avaient tant de cupidité et de démesure qu'il ne leur suffisait pas que les Indiens leur donnassent tout ce qu'ils voulaient pour un ferret d'aiguillette, un morceau de verre, de faïence ou moins encore, mais qu'ils voulaient tout avoir et prendre sans leur rien donner. Cela, l'Amiral l'avait toujours défendu. Quoique, l'or mis à part, ce que les Indiens donnaient aux Chrétiens ne fût que choses de peu de valeur. L'Amiral, considérant le grand cœur de ces Indiens et que pour six perles de verre ils auraient donné et donnaient un morceau d'or, ordonna de ne rien recevoir d'eux sans donner quelque chose en paiement. Le seigneur prit donc le notaire par la main, le conduisit à sa maison, suivi de tout son peuple qui était très nombreux et l'accompagnait, et fit donner à manger aux Chrétiens. Tous les Indiens leur apportaient du coton tissé ou en pelotes de filé. Quand vint le soir, le seigneur leur donna trois oies très grasses et quelques petits morceaux d'or. Une foule de gens les accompagna portant ce qu'ils avaient obtenu par troc, et qui s'obstinaient à vouloir les porter eux-mêmes sur leurs épaules, ce qu'ils firent pour le passage de quelques rivières et bourbiers.

L'Amiral ordonna de faire quelques présents au seigneur, et celui-ci et tout son peuple en eurent grande satisfaction. Ils croyaient qu'en vérité les Chrétiens étaient venus du ciel et ils se tenaient pour bienheureux de les avoir vus.

Plus de cent vingt *canoas* vinrent ce jour-là aux navires, tous chargés de gens, tous apportant quelque chose, et spécialement de leur pain, du poisson, de l'eau dans des cruchons de terre et des semences de plusieurs espèces qui sont de bonnes épices. Ils en jetaient un grain dans une écuelle d'eau, la buvaient, et les Indiens qu'emmenait l'Amiral disaient que c'était là chose très saine.

Faute de vent, il ne put aller avec les navires à la terre de ce seigneur qui l'avait fait prier et invité, mais il envoya quelques-uns de ses gens et le notaire sur les chaloupes accompagner les trois messagers qui attendaient là. Pendant qu'ils y allaient, il envoya deux des Indiens qu'il emmenait avec lui aux villages qui se trouvaient non loin du mouillage des navires. Ils revinrent à la nef avec un seigneur et la nouvelle qu'en cette île Hispaniola il y avait une grande quantité d'or et qu'on venait là d'autres régions pour l'acheter. Ils lui dirent qu'il en trouverait autant qu'il en voudrait. D'autres vinrent qui confirmèrent qu'il y avait là beaucoup d'or et lui montraient la façon dont on s'y prenait pour le recueillir. L'Amiral comprit tout cela, non sans peine. Mais il tenait toutefois pour certain qu'en ces régions il y avait énormément d'or et que, en trouvant le lieu d'où il se tirait, il l'obtiendrait à vil prix et, à ce qu'il imaginait, même pour rien. Il répète qu'il croit qu'il doit y avoir beaucoup d'or parce que, depuis trois jours qu'il est dans ce port, il en a obtenu de beaux morceaux et ne peut croire qu'ils l'apportent ici d'autres terres.

« Que Notre Seigneur qui tient en ses mains toutes choses veuille m'assister et m'accorder ce qui conviendrait à son service. »

Telles sont les paroles de l'Amiral.

Jusqu'à cette heure, il croyait bien que plus de mille personnes étaient venues à la nef ; tous apportaient quelque chose de ce qu'ils possédaient et, avant d'arriver à la nef, à une demi-portée d'arbalète, ils se levaient debout dans leurs *canoas,* prenaient en leurs mains ce qu'ils amenaient en criant : « Prenez, prenez ! » Il croit aussi que plus de cinq cents vinrent à la nef en nageant parce qu'ils n'avaient pas de *canoas* ; pourtant, il était mouillé à près d'une lieue de la terre. Il estimait à cinq les seigneurs et fils de seigneurs qui étaient venus avec toute leur maison, femmes et enfants, voir les Chrétiens. A tous il ordonnait de donner quelque chose, parce que tout, dit-il, sera bien employé, et il ajoute :

« Que Notre Seigneur m'aide, en sa miséricorde, à trouver cet or, je veux dire sa mine dont tant de gens que j'ai là me disent la connaître. »

Telles sont ses paroles.

La nuit, ceux des barques revinrent et dirent qu'il y avait un long chemin jusqu'au point d'où ils venaient, et qu'au mont Caribatan ils avaient trouvé de nombreux *canoas* chargés de beaucoup de gens qui, du lieu où ils allaient, venaient voir l'Amiral et les Chrétiens. L'Amiral était assuré que si, pour cette fête de Noël, il pouvait être encore dans ce port, toute la population de cette île qu'il estimait déjà plus grande que l'Angleterre viendrait pour les voir. Les gens des *canoas* retournèrent donc tous à leur village avec les Chrétiens. Ceux-ci affirmaient qu'il était le plus grand et le mieux organisé en rues de tous ceux qu'ils avaient déjà rencontrés jusque-là. Il est, dit-il, situé du côté de la pointe Sainte [155], à trois lieues au sud-est.

Comme ces *canoas* sont rapides à la rame, ils allèrent devant les chaloupes annoncer leur arrivée au cacique, ainsi qu'ils le nomment. Jusqu'alors, l'Amiral n'avait pu comprendre si ce mot signifiait roi ou gouverneur. Ils avaient aussi un autre mot pour les grands qu'ils appelaient *nitayno* [156], mais il ne savait s'il désignait un gentilhomme, un gouverneur ou un juge.

Finalement, le cacique vint à eux et tout le peuple, qui comptait plus de deux mille hommes, se rassembla sur la place qui était bien nettoyée. Ce roi combla d'honneurs les gens des navires, et ceux de son peuple

---

155. « Cette pointe Sainte n'a pas encore été nommée. » (Las Casas.) « C'est la pointe appelée aujourd'hui Saint-Honoré. » (Navarrete.)

156. « Nitayno était le principal et le seigneur après ce roi, comme qui dirait un grand du royaume. » (Las Casas.)

leur apportèrent quelque chose à manger et à boire. Puis le roi donna à chacun de ces étoffes de coton que portent les femmes, des perroquets pour l'Amiral et quelques morceaux d'or. Les gens du peuple donnaient aux marins de ces mêmes étoffes et d'autres objets de leurs maisons contre les moindres choses qu'on leur remît, et dont on voyait à la manière dont ils les recevaient qu'ils les tenaient pour des reliques.

En fin d'après-midi, quand les marins voulurent prendre congé, le roi les pria de rester jusqu'au lendemain et le peuple fit de même. Voyant qu'ils étaient décidés à partir, ils les accompagnèrent une longue partie du chemin, portant sur leurs épaules ce que le cacique et les autres leur avaient donné, jusqu'aux barques qui attendaient à l'entrée du fleuve.

Lundi 24 décembre

Avant le lever du soleil, l'Amiral leva l'ancre par vent de terre. Parmi les nombreux Indiens venus la veille à la nef, qui avaient semblé indiquer l'existence de l'or dans cette île et nommé les endroits où on le recueillait, il en remarqua un qui semblait mieux disposé, plus attaché à lui que les autres, ou tout au moins qui parlait avec plus d'enthousiasme. Il le cajola, l'engageant à venir avec lui lui montrer les mines d'or. Cet homme amena un de ses compagnons ou de ses parents, et tous deux nommèrent, entre autres lieux où se trouvait de l'or, Cipango qu'ils appelaient Civao [157]. Là, affirmaient-ils, il y en avait en grande quantité, et tant que le cacique avait des bannières d'or martelé, mais c'était très loin à l'est. Ici, l'Amiral adresse aux Rois ces paroles :

« Que Vos Altesses croient que, dans le monde entier, il ne peut y avoir de gens meilleurs ni plus paisibles. Vos Altesses doivent avoir grand-joie parce

157. Nouveau malentendu linguistique qui amènera Colomb à penser que Haïti pourrait bien être Cipango (le Japon).

que bientôt Elles en auront fait des chrétiens et les auront instruit en les bonnes coutumes de leurs royaumes. Il ne peut y avoir meilleurs gens et meilleures terres, et gens et terres en telle quantité que je ne sais comment l'écrire, car j'ai parlé au superlatif des gens et de la terre de la Juana qu'ils appellent Cuba, mais il y a autant de différence de ces gens et de cette terre avec celle-ci qu'entre le jour et la nuit. Je ne crois pas qu'aucun autre qui aurait vu cette île ait pu faire ou dire moins que moi. Et je répète qu'il est vrai que c'est une merveille que les choses d'ici et les peuples nombreux de cette île Hispaniola comme je l'ai nommée et qu'ils appellent Bohio. Tous sont de commerce extraordinairement affectueux, et leur langue est douce au contraire de ceux des autres îles qui semblent menacer en parlant. Les hommes et les femmes sont de belle stature et leur peau n'est pas noire. Il est vrai que tous se peignent, les uns en noir, les autres d'une autre couleur, mais la plupart en rouge. J'ai su qu'ils le faisaient afin que le soleil leur fasse moins de mal. Les maisons et les villages sont beaux et, en chacune de ces dernières, il y a une seigneurie avec juge ou seigneur à qui tous obéissent à merveille. Tous ces chefs sont sobres en paroles et de nobles usages. Ils donnent leurs ordres par de simples signes de la main, si vite saisis que c'est merveille. »

Telles sont les paroles de l'Amiral.

Qui aura à entrer dans la mer de Saint-Thomas devra, à une bonne lieue de l'embouchure, se diriger sur un îlot[158] plat qui est au milieu et que l'Amiral nomma l'Amie, cap droit sur lui, puis, arrivé à [...][159] de pierre de là, passer à l'ouest en laissant l'îlot à l'est, mais en se tenant près de lui, et non par un autre chemin, car il y a un très grand récif à l'ouest — sans compter encore plus loin de là, en mer, quelques trois bas-fonds — et le récif se trouve à une portée

158. « L'île aux Rats. » (Navarrete.)

159. Abréviation illisible dans le texte. Probablement « à un jet de pierre ».

de bombarde de l'Amie. On passera donc entre les deux et on trouvera pour le moins sept brasses et un fond de pierraille. A l'intérieur, on trouvera un port où tous les navires du monde pourraient rester sans amarres. Un autre récif et des bas-fonds s'avancent de l'est vers ladite île Amie ; ils sont très grands et avancent largement en mer, allant jusqu'à presque deux lieues du cap, mais entre eux il lui sembla qu'il y avait une passe à deux portées de bombarde de l'Amie. Au pied du mont Caribatan, à l'ouest, il y a un très bon et très grand port [160].

Mardi 25 décembre, jour de la Nativité

Naviguant par peu de vent la veille, depuis la mer de Saint-Thomas jusqu'à la pointe Sainte, il en était à une lieue à la fin du premier quart, ce qui fait à peu près onze heures de la nuit, quand il décida de se coucher pour dormir, ce qu'il n'avait pas fait depuis deux jours et une nuit. Comme on était au calme, le marin qui gouvernait la nef s'accorda d'aller dormir et laissa le gouvernail à un jeune mousse, ce que l'Amiral avait très souvent interdit tout au long du voyage, qu'il y eût du vent ou qu'il y eût du calme ; à savoir qu'on ne laisse pas gouverner les mousses. L'Amiral était assuré des bancs et des rochers parce que le dimanche, quand il avait envoyé les barques au roi de cette contrée, elles étaient passées à bien trois lieues et demie à l'est de la pointe Sainte, et les marins avaient vu toute la côte et les bas-fonds à partir de ladite pointe Sainte jusqu'à bien trois lieues à l'est-sud-est. Ils avaient vu par où on pouvait passer, ce qu'on n'avait pas fait de tout ce voyage.

Notre Seigneur voulut qu'à la douzième heure de la nuit, ayant vu l'Amiral s'aller coucher et reposer, voyant que l'on avait calme plat et que la mer était comme l'eau dans une écuelle, tous se couchèrent pour

160. « L'île aux Rats. » (Navarrete.)

dormir, en sorte que le gouvernail fut laissé aux mains de ce garçon ; et les courants portèrent la nef sur un de ces bancs. Sur ceux-ci, les eaux mugissaient tant qu'on les entendait d'une grande lieue et, bien qu'il fît nuit, on les voyait.

La nef vint sur eux si doucement qu'on le perçut à peine. Le jeune homme, qui sentit le gouvernail ne plus obéir et qui entendit le bruit du ressac, poussa des cris, ce qu'entendant l'Amiral sortit, et si vite qu'aucun autre n'avait pu encore s'apercevoir qu'ils étaient échoués.

Le maître du navire, dont c'était le tour de garde, sortit ensuite. L'Amiral lui dit ainsi qu'aux autres de haler la barcasse qu'ils traînaient, d'y prendre une ancre et d'aller la jeter en poupe. Avec plusieurs marins, le maître sauta dans la barcasse et l'Amiral crut qu'ils faisaient ce qu'il leur avait ordonné. Ils n'en eurent cure, mais s'enfuirent vers la caravelle qui louvoyait à une demi-lieue de là. La caravelle ne les voulut point recevoir, en quoi elle fit bien, et pour cela ils revinrent à la nef. Mais ce fut la barque de la caravelle qui arriva la première.

Quand l'Amiral avait vu que ses gens fuyaient, que la marée baissait et que le navire donnait déjà de la bande, ne voyant pas d'autre remède, il avait ordonné d'abattre le grand mât et d'alléger la nef de tout ce qu'on pouvait pour tenter de la sortir de là. Mais comme les eaux baissaient toujours, on ne put y porter remède et la nef donna davantage de la bande en direction de la mer, bien qu'on fût presque au calme plat.

Alors s'ouvrirent les coutures [161], mais non pas la nef elle-même. L'Amiral se rendit à la caravelle pour y rassembler l'équipage de la nef et, comme il ventait déjà un petit vent de terre, qu'il avait encore devant

161. « Les coutures sont, en construction navale, l'intervalle entre deux bordages que les calfats remplissent d'étoupe pour empêcher l'eau de s'introduire dans le bâtiment. » (D'après le *Dictionnaire de marine* du vice-amiral Willaumez.)

lui une bonne partie de la nuit et qu'il ne savait jusqu'où s'étendaient les bancs, il mit en panne jusqu'au jour. Alors il gagna la nef par le récif. Il avait envoyé d'abord la barcasse à terre, avec Diego de Araña, de Cordoue, alguazil de l'armada, et Pedro Gutierrez, officier de la maison royale, pour avertir ce roi qui, le samedi, l'avait envoyé convier et prier de se rendre avec ses navires dans son port et qui avait sa ville à une lieue et demie en avant de ce banc. On dit que, dès qu'il fut informé, ce roi pleura et envoya tous les gens de sa ville sur beaucoup de très grands *canoas* pour décharger toute la nef. Et ainsi en fut-il : tout ce qui était sur les ponts fut déchargé en très peu de temps, si grande fut la diligence et la célérité que ce roi y apporta. Lui-même en personne avec ses frères et parents ordonnait l'activité, aussi bien sur la nef qu'en la garde de ce qu'on amenait à terre, afin que tout fût bien recueilli. De temps en temps, il envoyait un de ses parents tout en pleurs consoler l'Amiral, lui faisant dire de n'avoir ni peine ni ennui et qu'il lui donnerait tout ce qu'il avait. L'Amiral certifie aux Rois que nulle part en Castille on n'aurait eu un tel rassemblement de toutes choses où il ne manquât pas une aiguillette. Le roi ordonna de déposer le tout auprès des maisons pendant qu'on en déménageait quelques-unes qu'il voulait donner pour que l'on pût y entreposer tout. Il ordonna de placer autour des objets des hommes armés qui veillèrent toute la nuit.

« Lui et tout son peuple, dit l'Amiral, pleuraient, tant ils sont gens d'amour et sans cupidité, si habiles en toutes choses que j'assure à Vos Altesses que je ne crois pas qu'au monde il y ait meilleurs hommes, pas plus qu'il n'y a meilleures terres. Ils aiment leur prochain comme eux-mêmes, ont le langage le plus doux et le plus affable du monde et toujours le sourire. Ils vont nus, hommes et femmes, comme leur mère les enfanta. Mais Vos Altesses peuvent croire qu'ils ont entre eux de très bonnes mœurs et que le roi jouit d'un très merveilleux train et gouverne avec tant de retenue que c'est un plaisir de voir cela, et la mémoire qu'ils ont, leur volonté de tout voir, leurs questions : “ Qu'est cela, et pourquoi ? ” »

Tel est ce que dit ici l'Amiral.

Mercredi 26 décembre

Aujourd'hui, au lever du soleil, le roi de cette terre où l'on se trouvait vint à la caravelle *Niña* où était l'Amiral et lui dit, pleurant presque, de ne pas se chagriner, qu'il lui donnerait tout ce qu'il avait, qu'il avait déjà donné deux grandes maisons aux Chrétiens qui se trouvaient à terre, qu'il leur donnerait davantage si c'était nécessaire et autant de *canoas* qu'il en fallait pour charger et décharger la nef et ramener à terre autant d'hommes qu'il le désirerait, ainsi qu'il l'avait fait la veille sans qu'ils prissent une miette de pain ou quoi que ce soit, tant, dit l'Amiral, ils sont fidèles et sans convoitise des biens d'autrui. Et, sur tous, ce roi l'emportait en vertu.

Pendant qu'il parlait avec l'Amiral, d'un autre endroit, des Indiens arrivèrent en *canoa,* apportant quelques morceaux d'or qu'ils voulaient échanger contre un grelot. Car ils n'aimaient rien tant que les grelots. Le *canoa* n'avait pas encore abordé qu'ils appelaient et montraient les morceaux d'or, criant *chouq, chouq* pour signifier ces « grelots » dont ils étaient au point de devenir fous. Le roi et ses gens, ayant vu cela, une fois partis les *canoas* qui venaient d'autres lieux, appelèrent l'Amiral et le prièrent de leur faire réserver un grelot jusqu'au jour suivant où le roi lui apporterait quatre morceaux d'or grands comme la main. L'Amiral se réjouit d'entendre cela. Après quoi, un marin qui revenait de terre lui dit que c'était chose merveilleuse de voir les morceaux d'or que les Chrétiens qui avaient débarqué échangeaient pour presque rien ; que pour une aiguillette les Indiens donnaient des morceaux d'or qui valaient plus de deux castillans, et que ce n'était rien par rapport à ce qu'il en serait dans un mois. Le roi se réjouit aussi beaucoup de voir l'Amiral content et, comprenant qu'il désirait beaucoup d'or, lui dit par signes qu'il savait où il y en avait, tout près de là, en très grande quantité ; qu'il gardât le cœur tranquille et qu'il lui en donnerait autant qu'il en voudrait. De tout cela, l'Amiral dit qu'il l'assurait fortement, et spécialement qu'il y avait de l'or à Cipango qu'ils appellent Civao, et en si grande quantité qu'ils n'en font là aucun cas et qu'il le lui apporterait ici, bien qu'à vrai dire il y en eût aussi beaucoup dans cette île Hispaniola qu'ils appellent Bohio et en cette province de Caribata.

Le roi déjeuna sur la caravelle avec l'Amiral, puis il descendit avec lui à terre où il lui rendit honneur et lui donna collation de deux ou trois sortes d'*ajes*, de crevettes, de gibier et d'autres viandes qu'ils avaient, ainsi que de leur pain qu'ils appellent *cazavi* [162]. De là, il l'emmena voir des bosquets d'arbres verts proches de leurs maisons, et mille Indiens au moins, tous nus, allaient avec eux. Le seigneur portait déjà chemise et gants que l'Amiral lui avait donnés ; mais des gants il eut plus de joie que de toute autre chose qu'on lui donnât. A sa manière décente, élégante et propre de manger se voyait bien qu'il était de bon lignage. Après le repas où l'on s'attarda un bon moment à table, on apporta certaines herbes dont il se frotta longuement les mains. L'Amiral crut qu'il faisait cela pour les adoucir, mais on les lui donnait comme lave-mains. Donc, ayant achevé de dîner, il conduisit l'Amiral à la plage et celui-ci envoya chercher un arc turc et un carquois de flèches, puis il fit tirer par un homme de sa compagnie qui y était habile, et comme le seigneur ne se connaissait pas en armes parce qu'ils n'en ont ni n'en usent, cela lui parut une grande chose. Cependant, dit l'Amiral, le commencement de cette conversation porta sur ceux de Caniba

162. Cassave, ou autrement dit manioc.

qu'ils appellent Caribes [163] qui viennent les capturer et portent des arcs et des flèches, mais sans fer, car en toutes ces terres on ne connaît ni fer, ni acier, ni autre métal sauf l'or et le cuivre ; encore l'Amiral n'avait-il vu que très peu de cuivre. Par signes, l'Amiral indiqua à ce seigneur que les Rois de Castille ordonneraient de détruire les Caribes et qu'il les lui ferait amener tous, les mains liées. L'Amiral fit tirer la bombarde et l'espingard, et le seigneur, voyant l'effet de leur puissance et leur portée, resta émerveillé. Ses gens, quand ils entendirent les détonations, se jetèrent tous à terre.

Ils apportèrent à l'Amiral un grand masque qui avait de grands morceaux d'or aux oreilles, aux yeux et en d'autres endroits. Le roi le lui donna avec d'autres joyaux d'or qu'il mit lui-même sur la tête et au cou de l'Amiral. Il en donna aussi beaucoup aux autres Chrétiens qui étaient là.

L'Amiral eut grand-joie et consolation de tout cela qui calma son angoisse et sa peine de la perte de la nef. Il reconnut que Notre Seigneur avait fait échouer la nef afin qu'il s'établît là.

« Et à ce moment, dit-il, tant de choses vinrent en ma main qu'en vérité ce ne fut plus un désastre mais une heureuse fortune. Il est certain, en effet, que si je n'avais pas échoué, j'aurais pris le large sans mouiller en ce lieu placé au fond d'une grande baie [164] où se trouvent deux ou trois bas-fonds. Dans ce voyage, je n'aurais pas laissé de gens ici, et quand bien même je l'aurais voulu, je n'aurais pu les munir du nécessaire, d'assez de munitions, de subsistances, d'équipement pour une forteresse. Il est bien vrai pourtant que nombre d'hommes qui sont avec moi m'avaient prié et fait prier que je veuille bien leur accorder licence de rester ici. Maintenant, j'ai ordonné de faire une tour et une forteresse, avec grand soin, et un grand fossé. Non que je croie cela nécessaire à

163. Evidemment Caraïbes.
164. « Baie del Caracol [du limaçon]. » (Navarrete.)

l'égard de ces gens ; je tiens au contraire pour certain qu'avec les hommes que j'ai je subjuguerais toute cette île qui est, je crois, plus grande que le Portugal et a une population double [165], mais nue, désarmée, et d'une grande couardise sans remède. Toutefois, il est sage que cette tour soit faite et qu'elle soit comme doit être un fort, les possessions de Vos Altesses étant si éloignées et les Indiens devant connaître le génie de vos sujets et ce qu'ils peuvent faire, afin qu'avec amour et crainte ils vous obéissent.

Ainsi se préparent dès maintenant les planches dont on bâtira toute la forteresse, le ravitaillement en pain et en vin pour plus d'un an, et les graines pour semer, la chaloupe de la nef avec un calfat, un menuisier et un bombardier, un tonnelier et beaucoup d'autres hommes qui désirent vivement, pour le service de Vos Altesses et me faire plaisir, savoir où se trouve la mine d'où l'on tire l'or.

Tout cela est donc venu fort à propos pour que se fasse cet établissement. D'autant plus que, lorsque la nef échoua, cela se fit doucement et que presque personne ne le sentit, car il n'y eut ni vagues ni vent. »

L'Amiral dit tout cela et davantage pour montrer que ce fut une bonne fortune et un effet de la volonté de Dieu que la nef se soit échouée là, afin qu'il y laissât des hommes ; que s'il n'y avait pas eu trahison du maître et de ses gens — qui étaient tous, ou la plupart, de son pays — qui s'étaient refusés à jeter l'ancre en poupe pour retenir la nef, comme l'Amiral le leur ordonnait, celle-ci aurait été sauvée et dans ce cas on n'aurait jamais pu, dit-il, connaître cette terre comme il la connaît en ces jours et comme elle sera désormais connue par ceux qu'il entend y laisser. Il allait, en effet, toujours avec l'intention de découvrir et de ne s'arrêter nulle part plus d'un jour si ce n'était le

165. Sans trop s'arrêter à cette affirmation à priori de Colomb, on doit tout de même se souvenir que la population du Portugal était à cette époque extraordinairement réduite (voir Gilberto FREYRE, *Maîtres et esclaves,* p. 423, n. 17).

fait des vents, car la nef, dit-il, était lourde et peu convenable à la découverte. L'inconvénient de ce navire, dit-il, incombait à ceux de Palos qui ne s'étaient pas exécutés envers le Roi et la Reine de ce qu'ils avaient promis : donner des navires convenables pour cette entreprise [166], ce qu'ils ne firent pas. L'Amiral conclut en disant que, de tout ce qu'il y avait dans la nef, il ne se perdit pas une aiguillette, ni une planche, ni un clou parce qu'elle restait entière comme au départ, à cela près qu'il fallut l'ouvrir et la fendre pour en sortir tonneaux et pots, et toutes les marchandises qui furent mises à terre sous bonne garde comme il a été dit. Il ajoute qu'il espère en Dieu qu'au retour qu'il entend faire de Castille il retrouvera un tonneau d'or obtenu par échange par ceux qu'il va laisser, et qu'ils auront découvert la mine de l'or et les épices, et cela en telle quantité que les Rois puissent avant trois ans préparer et entreprendre d'aller conquérir la Sainte Maison [167].

---

166. On a reproché à Colomb le manque de générosité de ce reproche comme de ceux qui précèdent et sont faits à des marins de la nef ainsi qu'au maître, vraisemblablement Juan de La Cosa. Tout cela ressemble assez à de l'autojustification, même si ces reproches sont justifiés. Mais il faut situer ces propos. Malgré le titre d'Amiral, l'anoblissement et la découverte, le profit du voyage est jusqu'alors fort maigre. Colomb vient de perdre un bateau et un deuxième a déserté dont il ne sait s'il le retrouvera, où, et dans quelles conditions. Colomb est inquiet et il ne sait comment il sera accueilli. Il a été abreuvé de l'amertume des refus depuis de longues années et il semble pressentir les mécomptes que sa découverte va surtout lui rapporter. Les Rois Catholiques veulent de l'or. Depuis le début, Colomb bluffe et se trouve entraîné à le faire toujours davantage. En s'en prenant au bateau trop lourd fourni par la ville de Palos, indirectement c'est à l'investissement dérisoire des Rois qu'il s'en prend. Par ce reproche parfaitement justifié qu'il fait à sa nef perdue, il semble aussi manifester du regret de n'avoir pu suivre Pinzon qui a déserté vers Babèque parce que son bateau, meilleur voilier, a pu prendre de l'avance.

167. Cette curieuse expression de Sainte Maison est particulière aux juifs pour désigner Jérusalem ; aussi est-ce un des signes sur lesquels s'appuient ceux qui veulent voir en Colomb un *converso,* ou descendant de juifs émigrés.

« Ce fut ainsi, dit-il, que j'ai témoigné à Vos Altesses le désir de voir le bénéfice de ma présente entreprise consacré à la conquête de Jérusalem, ce dont Vos Altesses rirent, disant que cela leur agréait, et que même sans ce bénéfice c'était là leur désir [168]. »

Telles sont les paroles de l'Amiral.

Jeudi 27 décembre

Au lever du soleil, le roi de cette terre vint à la caravelle et dit à l'Amiral qu'il avait envoyé chercher de l'or, qu'il voulait l'en couvrir tout entier avant qu'il s'en aille et qu'il le priait de ne pas s'en aller avant. L'Amiral déjeuna avec le roi, son frère et un autre de ses parents très proches. Ces deux derniers lui dirent qu'ils voulaient aller en Castille avec lui.

A ce moment, on vint annoncer que la caravelle *Pinta* était dans un fleuve à l'extrémité de cette île. Aussitôt, le cacique y dépêcha un *canoa,* car il aimait tant l'Amiral que c'était merveille, et celui-ci fit embarquer un matelot à son bord. Déjà l'Amiral entendait se préparer avec toute la promptitude possible pour le retour en Castille.

Vendredi 28 décembre

Afin d'apporter ordre et diligence à l'achèvement de la construction de la forteresse et de régler le gouvernement des gens qui devaient y rester, l'Amiral

168. C'est ici la première manifestation de ce projet de Colomb d'utiliser le bénéfice de ses découvertes à la reconquête de Jérusalem. Placée dans le *Journal* destiné aux Rois, cette note ne peut pas ne pas être authentique. De même l'authentifie le caractère de la réponse des Rois. Il est très éloquent de trouver ce rappel au terme d'une journée dont tous les propos ont visiblement pour but d'amoindrir l'importance de la perte de la caravelle, et cela avec parfois des arguments fort peu convaincants.

descendit à terre. Il lui sembla qu'alors qu'il était dans sa chaloupe le roi l'avait vu et que, feignant de ne pas le voir, il était entré brusquement chez lui, d'où il envoya un de ses frères qui reçut l'Amiral et le conduisit à l'une des maisons qu'il avait cédées à ses hommes. C'était la plus grande et la meilleure de cette ville. A l'intérieur, on avait préparé des nattes de membrane de palmier sur lesquelles il fit asseoir l'Amiral. Ensuite, le frère envoya un de ses écuyers prévenir le roi que l'Amiral était là, comme si celui-là n'avait rien su de sa venue. L'Amiral crut qu'en réalité le roi feignait pour agir beaucoup plus cérémonieusement. Dès que l'écuyer lui eut parlé, le cacique accourut vers l'Amiral et lui mit au cou une grande plaque d'or qu'il tenait à la main. Il resta là avec lui jusqu'au soir, délibérant sur ce qu'il y avait à faire.

Samedi 29 décembre

Au lever du soleil vint à la caravelle un neveu du roi, très jeune, de bon entendement et fort gaillard, à ce que dit l'Amiral. Comme ce dernier s'évertuait toujours à savoir où l'on recueillait l'or, il le demandait à chacun, car déjà il commençait à entendre un peu par signes. Ainsi, ce jeune homme lui dit donc qu'à quatre journées de là il y avait, à l'est, une île que l'on appelait Guarionex et d'autres appelées Macorix, Mayonic, Fuma, Cibao et Coroay [169] qui renfermaient infiniment d'or. L'Amiral écrivit ces noms. Un frère du roi, ayant su que cela lui avait été dit, réprimanda le jeune homme, à ce que l'Amiral comprit. D'autres fois déjà, l'Amiral avait cru saisir que le roi manœuvrait pour qu'il ne sût pas où naissait et se recueillait l'or, afin qu'il n'allât pas l'échanger ou l'acheter ailleurs. Mais il y en a tant, en tant

169. « Ce n'étaient pas des îles, mais des provinces de l'île Hispaniola. » (Las Casas), sauf toutefois pour Guarionex qui était un cacique.

d'endroits, et dans cette île Hispaniola elle-même, que c'est merveille, dit l'Amiral.

Il faisait déjà nuit lorsque le roi lui envoya un grand masque d'or et lui fit demander un bassin lave-mains avec son aiguière. L'Amiral crut que le roi les lui demandait pour en faire fabriquer de semblables et, ainsi, il les lui envoya.

Dimanche 30 décembre

L'Amiral alla déjeuner à terre. Il y arriva au moment où cinq rois tributaires de celui du lieu qui s'appelle Guacanaguari se présentaient devant lui, tous portant leurs couronnes et tels qu'il convient à leur condition. L'Amiral dit aux rois que Leurs Altesses auraient eu du plaisir à voir leurs manières. Lorsque l'Amiral mit pied à terre, le roi vint le recevoir, lui donna le bras jusqu'à la maison où il était déjà allé la veille. Il y avait là des nattes et des sièges, et l'Amiral prit place. Le roi ôta alors sa couronne et la mit sur la tête de l'Amiral, qui détacha de son cou un collier de belle cornaline aux très jolis grains de très gracieuses couleurs, très bien de n'importe quel point de vue qu'on l'eût regardé, et le passa à celui de ce roi. Il se dépouilla en même temps d'un manteau d'écarlate fine qu'il avait mis ce jour-là et il l'en revêtit. Il envoya aussi chercher des brodequins de couleur qu'il lui fit chausser, et il lui passa au doigt un gros anneau d'argent parce qu'on lui avait dit que le roi avait fait beaucoup pour obtenir une bague d'argent qu'il avait vue à un marin. Le roi fut très joyeux et content de cela, et deux de ces rois qui l'accompagnaient s'approchèrent du lieu où il était avec l'Amiral et chacun d'eux remit à celui-ci deux grandes plaques d'or, chacun la sienne.

A ce moment, un Indien arriva qui disait avoir laissé deux jours auparavant la caravelle *Pinta* dans un port à l'est.

L'Amiral retourna à la caravelle, dont le capitaine Vicente Anes [170] lui assura qu'il avait vu de la rhubarbe, qu'il s'en trouvait dans l'île Amie qui est à l'entrée de la mer de Saint-Thomas, à six lieues de là, et qu'il en avait reconnu les feuilles et les racines. On dit que la rhubarbe pousse hors de terre quelques petites branches portant des fruits semblables à des mûres vertes et presque sèches, que la petite tige qui confine à la racine donne un jaune aussi beau et aussi fin que la meilleure couleur qu'on puisse trouver pour peindre, et que la racine qui est sous terre ressemble à une grosse poire [171].

Lundi 31 décembre

Ce jour, il pourvut à l'approvisionnement en eau et en bois, en vue du retour en Espagne, pour y donner prompte nouvelle aux Rois afin qu'ils envoient des navires pour découvrir ce qui reste à découvrir. Car déjà l'affaire paraît si grande et d'une telle importance que c'est merveille, dit l'Amiral, et il ajoute qu'il n'aurait pas voulu partir avant d'avoir vu toute cette terre qui s'étend vers l'est et l'avoir parcourue toute par sa côte pour connaître, continue-t-il, la distance qui la sépare de la Castille, afin d'y amener du bétail et d'autres choses. Mais comme il n'était resté qu'avec un seul navire, il ne lui semblait pas raisonnable de s'exposer aux périls qui pourraient advenir des découvertes. Et il se plaint que tout ce mal et cet inconvénient soit provenu de la désertion de la *Pinta*.

170. Il faut lire Vicente Yañez. Il s'agit du frère de Martin Alonso Pinzon qui commandait la *Niña*.

171. « Cette description de la rhubarbe n'est point exacte ; d'ailleurs, Colomb n'avait aucune occasion de voir la rhubarbe en Amérique, puisqu'elle ne croît que dans la haute Asie. » (Cuvier.)

Mardi 1er janvier 1493

A minuit, il dépêcha la chaloupe à l'îlot l'Amie pour y chercher de la rhubarbe. A l'heure de vêpres, elle en revint avec un plein panier ; ils n'en rapportèrent pas davantage parce qu'ils n'avaient pas de bêche pour la déterrer. L'Amiral prit toujours cela pour le montrer aux Rois.

Le roi de cette terre, dit-il, avait envoyé nombre de *canoas* chercher de l'or.

Le marin et le *canoa* qui étaient allés à la recherche de la *Pinta* revinrent sans l'avoir trouvée. Ce marin dit qu'à vingt lieues de là il avait vu un roi qui portait sur la tête deux grandes plaques d'or, et qu'il les ôta dès que les Indiens du *canoa* lui eurent parlé. Il vit aussi beaucoup d'or à d'autres personnes. L'Amiral crut que le roi Guacanaguari avait défendu à tous de vendre de l'or aux Chrétiens afin que tout passât par ses mains. Mais, comme il l'a dit avant-hier, l'Amiral avait appris en quels lieux on en trouvait en telle quantité qu'on n'y attachait aucun prix. De même en ce qui concerne leurs épices qui, comme dit l'Amiral, sont abondantes et valent plus que le poivre et la cannelle. Il recommanda à ceux qu'il avait dessein de laisser de s'en procurer autant qu'ils le pourraient.

Mercredi 2 janvier

Au matin, il se rendit à terre pour prendre congé du roi Guacanagari puis s'en aller, au nom du Seigneur. Il donna au roi une de ses chemises et lui montra la force et l'effet des bombardes. Pour cela, il ordonna d'en charger une et de tirer sur le flanc du navire échoué. Cela fut fait à propos d'une conversation sur les Caraïbes avec lesquels ceux d'ici sont en guerre. Le roi vit jusqu'où portait la bombarde, et comment sa pierre traversa le flanc de la nef et se perdit très loin dans la mer. L'Amiral fit aussi exécuter aux gens de son armada une manœuvre d'escarmouche, disant au cacique de ne pas craindre les Caribes quand bien même ils viendraient. Tout cela fut fait, dit l'Amiral, afin que le roi eût en amitié les Chrétiens qu'il laissait et pour lui inspirer qu'il devait les craindre. L'Amiral emmena le cacique et ceux qui étaient avec lui déjeuner à la maison qui lui avait été donnée à résidence. L'Amiral leur présenta avec grand-recommandation Diego de Araña [172], Pedro Gutiérrez et Rodrigo Escovedo, qu'il laissait conjointement comme ses lieutenants auprès des gens qui restaient afin que tout fût bien administré et gouverné pour le service de Dieu et de Leurs Altesses.

Le cacique montra beaucoup d'affection pour l'Amiral et grand-peine de son départ, surtout quand il le vit aller s'embarquer. Un proche de ce roi confia à l'Amiral que Guacanagari faisait faire une statue d'or pur aussi grande que l'Amiral lui-même, et que d'ici à dix jours on l'apporterait.

L'Amiral s'embarqua dans l'intention de partir aussitôt, mais le vent ne le lui permit pas.

Il laissa dans la forteresse de cette île Hispaniola, que les Indiens appelaient Bohio, trente-neuf hommes ainsi que plusieurs amis de ce roi Guacanagari et, pour les commander, comme ses lieutenants revêtus de tous les pouvoirs qu'il tenait des Rois, Diego de Araña, natif de Cordoue, Pedro Gutiérrez, officier de la chambre du Roi, écuyer du Grand Intendant, et Rodrigo de Escovedo, natif de Ségovie, neveu de Fra Rodrigo Pérez. Il leur laissa toutes les marchandises que les Rois avaient fait acheter pour les échanges, et qui étaient en quantité, afin qu'ils en fissent le troc contre de l'or. Il leur laissa également tout ce qui était dans la nef : du pain de biscuit pour un an, du vin, beaucoup d'artillerie, et la chaloupe de la nef afin — puisqu'ils étaient marins pour la plupart

172. Diego de Araña était le cousin de Beatriz Henriquez, maîtresse de Colomb et mère de Fernando Colon, second fils de l'Amiral.

— d'aller quand ils le croiraient convenable à la découverte de la mine d'or, pour qu'à son retour l'Amiral trouvât beaucoup d'or et un lieu où fonder une ville, car il ne trouvait pas ce port à son gré, d'autant plus que l'or qu'on y apportait venait de l'est et que plus on irait vers l'est, plus on se rapprocherait de l'Espagne. Il leur laissa aussi des graines pour les semailles, et ses hommes de métier, le notaire et l'alguazil. Parmi les premiers se trouvaient un charpentier de navires, un calfat, un habile bombardier, maître en tous arts, un tonnelier, un médecin et un tailleur. Et tous, dit l'Amiral, étaient hommes de mer.

Jeudi 3 janvier

L'Amiral ne partit pas aujourd'hui parce que, dit-il, de nuit, trois des Indiens qu'il emmenait des îles et qui étaient restés à terre, vinrent lui annoncer que les autres Indiens et leurs femmes viendraient au lever du soleil.

La mer fut quelque peu agitée et la chaloupe ne put aller à terre. Il décida donc de partir le lendemain à la grâce de Dieu.

Il dit que s'il avait eu avec lui la caravelle *Pinta,* il eût été certain d'emporter un tonneau d'or, parce qu'il se serait hasardé à courir les côtes de ces îles, ce qu'il n'osait faire étant seul, de crainte qu'il ne lui arrivât quelque malheur qui empêchât son retour en Castille et l'annonce qu'il devait faire aux Rois de la nouvelle de tout ce qu'il avait découvert.

S'il avait été certain que la caravelle *Pinta* arrivât heureusement en Espagne avec ce Martin Alonso Pinzon, il n'aurait pas laissé de faire ce qu'il désirait, dit-il ; mais comme il ne savait rien de lui, et que, s'il était arrivé, il eût pu mensongèrement informer les Rois afin qu'ils ne lui infligeassent pas la peine qu'il méritait pour avoir si mal agi que de s'en être allé sans permission et d'avoir ainsi empêché que l'on reconnaisse et tire tout le profit possible de cette entreprise, l'Amiral dit qu'il se confiait en Notre Seigneur pour lui accorder beau temps et qu'il soit ainsi remédié à tout.

Vendredi 4 janvier

Au lever du soleil, il leva l'ancre sous peu de vent, la barque allant en avant pour guider sa sortie d'entre les récifs sur le chemin du nord-ouest, par une passe plus large que celle qu'il avait empruntée pour entrer et qui, comme les autres, est très bonne pour se rendre devant la ville de la Nativité [173]. Par toute cette passe, le plus haut fond qu'il trouva fut de trois brasses, mais certains en avaient jusqu'à neuf. Ces deux passes vont du nord-ouest au sud-est sur toute l'étendue de ces grands récifs qui vont du cap Saint jusqu'au cap du Serpent, soit plus de six lieues, s'avancent trois bonnes lieues en pleine mer et trois autres lieues au-delà du cap Saint. A une lieue en avant de ce cap, il n'y a pas plus de huit brasses de fond, et au-delà dudit cap, à l'est, il y a beaucoup de bas-fonds et des passes pour y entrer [174]. Toute cette côte court du nord-ouest au sud-est, et ce n'est qu'une plage. La région est très plate jusqu'à quatre bonnes lieues à l'intérieur des terres. Plus loin, il y a de très hautes montagnes, et tout le pays est couvert de grands villages peuplés de bonnes gens, à en juger par leur conduite envers les Chrétiens.

Il navigua ainsi vers l'est, en direction d'un mont très haut qui semble être une île mais ne l'est pas, car il est dans le prolongement d'une terre très basse. Ce mont a la forme d'une très belle tente militaire. L'Amiral lui donna le nom de mont du Christ. Il se trouve exactement à dix-huit lieues [175] à l'est du cap

173. « Colomb donna le nom de ville de la Nativité au fort et à l'établissement formé en cet endroit parce qu'il y arriva le jour de Noël, ainsi qu'on l'a dit ci-dessus. » (Las Casas.)

174. « Port de Guarico, ou ville du Cap. » (Navarrete.)

175. « Il est au N. 80° E. à la distance de dix lieues. » (Navarrete.)

Saint. Parce que le vent était ce jour-là très faible, il ne put approcher le mont du Christ à plus de six lieues. Il trouva quatre très bas îlots de sable avec un récif qui s'avance beaucoup au nord-ouest et très loin au sud-est. Au-delà, il y a un grand golfe qui va dudit mont jusqu'à vingt lieues au sud-est [176] et doit avoir partout peu de fond et nombre de bancs. Sur toute sa côte se jettent plusieurs fleuves non navigables, quoique ce marin que l'Amiral avait envoyé avec le *canoa* rechercher des nouvelles de la *Pinta* affirmât qu'il avait vu un fleuve [177] dans lequel auraient pu entrer des navires.

L'Amiral mouilla à six lieues du mont du Christ, par dix-neuf brasses de fond, après s'être avancé en mer pour s'éloigner de plusieurs bas-fonds et récifs qui se trouvaient par là. C'est à cet endroit qu'il passa la nuit.

L'Amiral donna avis à ceux qui devront aller à la ville de la Nativité de reconnaître d'abord le mont du Christ, de se situer en mer à deux lieues de lui, etc. [178] ; mais, puisque déjà on connaît cette terre, on n'en dira rien de plus ici.

Il conclut que Cipango est dans cette île et qu'on y trouve beaucoup d'or, d'épices, de gomme de lentisque et de rhubarbe.

Samedi 5 janvier

Quand le soleil fut au point de paraître, il mit à la voile par vent de terre qui bientôt tourna à l'est. Il

176. « La baie de Mancenille (Manzanillo) ; elle est en réalité à trois lieues au sud-ouest. » (Navarrete.)

177. « Le fleuve Tapion dans la baie de Mancenille. » (Navarrete.)

178. Colomb donne ici des indications particulièrement précises, car la vie d'une quarantaine d'hommes peut dépendre de la connaissance de ce chemin. Le "etc." et la fin de la phrase sont évidemment de Las Casas, la précision n'ayant plus d'utilité au moment où il écrit.

vit que, sur le côté sud-sud-est du mont du Christ, entre ce mont et un îlot, il semblait y avoir un bon port où mouiller cette nuit. Il prit le chemin de l'est-sud-est, puis celui du sud-sud-est jusqu'à six bonnes lieues du mont. Les six lieues parcourues, il trouva dix-sept brasses d'eau sur un fond très net, puis il alla ainsi trois lieues avec le même fond. Ensuite, celui-ci ne fut plus que de douze brasses jusqu'à l'avancée du mont. A une lieue de ce point, il n'y en avait plus que neuf, toujours net, tout de sable fin. Il suivit donc ce chemin jusqu'à pénétrer entre le mont et l'îlot [179], où il trouva trois brasses et demie de fond à marée basse et un très remarquable port où il mouilla.

Avec la barque, il se rendit à l'îlot où il trouva du feu et l'indice que des pêcheurs étaient venus. Là, il vit aussi des pierres de couleur, ou une carrière de pierres d'un très beau travail naturel, propres, dit-il, à la construction d'églises ou d'autres édifices royaux, de même que celles qu'il trouva dans la petite île de San Salvador. Il trouva aussi sur cet îlot de nombreux pieds de lentisque.

Ce mont du Christ, dit-il, est très beau, haut et praticable, d'une très gracieuse silhouette [180] ; la terre alentour, basse, est une jolie campagne, et le mont s'élève de telle sorte qu'en le voyant de loin il semble une île, aucunement reliée à la terre. Après ledit mont, à vingt-quatre milles à l'est, l'Amiral vit un cap qu'il appela cap du Veau [181]. Entre ce cap et ledit mont s'étendait en mer deux bonnes lieues de récifs, entre lesquels il semble néanmoins qu'il y ait des passes permettant d'entrer, mais il conviendrait que cela se fît de jour et précédé d'une barque sondant au préalable. Depuis ledit mont jusqu'au cap du Veau à l'est, il y a quatre lieues toutes en plage et terres

179. « L'île de la Chèvre. » (Navarrete.)
180. « Il dit vrai car, du côté de la mer comme de celui de terre, elle ressemble à une meule de blé. » (Las Casas.)
181. « La pointe Rucia. » (Navarrete.)

très basses et belles. Au-delà, ce sont des terres très élevées et d'immenses montagnes, belles et cultivées. A l'intérieur des terres, une chaîne de montagnes s'étend du nord-est au sud-est [182], la plus belle qu'il eût vue, tant qu'on eût cru la Sierra de Cordoue. Très loin, on voit aussi d'autres montagnes très élevées, vers le sud et le sud-est, de grandes, vertes et très belles vallées et nombre de belles rivières pleines. Tout cela est si riant, dit l'Amiral, qu'il ne croit pas le majorer de la millième partie. Plus loin, à l'est dudit mont, il vit une terre qui paraissait un autre mont, pareil en grandeur et beauté à celui du Christ. Et jusque-là, au quart est du nord-est, la terre est moins élevée sur quelques cent milles ou peu s'en faut.

Dimanche 6 janvier

Ce port est à l'abri de tous les vents, excepté de ceux du nord et du nord-est qui, dit-il, sont peu fréquents en ces terres, et dont on peut d'ailleurs se garantir derrière l'îlot où il y a de trois à quatre brasses de fond. Au lever du soleil, il mit à la voile pour suivre la côte qui court toute à l'est, et où il ne faut donc que veiller aux nombreux récifs de pierre et de sable. Il est vrai qu'il y a bonnes passes pour entrer dans de bons ports qui sont au-delà.

Après midi souffla un fort vent d'est et l'Amiral fit monter un marin au sommet du grand mât pour observer les bas-fonds. Celui-ci vit la caravelle *Pinta,* courant vent d'est en poupe, qui arrivait vers l'Amiral. Comme du fait des récifs il n'y avait pas là de mouillage, l'Amiral retourna au mont du Christ, rétrogradant de dix lieues, et la *Pinta* le suivit.

Martin Alonso vint à bord de la caravelle *Niña* où était l'Amiral et s'excusa, disant qu'il s'était séparé de

182. « Il est probable ou que l'Amiral s'est trompé, ou que Las Casas a mal copié. Cette chaîne de montagnes, dite de Monte Christi, va du nord-nord-ouest à l'est-sud-est. » (Chalumeau de Verneuil, premier traducteur français de Colomb.)

lui contre sa volonté, et il en donna les raisons. Mais l'Amiral dit qu'elles étaient toutes mauvaises, que c'était la superbe et la cupidité qui l'avaient fait s'écarter de lui cette nuit-là et qu'il ne savait (c'est ce que dit l'Amiral) d'où lui étaient venus ses emportements et la malhonnêteté dont il avait usé avec lui en ce voyage. Cependant, l'Amiral voulut bien dissimuler afin de ne pas donner prise aux maléfices de Satan, qui désirait empêcher le voyage ainsi qu'il l'avait fait jusqu'ici [183]. Mais l'Amiral apprit que l'un des Indiens qu'il avait confié avec d'autres à Pinzon, et qui allaient sur sa caravelle, avait dit à celui-ci qu'en une île nommée Banèque il y avait beaucoup d'or, et que Pinzon, qui avait un navire rapide et léger, voulut s'éloigner et s'y rendre seul, abandonnant l'Amiral qui voulait, lui, s'arrêter et côtoyer la Juana et l'Hispaniola puisque toutes deux étaient sur le chemin de l'Est [184]. Quand Martin Alonso fut arrivé à l'île de Banèque, il n'y trouva pas d'or et il vint à la côte de l'Hispaniola sur l'indication d'autres Indiens qui lui dirent qu'il y en avait dans cette île qu'ils appellent Bohio, en grande quantité et en beaucoup de mines. Et ce fut ainsi qu'il arriva à quelque quinze lieues de la ville de la Nativité, il y avait alors plus de vingt jours. Il ressort de cela que les nouvelles données par les Indiens étaient vraies, au su desquelles le roi Guacanaguari avait envoyé un *canoa* et l'Amiral un marin.

---

183. Contrairement à de nombreux récits, tous de beaucoup ultérieurs, il ressort nettement de ce passage qu'il n'y eut aucune dispute violente entre Pinzon et Colomb au moment de cette rencontre. Colomb en donne le pourquoi, et sa retenue publique explique sa rage écrite.

184. Colomb est ici pris en flagrant délit de mensonge, et de mensonge naïf, puisque c'est dans ce même *Journal* que plus haut, avant qu'il connaisse l'existence de l'Hispaniola/Haïti, il a manifesté son désir d'aller de Cuba à Banèque, et que nous savons que les vents seuls l'ont empêché de l'atteindre. Ce flagrant délit de mauvaise foi éclaire un aspect puéril du caractère de Colomb : il se persuade lui-même de ce qu'il veut qui soit. Nous trouverons d'autres exemples de ce travers de caractère.

Mais la caravelle était déjà partie quand le *canoa* était arrivé. L'Amiral dit ici que ceux de la caravelle obtinrent beaucoup d'or par troc, que pour un bout d'aiguillette on leur donnait de bons morceaux d'or de la taille de deux doigts et parfois de la main. Martin Alonso en gardait la moitié et l'équipage se partageait l'autre moitié. L'Amiral ajoute, s'adressant aux Rois :

« Ainsi dois-je reconnaître, Seigneurs Princes, que miraculeusement Notre Seigneur a voulu que la nef échouât ici, parce que c'est le meilleur endroit de toute l'île pour fonder un établissement et le plus près des mines d'or. »

Il dit aussi avoir appris que derrière l'île Juana, vers le sud, il y avait une autre grande île [185] où l'on trouvait énormément plus d'or que dans celle-ci, à un tel point qu'on y ramassait des morceaux plus gros que des fèves, tandis que dans l'île Hispaniola les morceaux d'or des mines n'étaient pas plus gros que des grains de blé [186]. On nommait cette île Yamaye, dit-il [187]. Et l'Amiral ajoute avoir appris que là, vers l'est, il y avait une île habitée seulement par des femmes, ce que, dit-il, beaucoup de personnes savaient. Cette île Hispaniola et l'autre île Yamaye ne sont qu'à dix journées de *canoa* de la terre ferme, ce qui peut faire soixante à soixante-dix lieues, et là les gens sont vêtus [188].

---

185. « Il dit vrai, mais c'est la terre ferme. » (Las Casas.) « Ce ne peut être que l'île de la Jamaïque. » (Navarrete.)

186. « On trouva dans l'île Hispaniola des morceaux d'or grands comme un gros pain d'Alcada ou comme un plus gros encore de Valladolid; j'en ai vu plusieurs de cette grosseur et un grand nombre d'une, de deux, de trois livres et même de huit. » (Las Casas.)

187. La Jamaïque. On voit ici que c'est la consonance du nom indien qui amènera Colomb à baptiser plus tard cette île Jamaïque de Jaime, Jacques (saint Jacques). Ce serait là un des plus clairs catalanismes de Colomb, pour Luis Ulloa, le théoricien de « Colomb catalan », qui voit là un hommage politique à Jaime Ier, roi de Catalogne et d'Aragon.

188. Enfin un renseignement important et parfaitement exact, mais dont Colomb ne tirera pas tout le profit possible.

Lundi 7 janvier

Ce jour-là, il fit vider l'eau que faisait la caravelle et la fit calfater. Les marins allèrent à terre couper du bois et il dit qu'ils trouvèrent beaucoup de lentisques et d'aloès.

Mardi 8 janvier

Du fait de violents vents d'est et de sud-est, il ne put partir ce jour et il en profita pour faire pourvoir la caravelle d'eau, de bois et de tout ce qui était nécessaire au voyage. Et cela à l'encontre de son dessein de longer toute la côte de cette Hispaniola autant qu'il le pourrait en suivant son chemin. Mais parce qu'étaient frères ceux qu'il avait placés sur les caravelles en qualité de capitaines, à savoir Martin Alonso Pinzon et Vicente Anes, et qu'avec d'autres qui les suivaient ils estimaient en leur superbe et en leur cupidité que tout était déjà leur, qu'oubliant l'honneur que l'Amiral leur avait fait et donné ils n'avaient jamais obéi et n'obéissaient pas à ses ordres, mais au contraire faisaient et disaient contre lui des choses inadmissibles, et qu'enfin Martin Alonso l'avait abandonné du 21 novembre jusqu'au 6 janvier, sans cause ni raison, par simple désobéissance, toutes choses que l'Amiral avait souffertes et tues afin de mener à bonne fin ce voyage et ainsi sortir de si mauvaise compagnie avec laquelle il dit qu'il convenait de dissimuler, bien qu'ils fussent gens de désordre et quoi qu'il eût avec lui nombre d'hommes de bien, et parce qu'enfin ce n'était pas le temps de songer aux châtiments, il se détermina à revenir sans plus s'attarder et avec la plus grande rapidité possible.

Il entra dans la barque et se rendit au fleuve qui est près de là, à une grande lieue au sud-sud-ouest du mont du Christ, et où les marins faisaient de l'eau pour le navire. Il trouva, dit-il, à l'embouchure du fleuve qui est très large et profonde, que le sable était tout chargé d'or, à tel point que c'était merveille, bien que les grains en aient été menus [189]. L'Amiral croyait que, charrié par ce fleuve en son cours, l'or se fragmentait ; en effet, il dit que, dans un petit espace, il trouva nombre de grains aussi gros que des lentilles, mais les minuscules étaient innombrables. Comme la mer était haute et que l'eau salée se mêlait à l'eau douce, il ordonna de remonter le fleuve avec la barque sur une distance d'un jet de pierre. De la barque on remplit les barils et, en retournant à la caravelle, on trouva des parcelles d'or dans les cercles des tonneaux et dans ceux de la pipe. L'Amiral donna à ce fleuve le nom de fleuve de l'Or. Son lit est très profond, passée l'embouchure qui, elle, est basse et très large. Ce fleuve est à dix-sept lieues de la ville de la Nativité [190]. Il y a dans cet intervalle d'autres grands fleuves, et spécialement trois, dont il croyait qu'ils étaient plus grands [191] et charriaient beaucoup plus d'or que celuici, en dépit qu'il fût déjà presque aussi large que le Guadalquivir à Cordoue. Et, de ces fleuves aux mines d'or, il n'y a pas vingt lieues [192].

L'Amiral dit en outre qu'il ne voulut pas prendre de ce sable chargé de tant d'or parce que Leurs Altesses le tenaient déjà en leur possession, à la porte de leur ville de la Nativité, et qu'il devait revenir au plus vite leur apporter les nouvelles et se séparer de la mauvaise compagnie qui l'entourait, dont il avait toujours dit que c'étaient des gens de désordre.

---

189. « C'est le fleuve Yaqui ; il est très grand et roule beaucoup d'or. Il est possible que l'Amiral en ait trouvé alors, comme il dit ; mais je crois aussi que, comme il a beaucoup de marcassites, l'Amiral se sera trompé en prenant pour or tout ce qui reluisait. » (Las Casas.)

190. « La distance véritable est de huit lieues. » (Navarrete.)

191. « Le fleuve de l'Or est plus grand que tous ceux-là ; je le sais. » (Las Casas.)

192. « Il n'y a même pas quatre lieues de ces fleuves aux mines. » (Las Casas.)

A minuit, l'Amiral mit à la voile par vent du sud-est et navigua est-nord-est. Il arriva à une pointe qu'il nomma pointe Rouge [193], située exactement à l'est du mont du Christ et à soixante milles [194]. Abrité par elle, il mouilla dans la soirée, trois heures environ avant la nuit. Il n'osa pas sortir de là pendant la nuit parce qu'il y avait nombre de récifs qui, quand ils seraient reconnus, offriraient ensuite des avantages s'ils avaient, comme c'était probable, des passes menant à des bons mouillages profonds et à l'abri de tous les vents.

Les terres, depuis le mont du Christ jusque là où il mouilla, sont de belles campagnes élevées et planes, derrière lesquelles s'élèvent de superbes montagnes qui vont d'est en ouest et sont toutes cultivées et verdoyantes, arrosées de nombreuses rivières pleines, tant que c'est chose merveilleuse d'admirer leur beauté.

En toute cette contrée, il y a beaucoup de tortues. Au mont du Christ, les marins en prirent qui venaient frayer à terre. Elles étaient aussi grandes que des boucliers.

L'Amiral dit que la veille, alors qu'il allait au fleuve de l'Or, il vit trois sirènes qui sautèrent haut, hors de la mer. Mais elles n'étaient pas aussi belles qu'on les dépeint, et en aucune façon elles n'avaient forme humaine de visage [195]. Il ajoute que d'autres fois déjà il en avait vu quelques-unes en Guinée, sur la côte de Manegueta.

---

193. « Pointe Isabelique. » (Navarrete.)

194. « Il n'y a que dix lieues et demie, ce qui correspond à quarante-deux milles italiens, qui étaient ceux dont se servait Colomb. » (Navarrete.)

195. « C'étaient peut-être des manatis ou vaches marines que décrit Oviedo dans le chapitre 85 de son *Histoire naturelle des Indes*. » (Navarrete.) « Les lamantins ou manatis ne ressemblent à l'espèce humaine que parce qu'ils ont les mamelles sous la poitrine [...]. Il y en a effectivement sur la côte d'Afrique tout comme sur celle d'Amérique. » (Cuvier.)

Cette nuit, dit-il, sous l'invocation de Notre Seigneur, il reprendra son voyage sans plus s'attarder en quoi que ce soit, parce qu'il a trouvé ce qu'il cherchait et ne veut plus avoir d'ennuis de ce Martin Alonso jusqu'à ce que Leurs Altesses aient appris les nouvelles de son voyage et ce qu'il a fait.

« Et après, dit-il, je ne souffrirai plus l'injure de malveillantes gens de peu de vertu, qui prétendent insolemment imposer leur volonté contre celui qui leur donna tant d'honneur. »

Jeudi 10 janvier

Il partit d'où il avait mouillé et, au coucher du soleil, il arriva à un fleuve qu'il appela fleuve de Grâce [196] et qui est à trois lieues au sud-est. Il mouilla à l'embouchure, qui offre un bon port à l'est. En y entrant, on trouve un banc qui laisse un passage fort étroit et d'à peine deux brasses de fond. A l'intérieur, le port est bon, fermé, mais il est infesté de tarets [197] et la caravelle *Pinta* où allait Martin Alonso qui y était déjà venue en avait été fort maltraitée car, dit l'Amiral, elle était restée là seize jours pour les échanges au cours desquels Martin Alonso se procura beaucoup d'or, ce qui était ce qu'il désirait.

Ce dernier, quand il eut appris par les Indiens que l'Amiral était sur la côte de cette même île Hispaniola,

---

196. « Ce fleuve est celui que l'on nomme de Martin Alonso Pinzon, et qui se trouve à cinq lieues de Puerto de Plata. » (Las Casas.) « C'est la rivière Chuzona Chico, à trois lieues et demie de Puerto de Plata. » (Navarrete.)

197. « Petit insecte de mer qui a la tête garnie de deux fortes écailles ayant un tranchant opposé et à contresens ; il perce les bordages de la carène d'un bâtiment, s'y loge et y grossit. Le bâtiment qui n'est pas doublé en cuivre, surtout dans les colonies, est bientôt piqué des vers, au point d'obliger à changer plusieurs de ses bordages. » (Extrait du *Dictionnaire de la marine,* du vice-amiral Willaumez.) On retrouvera tragiquement cet insecte destructeur de navires dans les voyages suivants de Colomb.

alla vers lui parce qu'il ne pouvait l'éviter. L'Amiral dit que Martin Alonso voulait que tout l'équipage de son navire jurât qu'ils n'étaient restés que six jours en cet endroit. Mais, dit-il, la méchanceté de cet homme était si notoire qu'il ne pouvait la dissimuler. Il s'était fait une loi, ajoute l'Amiral, que la moitié de l'or échangé ou obtenu autrement serait pour lui. Quand il fut au point de quitter ces lieux, il prit par force quatre Indiens adultes et deux jeunes filles auxquels l'Amiral fit donner de quoi s'habiller et qu'il renvoya tous à terre afin qu'ils regagnassent leurs foyers [198].

« Ceci, dit-il, est du service de Vos Altesses, parce qu'hommes et femmes vous appartiennent tous, aussi bien ceux de cette île en particulier que ceux des autres. Toutefois, il est juste qu'ici, où Vos Altesses ont déjà un établissement, on traite les peuples honorablement et avec d'autant plus de bienveillance et de considération qu'en cette île il y a tant d'or, de bonnes terres et d'épices [199]. »

---

198. L'allusion aux jeunes filles fait deviner un problème qui sera destructeur des rapports des colonisateurs avec les indigènes, et dont le pudique Colomb ne parle jamais ouvertement : les rapports sexuels. S'il semble bien que les Indiens des Antilles jouissaient d'une assez grande liberté sexuelle, les tentatives des Européens de s'emparer des femmes vont bientôt être une des causes de massacres. De plus, les Espagnols du premier voyage vont ramener dans le Vieux Monde une maladie proprement américaine, mais qui semble y avoir été endémique, la syphilis, et qui va se répandre de façon si foudroyante en Europe qu'on y doutera de son origine, maintenant bien établie. Il se peut que Martin Alonso Pinzon ait été sa première ou une de ses premières victimes. Pour le puritain Colomb, la « lubricité » de ses lieutenants était une raison de plus d'hostilité.

199. Les accusations accumulées au long de ces jours contre les frères Pinzon, et en particulier contre Martin Alonso, manquent plutôt de précision et semblent surtout marquer une profonde rancœur, d'autant plus forte que refoulée, du supérieur théorique envers des gens qui ont le nombre et la force. Certains reproches sentent la mauvaise foi (cf. la note sur les tarets), mais par ailleurs il est exact que Colomb n'est pas un simple aventurier, chercheur d'or ; ses vues sont plus larges, et il a une politique coloniale à laquelle un Pinzon ne songe

A minuit, il sortit du fleuve de Grâce sous vent de terre. Il navigua quatre lieues à l'est jusqu'à un cap qu'il appela Beaupré. De là, au sud-est s'élève le mont qu'il appela mont d'Argent, dont il dit qu'il est à huit lieues [200]. A dix-huit lieues à l'est quart sud-est du cap Beaupré se trouve le cap qu'il appela de l'Ange. Entre ce cap et le mont d'Argent est un golfe [201], et là sont les meilleures et les plus belles terres du monde. Toute cette campagne est élevée et belle et elle s'étend très loin. Au-delà, il y a une sierra qui s'étend d'est en ouest, immense et magnifique. Au pied du mont est un excellent port [202] qui a quatorze brasses d'eau à son entrée. Le mont est très haut et beau, et tout le pays est fort peuplé. L'Amiral présumait qu'il y avait là de bons fleuves et beaucoup d'or. A quatre lieues à l'est quart sud-est du cap de l'Ange, il y a une pointe que l'Amiral appela pointe du Fer [203]. Quatre lieues plus avant, dans la même direction, est une autre pointe qu'il nomma pointe Sèche [204], puis encore six lieues plus loin est le cap qu'il appela cap Rond [205]. Au-delà, à l'est, se trouve le cap Français,

---

pas. Le manque d'information contradictoire ne doit donc pas amener à conclure, comme certains l'ont fait, que Pinzon était innocent de tous les reproches que lui a faits Colomb.

200. « Il appela cette montagne mont d'Argent parce qu'elle est très élevée et qu'à son sommet il y a toujours du brouillard qui la fait paraître blanche ou argentée. Le port qui se trouve à sa base a pris, de son nom, celui de port d'Argent (Puerto de Plata. » (Las Casas.)

201. « Rade et port de Saint-Jacques (Santiago). La distance du cap de l'Ange au mont d'Argent, qu'il dit être de dix-huit lieues, n'est que de six. « (Navarrete.)

202. « Le port d'Argent (Puerto de Plata). » (Navarrete.)

203. « Pointe Macuris. La distance dite de quatre lieues n'est que de trois. » (Navarrete.)

204. « Pointe Sesua, Seyva ou Sesera. La distance n'est que d'une lieue. » (Navarrete.)

205. « Cap de la Roca. Les six lieues doivent être réduites à cinq. » (Navarrete.)

puis, toujours à l'est, un grand promontoire [206], mais où il ne sembla pas à l'Amiral qu'il y eût un bon mouillage. De là à une lieue est le cap du Beau-Temps, puis à une grande lieue de celui-ci, au sud quart sud-est, il y a un cap que l'Amiral nomma cap Escarpé. Là, il vit au sud un autre cap encore qui lui sembla à quinze lieues. Il fit aujourd'hui un long chemin, car le vent et les courants lui étaient favorables. Il n'osa pas mouiller de crainte des bas-fonds, aussi resta-t-il en panne toute la nuit.

Samedi 12 janvier

Au quart de l'aube, il navigua vers l'est par vent frais et il alla ainsi jusqu'au jour. Dans ce temps, il franchit vingt milles, puis encore vingt-quatre dans les deux heures suivantes. De là, il vit la terre au sud et alla vers elle. Il en était à environ quarante-huit milles. Veillant, dit-il, à la sécurité du navire, il ne fit cette nuit qu'environ vingt-huit milles vers le nord-nord-est. Quand il vit la terre, ce fut un cap qu'il nomma cap du Père et du Fils, parce qu'en sa pointe est il est partagé en deux éperons rocheux, l'un plus grand que l'autre. Deux lieues au-delà, à l'est, il vit un large et superbe havre entre deux grandes montagnes, et il reconnut que c'était un immense port, bon et d'entrée très facile. Mais comme il était très bon matin, et pour ne pas s'attarder en chemin — car en ces parages les vents sont presque toujours d'est portant au nord-nord-ouest —, il ne voulut pas s'arrêter davantage. Il poursuivit donc vers l'est jusqu'à un cap très élevé et très beau, tout entier de rocs abrupts, qu'il nomma cap de l'Amoureux et qui était à trente-deux milles à l'est du susdit port qu'il avait nommé port Sacré [207]. En arrivant au cap de l'Amoureux, il en découvrit un autre à douze milles à l'est, beaucoup plus

206. « Baie Ecossaise (Bahia Escosesa). » (Navarrete.)
207. « Cap Cabron et port de Yaqueron. » (Navarrete.)

beau, encore plus élevé et plus rond, de roc lui aussi, semblable au cap Saint-Vincent au Portugal [208]. Parvenu à la hauteur du cap de l'Amoureux, il vit que s'ouvrait entre les deux promontoires une immense baie de trois lieues de large, au milieu de laquelle était un îlot minuscule [209]. Le fond était considérable de l'entrée jusqu'à la terre. Il mouilla là, par douze brasses de fond. Il envoya la chaloupe à terre faire de l'eau douce et voir si l'on pouvait prendre langue. Mais tous les habitants s'enfuirent. La raison de son mouillage était aussi de voir si cette terre ne faisait qu'une avec Hispaniola, et il supposait que ce qu'il avait dit être un golfe pouvait séparer une autre île. Il restait étonné de l'immensité de l'île Hispaniola.

Dimanche 13 janvier

Il ne quitta pas ce port, faute de vent de terre qui permît son départ. Il aurait voulu en sortir pour aller à un autre port meilleur, parce que celui-ci était assez découvert et qu'il voulait observer les effets de la conjonction de la Lune avec le Soleil qu'il attendait le 17 de ce mois, et l'opposition de la Lune avec Jupiter, sa conjonction avec Mercure et le Soleil en opposition à Jupiter [210], ce qui occasionne de grands vents.

Il envoya la chaloupe à terre, à une belle plage, afin qu'on cueillît des *ajes* pour les manger. Ses gens rencontrèrent des hommes armés d'arcs et de flèches, avec lesquels ils se mirent à parler et à qui ils achetèrent deux arcs et beaucoup de flèches. Ils prièrent l'un d'eux de venir à la caravelle parler à l'Amiral et il vint.

---

208. « Le cap Samana. » (Navarrete.)

209. « Baie de Samana et Caïes de Levantados. » (Navarrete.)

210. « Ce passage porte à croire que l'Amiral avait quelques connaissances en astronomie, quoiqu'il me paraisse que la position de ces planètes n'est pas bien indiquée, sans doute par la faute du copiste. » (Las Casas.)

L'Amiral dit qu'il était d'affreuse physionomie, plus que tout autre qu'ils eussent vu. Son visage était tout noirci de charbon, selon ce qu'en ces régions ils ont accoutumé de faire avec diverses couleurs. Il portait tous les cheveux très longs, ramassés, attachés en arrière et retenus en une sorte de résille de plumes de perroquet [211]. Par ailleurs, il était nu comme les autres.

L'Amiral pensa que ce devait être un de ces Caraïbes qui mangent les hommes [212], et que le golfe qu'il avait vu la veille divisait la terre et devait isoler une autre île. Il s'informa des Caraïbes, lui montrant à l'est, près de là, la terre qu'il avait vue la veille avant d'entrer dans cette baie, ainsi qu'il le dit. L'Indien lui répondit qu'il y avait là beaucoup d'or, et il lui montra la poupe de la caravelle qui était de bonne taille, indiquant qu'il y avait des morceaux d'or aussi grands. Il appelait l'or *tuob* et ne comprenait pas le mot *caona* qui le désigne dans la première partie de l'île [213], et pas davantage le mot *nozay* dont on le nomme à San Salvador et dans les autres îles. Dans Hispaniola, c'est le cuivre ou l'or impur que l'on appelle *tuob*.

De l'île de Martinino, cet Indien dit qu'elle était toute peuplée de femmes sans hommes [214], qu'on y trouvait beaucoup de *tuob*, c'est-à-dire de l'or ou du

---

211. « C'étaient probablement des Ciguayos, qui étaient tous dans l'habitude de porter ainsi leurs cheveux fort longs. » (Las Casas.)

212. « Ce n'étaient pas des Caraïbes, il n'y en a jamais eu dans l'île Hispaniola. » (Las Casas.)

213. « On appelait l'or *caona* dans la plus grande partie de l'île Hispaniola, mais on y parlait deux ou trois langues. » (Las Casas.)

214. Il y a encore une confusion linguistique de Colomb entre Martinino, qui sera la Martinique, et le mot espagnol matrimonio. L'Indien disait peut-être que leurs femmes enlevées par les Caraïbes étaient dans ces îles. Mais l'incompréhension elle-même est révélatrice. C'est Pierre d'Ailly qui rapporte cette légende d'île peuplée de femmes sans hommes dans l'*Imago Mundi*, nouvelle preuve que Colomb avait lu ce livre *avant* son premier voyage.

cuivre, et qu'elle est plus à l'est que *Carib*. Il dit aussi qu'il y avait beaucoup de *tuob* dans l'île de Goanin [215]. L'Amiral dit que nombre de personnes lui avaient en ces jours fait mention de ces îles. Dans celles où il était passé régnait la terreur des Caribes qu'en certaines îles on nommait Caniba, mais Caribes à Hispaniola, et il dit encore que ces Caribes devaient être gens très audacieux pour pénétrer dans toutes ces îles et manger ceux dont ils pouvaient s'emparer.

Il comprenait certains des mots de l'Indien, à l'aide desquels il saisissait maintes choses, mais ceux des îles qu'il emmenait avec lui en entendaient davantage, malgré la différence de leurs langues due à l'immensité de ces terres.

Il fit servir à manger à l'Indien, lui donna des morceaux de drap vert et rouge, des perles de verre dont ils raffolent, et il le renvoya à terre, lui disant de lui apporter de l'or s'il en avait, ce qu'il supposait à en juger par quelques bagatelles qu'il portait.

Quand la chaloupe toucha terre, il y avait derrière les arbres au moins cinquante-cinq hommes nus, les cheveux très longs, comme les portent les femmes en Castille. En arrière de la tête, ils portaient des panaches de plumes de perroquet et d'autres oiseaux, et chacun d'entre eux avait son arc.

L'Indien descendit à terre et leur fit déposer leurs arcs et flèches, ainsi qu'un bâton semblable à un [...] [216] très lourd qu'ils portent en place d'épée [217]. Ils s'approchèrent ensuite de la chaloupe. Les Chré-

215. « Ce Goanin n'était pas une île, d'après mon opinion, mais bien le nom d'un or d'un titre inférieur qui, au rapport des Indiens de l'île Hispaniola, avait une odeur pour laquelle ils l'estimaient beaucoup, odeur qu'ils nommaient *goanin*. » (Las Casas.) D'après Navarrete, c'est Puerto Rico que les Indiens appelaient Carib.

216. Lacune de l'original.

217. « Il est fait de bois de palmier qui est fort dur, en forme de petite pelle de fer dont on se sert pour faire frire les poissons ou les œufs ; ils ont quatre palmes de long, sont émoussés des deux côtés et appelés *macana* par les Indiens. » (Las Casas.)

tiens en sortirent et commencèrent à leur acheter les arcs, les flèches et les autres armes, car ainsi l'Amiral en avait-il ordonné. Après avoir vendu deux arcs, ils ne voulurent pas en céder davantage ; ils se disposèrent au contraire à attaquer et à s'emparer des Chrétiens. Ils allèrent en courant prendre leurs arcs et leurs flèches là où ils les avaient laissés et revinrent avec des cordes à la main, afin, dit l'Amiral, d'attacher les Chrétiens. Ceux-ci les virent courir sur eux, mais ils étaient sur leurs gardes, car toujours l'Amiral les prévenait. Ils tombèrent sur les Indiens, faisant à l'un d'eux une large estafilade sur les fesses, en blessant un autre à la poitrine d'un coup de flèche. Les Indiens virent qu'ils n'avaient rien à gagner, quoiqu'ils fussent plus de cinquante et les Chrétiens seulement sept. Ils se prirent à fuir sans qu'il en restât un seul, abandonnant l'un ici ses flèches, l'autre là les arcs. L'Amiral dit que les Chrétiens en auraient tué beaucoup si le pilote qu'ils avaient pour capitaine ne les en eut empêchés. Ils revinrent aussitôt à la caravelle sur leur chaloupe, et l'Amiral, informé, dit que d'un côté il en eut regret, mais que d'autre part, au contraire, il n'était pas mauvais que les Chrétiens fussent redoutés.

« Car, sans aucun doute, dit-il, les habitants de cette région sont malfaisants et probablement des Caribes, mangeurs d'hommes. Si certains des trente-neuf hommes qui sont restés à la forteresse de la ville de la Nativité venaient par ici avec leur barque, il est bon que l'on ait peur de leur faire du mal. Enfin, si ce ne sont pas des Caribes, au moins sont-ils leurs voisins, de mêmes coutumes et comme eux gens sans peur, tout différents de ceux des autres îles qui sont couards et sont désarmés hors de raison. »

L'Amiral dit tout cela et qu'il aurait voulu en capturer quelques-uns. Il ajoute qu'ils allumaient nombre de feux de fumée comme ont coutume de le faire ceux de cette île Hispaniola.

Il aurait voulu cette nuit envoyer à la recherche des maisons de ces Indiens pour en capturer quelques-uns, croyant que c'étaient des Caribes. Mais de violents vents d'est et de nord-est et les hautes vagues l'en empêchèrent.

Au jour, cependant, on vit de nombreux Indiens sur la côte. De ce fait, l'Amiral ordonna d'y aller avec la chaloupe montée par des gens bien armés. Tous les Indiens se pressèrent aussitôt à sa poupe, et spécialement celui qui le jour précédent était venu à la caravelle et à qui l'Amiral avait donné quelques objets de pacotille. Avec celui-ci, dit l'Amiral, venait un roi qui lui avait remis quelques-unes de leurs perles afin qu'il les distribuât aux hommes de la barque en signe de sûreté et de paix. Ce roi, avec trois des siens, entra dans la chaloupe et ils vinrent à la caravelle. L'Amiral leur fit servir à manger du biscuit et du miel, donna au roi un bonnet rouge, des perles de verre et un morceau de drap écarlate, et aux autres des pièces de la même étoffe. Le roi promit que, le lendemain, il apporterait un masque d'or. Et il assura qu'il y avait par ici beaucoup de ce métal ainsi qu'à Carib et à Martinino. L'Amiral les renvoya ensuite à terre fort contents.

L'amiral ajoute que les caravelles faisaient eau par la quille, abondamment, et il se plaint des calfateurs qui, à Palos, calfatèrent très mal et qui s'enfuirent quand ils virent que l'Amiral s'était aperçu du défaut de leur travail et voulut les contraindre à le recommencer. Mais, malgré toute cette eau que faisaient les caravelles, il se confiait en Notre Seigneur qui l'avait amené et qui, dans sa bonté et sa miséricorde, le ramènerait, car Sa Haute Majesté savait combien de contradiction il avait eu d'abord à subir avant d'obtenir qu'une expédition partît de Castille, et comment nul autre ne lui avait été favorable que Lui qui connaissait son cœur, et après Dieu Leurs Altesses —

tous les autres lui ayant été contraires, sans raison aucune. Et il ajoute ceci :

« Ils ont été cause que la Couronne Royale de Vos Altesses est privée, depuis mon arrivée pour vous servir — ce qui fera sept ans bientôt, au vingt janvier, ce même mois —, d'un surplus de rente de cent millions, plus ce dont il se serait accru d'alors à maintenant. Mais Dieu Tout-Puissant remédiera à tout. »

Telles sont ses paroles.

Mardi 15 janvier

L'Amiral dit qu'il veut partir parce qu'il ne gagne déjà plus rien à rester, en raison des troubles récents (il doit se référer à l'affaire avec les Indiens) [218]. Il dit aussi avoir appris aujourd'hui que le centre de l'or se trouve dans la région de la ville de la Nativité qui est à Leurs Altesses, et qu'en île de Carib il y a beaucoup de cuivre ainsi qu'en celle de Martinino. Mais on aura des difficultés à Carib, dit-il, parce que ces gens mangent de la chair humaine.

D'où il était, il apercevait cette île et il avait décidé de s'y rendre — d'autant plus qu'elle se trouvait sur son chemin —, d'aller aussi à celle de Martinino qu'il dit être peuplée toute de femmes sans hommes, de reconnaître l'une et l'autre et de capturer quelques-uns de leurs habitants.

Il envoya la chaloupe à terre. Le roi de cette contrée n'était pas venu parce que, dit l'Amiral, son village était éloigné, mais il envoya sa couronne d'or comme il l'avait promis, et beaucoup d'autres hommes vinrent, apportant du coton, du pain et des *ajes*, tous avec leurs arcs et leurs flèches. Après qu'ils eurent

218. Plus vraisemblablement, il s'agit de ses démêlés avec les Pinzon. La note dans le texte est, bien entendu, de Las Casas.

tout échangé, quatre garçons vinrent à la caravelle et ils parurent à l'Amiral rendre si bien compte de toutes ces îles qui étaient à l'est, sur le chemin même qu'il voulait suivre, qu'il résolut de les emmener avec lui en Castille.

Il dit que les Indiens de ce lieu n'avaient ni fer ni aucun autre métal connu, quoiqu'en peu de jours on ne puisse bien connaître une terre et, de par la difficulté de la langue qu'il n'entendait pas, sinon par conjecture, et parce que les habitants n'avaient pu savoir en si peu de jours ce qu'il attendait d'eux. Leurs arcs, dit-il, sont aussi grands que ceux de France et d'Angleterre ; leurs flèches sont semblables aux sagaies des autres Indiens qu'il a vus jusque-là : elles sont faites du rejet des bambous où se forme la semence, qui sont très droits et de la longueur d'une aune et demie ou de deux [219]. Ils mettent ensuite au bout un petit bâton très aigu et long d'une palme et demie, et certains fixent sur ce bâtonnet une dent de poisson. Mais la plupart y mettent de l'herbe. Ils ne tirent pas comme en les autres pays, mais d'une certaine manière qui ne leur permet guère d'offenser.

Il y avait là beaucoup de coton, très fin et très long ; beaucoup de lentisque, de l'or et du cuivre. Il lui sembla que les arcs étaient faits en bois d'if. Il y avait aussi beaucoup d'*ajes, aji* qui est leur poivre, et est bien meilleur que le nôtre. Nul ne mange sans cette épice qu'ils trouvent très saine. Dans cette île Hispaniola, on en pourrait charger cinquante caravelles par an.

L'Amiral dit qu'il reconnut dans la baie beaucoup de cette herbe qu'il trouva dans le golfe [220], alors qu'il venait à la découverte, ce qui lui faisait croire qu'il y avait des îles, droit à l'est du point où il avait

---

219. De quatre pieds et demi à six pieds de France, soit de 1,50 à 2 mètres.

220. Les sargasses. Colomb entend sans doute ici cette sorte de golfe géant que forment effectivement les Antilles et dont il s'exagérait l'avancée d'est en ouest, l'imaginant complétée par des îles qui n'existaient pas.

commencé à découvrir, parce qu'il tient pour certain que cette herbe pousse par peu de fond et près de terre. Il conclut que s'il en est ainsi, ces Indes sont très proches des îles Canaries, et cela le porta à croire qu'elles en étaient à moins de quatre cents lieues [221].

Mercredi 16 janvier

Il partit trois heures avant le jour, par vent de terre, du golfe qu'il appela le golfe des Flèches [222]. Puis, par vent d'ouest, il mit le cap à l'est quart nord-est pour aller, dit-il, à l'île de Carib où se trouvait le peuple dont toutes ces îles et terres avaient tant de crainte, parce qu'on disait qu'avec leurs innombrables *canoas* ils sillonnaient toutes ces mers et mangeaient les hommes dont ils pouvaient s'emparer. Le chemin, dit-il, lui en avait été indiqué par deux ou trois des quatre Indiens qu'il avait pris hier dans le port des Flèches. Après qu'il eut couru ce qu'il estima soixante-quatre milles, les Indiens lui signalèrent que ladite île devait être au sud-est [223]. Il voulut prendre ce chemin et ordonna de régler les voiles au vent ; mais, après avoir parcouru deux lieues, il eut un vent frais, très bon pour aller en Espagne. Il remarqua que ses gens commençaient à s'attrister de ce qu'on s'écartait du droit chemin, alors que les deux caravelles faisaient eau largement et qu'elles n'avaient plus d'autre remède que la grâce de Dieu. Il dut abandonner le chemin dont il croyait qu'il menait à l'île et reprit le cap nord-est quart est, droit sur l'Espagne.

---

221. Colomb parle ici évidemment des îles inexistantes qu'il se refusa à chercher en louvoyant le 19 septembre 1492 et les jours suivants, et dont les herbes flottantes lui semblaient la preuve de l'existence. Ces îles auraient été, suivant son système, l'extrême pointe des Indes.

222. « Je soupçonne que c'était le golfe de Samana, où le Yuna et le Camo, fleuves considérables de l'île Hispaniola, se jettent dans la mer. » (Las Casas.) « C'est la baie de Samana, où le fleuve Yuna a son embouchure. » (Navarrete.)

223. « Il était, dans cette situation, à trente lieues de Porto Rico. » (Navarrete.)

Il fit ainsi, jusqu'au coucher du soleil, quarante-huit milles qui font douze lieues. L'île de Martinino que les Indiens prétendent peuplée de femmes sans hommes devait, à leurs dires, se trouver sur cette route, ce que l'Amiral aurait bien voulu afin, dit-il, de ramener au moins cinq ou six d'entre elles. Mais il doutait que les Indiens en connussent bien le chemin et il ne pouvait s'attarder en raison du danger de cette eau que faisaient les caravelles. Cependant, il dit qu'il est certain de l'existence de ces femmes, et qu'à une certaine époque de l'année les hommes viennent à elles de ladite île de Carib qui est à dix ou douze lieues de là. Si elles accouchent d'un garçon, elles l'envoient à l'île des hommes, et si elles ont une fille, elles la gardent avec elles. L'Amiral dit que ces deux îles ne devaient pas être distantes de plus de quinze ou vingt lieues de l'endroit d'où il était parti et qu'il croyait qu'elles étaient au sud-est, et que les Indiens ne surent pas lui en indiquer le chemin.

Après avoir perdu de vue le cap de l'île Hispaniola, qu'il nomma San Theramo [224] et qu'il laissait à seize lieues à l'ouest, il fit douze lieues à l'est quart nord-est. Il avait un très beau temps.

Jeudi 17 janvier

Hier, au coucher du soleil, le vent tomba un peu. Jusqu'à la fin du premier quart, pendant quatorze ampoulettes qui sont chacune d'une demi-heure ou un peu moins, on alla quatre milles par heure, soit en tout vingt-huit milles. Puis le vent fraîchit et resta ainsi tout le second quart qui fut de dix ampoulettes, et ensuite de six autres jusqu'au lever du soleil, pen-

224. « Je crois certain que ce cap de San Theramo est celui que l'on nomme aujourd'hui cap de la Tromperie. » (Las Casas.) « Le cap de San Theramo doit être le cap Samana, situé à l'extrémité orientale de la presqu'île de ce nom, et qui, dans la direction que suivait l'Amiral, était celui qu'il laissait à l'ouest. » (Navarrete.)

dant lequel temps on fit huit milles par heure. Ainsi dut-on voguer en tout quatre-vingt-quatre milles qui font vingt et une lieues, au nord-est quart est. Jusqu'au coucher du soleil, on fit encore plus de quarante-quatre milles ou onze lieues à l'est.

Alors vint un albatros à la caravelle, puis un autre, et on vit beaucoup de cette herbe qui est par les mers.

Vendredi 18 janvier

Il navigua cette nuit par peu de vent à l'est quart sud-est, franchissant quarante milles qui font dix lieues ; puis jusqu'à l'aube, au sud-est quart est, trente milles qui font sept lieues et demie. Après le lever du soleil, il navigua tout le jour sous peu de vent, tantôt est-nord-est, tantôt nord-est ou est, changeant de cap, et ainsi, l'un dans l'autre, il estima avoir fait environ soixante milles qui font quinze lieues.

Sur la mer apparut un peu d'herbe, mais il dit qu'hier et aujourd'hui elle semblait surtout couverte de thons, et il pensa que de là ils allaient aux madragues du duc de Conil et de Cáliz [225]. Un poisson appelé frégate [226], qui tourna autour de la caravelle et prit ensuite la direction du sud-sud-est, fit croire à l'Amiral que, par là, il y avait quelques îles. C'est à l'est de l'île Hispaniola, dit-il, que se trouvait l'île de Carib, celle de Martinino et beaucoup d'autres.

Samedi 19 janvier

Il fit cette nuit cinquante-six milles au nord quart nord-est et soixante-quatre au nord-est quart nord. Après le lever du soleil, il navigua au nord-est sous

225. Il s'agit du duc de Medina-Sidonia, un de ses premiers protecteurs en Espagne.

226. *Rabiforcada.* Erreur manifeste de plume de Colomb ou de son copiste, car si l'on pouvait avoir le moindre doute sur le sens du mot, ce qui n'est pas, le sens de la phrase indiquerait encore qu'il s'agit d'un oiseau.

vent frais d'est-sud-est, puis quart nord, et alla environ quatre-vingt-quatre milles qui font vingt et une lieues. Il vit la mer couverte de petits thons. Des albatros passèrent, des paille-en-queue et des frégates.

Dimanche 20 janvier

Le vent tomba cette nuit, mais de temps à autre il souffla en rafales et l'Amiral fit en tout environ vingt milles au nord-est. Après le lever du soleil, il vogua onze milles au sud-est, puis au nord-nord-est trente-six milles qui font neuf lieues.

Il vit infiniment de petits thons.

L'air, dit-il, est très suave et doux comme d'avril ou mai à Séville, et la mer — qu'à Dieu grâces infinies en soient rendues — demeure étale.

Des frégates, des pétrels et nombre d'autres oiseaux passèrent.

Lundi 21 janvier

Hier, après le coucher du soleil, il navigua au nord quart nord-est sous vent d'est et de nord-est et fila huit milles par heure jusqu'à minuit, soit environ cinquante-six milles. Ensuite, il alla vers le nord-nord-est à raison de huit milles par heure, ce qui donnerait pour toute la nuit un parcours de cent quatre milles qui font vingt-six lieues au quart nord du nord-est. Après le lever du soleil, il navigua au nord-nord-est sous le même vent d'est et parfois au quart nord-est. Il fit, en les onze heures qu'avait le jour, quatre-vingt-huit milles qui font vingt et une lieues, déduction faite de celle qu'il perdit pour rejoindre la caravelle *Pinta* afin de conférer.

Il trouva l'air plus froid et pensa, dit-il, qu'il en serait ainsi chaque jour davantage plus il avancerait vers le nord, et aussi du fait des nuits plus longues en raison du rétrécissement de la sphère.

De nombreux paille-en-queue parurent, et des pétrels et d'autres oiseaux, mais beaucoup moins de poissons, dit-il, parce que l'eau était plus froide. Il vit beaucoup d'herbe.

Mardi 22 janvier

Hier, après le coucher du soleil, il navigua au nord-nord-est sous vent d'est, glissant parfois au sud-est. Il fila huit milles par heure pendant cinq ampoulettes, plus trois autres qui étaient passées avant que la veille ne commençât, ce qui fait huit ampoulettes pendant lesquelles ils firent donc soixante-douze milles ou dix-huit lieues. Puis il vogua au quart nord-est du nord pendant six ampoulettes qui font environ dix-huit autres milles. Puis, au second quart, passèrent quatre ampoulettes pendant lesquelles on cingla nord-est à six milles par heure, ce qui fait trois lieues au nord-est. Puis, jusqu'au lever du soleil, il vogua à l'est-nord-est pendant onze ampoulettes à six lieues par heure, ce qui fait sept lieues [227]. Puis, toujours à l'est-nord-est jusqu'à onze heures du jour, il fit trente-deux milles.

Alors le vent tomba et il n'y en eut plus de ce jour. Les Indiens nagèrent. On vit des paille-en-queue et beaucoup d'herbe.

Mercredi 23 janvier

Cette nuit, il y eut plusieurs sautes de vent. Ayant tout bien pesé et pris les mesures que les bons marins connaissent et doivent prendre en pareil pas, l'Amiral

227. « Il y a ici une erreur de calcul, car chaque ampoulettes durant une demi-heure, comme on l'a déjà dit, dans la supposition même que ce soit six milles par heure au lieu de six lieues, ce qui est une erreur palpable, il résulte que, dans les cinq heures et demie, l'armada a dû filer trente-trois milles qui, à quatre par lieue, comme les comptait Colomb, font huit lieues un quart et non sept. » (Navarrete.)

dit qu'on courut cette nuit, au nord-est quart nord, quatre-vingt-quatre milles qui font vingt et une lieues.

Il attendait souvent la *Pinta* qui allait mal à la bouline et s'aidait peu de l'artimon, car son mât n'était pas bon, et il dit que si son capitaine, qui était Martin Alonso Pinzon, avait mis autant de soin à se pourvoir d'un bon mât aux Indes, où il y en avait tant et si beaux, comme il en avait mis à se séparer de lui, pensant ainsi pouvoir remplir son navire d'or, il en aurait maintenant eu un solide.

On vit beaucoup de paille-en-queue et beaucoup d'herbe.

Le ciel fut très chargé ces jours-là, mais il ne plut pas et la mer resta toujours aussi étale qu'une rivière. Qu'à Dieu grâces infinies en soient rendues.

Après le lever du soleil, il vogua droit au nord-est toute une partie de la journée, filant trente milles qui font sept lieues et demie. Ensuite, il courut trente autres milles ou sept lieues et demie à l'est-nord-est.

Jeudi 24 janvier

Compte tenu des nombreuses sautes de vent, il fit en toute cette nuit quarante-quatre milles au nord-est qui font onze lieues. Du lever au coucher du soleil, il fit quatorze lieues à l'est-nord-est.

Vendredi 25 janvier

Il navigua à l'est-nord-est une partie de cette nuit, pendant treize ampoulettes, faisant neuf lieues et demie. Puis il courut au nord-nord-est six autres milles. Tout le jour, depuis l'aube, le vent étant tombé, il ne fit à l'est-nord-est pas plus de vingt-huit milles qui font sept lieues.

Les marins tuèrent une thonine et un énorme requin. L'Amiral dit qu'ils en avaient grand besoin parce qu'ils n'avaient plus pour se nourrir que du pain, du vin et des *ajes* des Indes.

Samedi 26 janvier

Cette nuit, il courut à l'est quart sud-est cinquante-six milles qui font quatorze lieues. Après le lever du soleil, il navigua tantôt à l'est-sud-est, tantôt au sud-est, faisant quarante milles jusqu'à la onzième heure du jour. Ensuite, il vira de bord, puis vogua à la ralingue[228], et jusqu'à la nuit il fit au nord vingt-quatre milles qui font six lieues.

Dimanche 27 janvier

Hier, après le coucher du soleil, il fila cinq milles par heure au nord-est, au nord et au nord quart nord-est, ce qui, en treize heures, fait soixante-cinq milles ou seize lieues et demie. Du lever du soleil jusqu'à midi, il fit vers le nord-est vingt-quatre milles qui font six lieues et, de midi au coucher du soleil, trois lieues vers l'est-nord-est.

Lundi 28 janvier

Toute cette nuit, il navigua est-nord-est et fit trente-six milles qui font neuf lieues. Du lever au coucher du soleil, il courut vingt milles à l'est-nord-est qui font cinq lieues.

L'air était égal et doux. Il vit des paille-en-queue, des pétrels et beaucoup d'herbe.

---

228. « *Andar a la relinga.* Aller à la ralingue, c'est, à ce qu'il paraît, bouliner pour gagner le vent ; autrefois, on disait aussi naviguer de bouline et d'orze. » (Navarrete.) « C'est orienter une voile de telle façon que sa ralingue (cordes cousues aux rebords extérieurs de droite et de gauche de la voile) latérale soit dans le lit du vent, c'est-à-dire dans le sens du vent. » (D'après le *Glossaire maritime* de A. Jal.)

Mardi 29 janvier

Il navigua est-nord-est et courut en la nuit, sous vents du sud et sud-est, trente-neuf milles qui font neuf lieues et demie. De tout le jour, il ne fit que huit lieues.

L'air était très doux, comme d'avril en Castille, la mer étale. Des poissons que l'on nomme dorades vinrent près du bord.

Mercredi 30 janvier

De toute cette nuit, il ne fit que sept lieues à l'est-nord-est. De jour, il courut treize lieues et demie au sud quart sud-est.

Il vit des paille-en-queue, beaucoup d'herbe et nombre de thonines.

Jeudi 31 janvier

Il navigua cette nuit au nord quart est, fit trente milles, puis trente-cinq au nord-est, qui font en tout seize lieues. Du lever du soleil à la nuit, il courut à l'est-nord-est treize lieues et demie.

On vit des paille-en-queue et des pétrels.

Vendredi 1er février

Il vogua cette nuit seize lieues et demie à l'est-nord-est. Le jour, il courut vingt-neuf lieues et un quart dans la même direction.

La mer était étale, grâces à Dieu.

Samedi 2 février

Il fit cette nuit, à l'est-nord-est, quarante mille qui font dix lieues. Le jour, par même vent en poupe, il fila sept milles par heure, en sorte qu'en onze heures il franchit soixante-dix-sept milles qui font dix-neuf lieues et un quart.

La mer était étale — que Dieu en soit loué — et l'air très doux.

Ils virent la mer si couverte d'herbe que si déjà ils ne l'avaient pas connue, ils eussent craint d'aller sur des bas-fonds.

On vit beaucoup de pétrels.

Dimanche 3 février

Voguant cette nuit, vent en poupe, par une mer très étale — que Dieu en soit loué — on fit vingt-neuf lieues.

L'étoile du Nord parut à l'Amiral aussi haute qu'au cap Saint-Vincent. Il ne put mesurer la latitude ni avec l'astrolabe ni avec le quadrant, car les vagues ne le lui permirent pas.

Pendant le jour, il poursuivit son chemin à l'est-nord-est à raison de dix milles par heure et fit ainsi en onze heures vingt-sept lieues.

Lundi 4 février

Cette nuit, il navigua à l'est quart nord-est, filant tantôt douze milles par heure, tantôt dix, et ainsi il courut cent trente milles qui font trente-deux lieues et demie.

Le ciel était très chargé et pluvieux, et il faisait assez froid. A quoi l'Amiral reconnut qu'il n'était pas arrivé aux îles des Açores. Après le lever du soleil, il changea de cap et alla vers l'est. Il fit en tout le jour soixante-dix-sept milles qui font dix-neuf lieues et un quart.

Mardi 5 février

Cette nuit, il navigua vers l'est et courut en tout cinquante-quatre milles qui font quatorze lieues moins une demie. Le jour, il fila dix milles par heure, ce qui en onze heures fait cent dix milles ou vingt-sept lieues et demie.

On vit des pétrels et quelques bâtonnets, indices de ce qu'ils étaient près de terre.

Mercredi 6 février

Il navigua cette nuit à l'est, filant onze milles par heure. En treize heures de nuit, il fit cent quarante milles qui font trente-cinq lieues et un quart.

Pendant le jour, il fila quatorze milles par heure et ainsi courut cent cinquante-quatre milles qui font trente-huit lieues et demie, soit en tout, entre nuit et jour, soixante-quatorze lieues plus ou moins.

Vicente Anes dit qu'au matin de ce jour ils avaient l'île de Flores au nord et celle de Madère à l'est. Roldan [229] dit qu'ils laissaient au nord-nord-est l'île de Fayal ou de San Gregorio et celle de Porto Santo à l'est.

On vit beaucoup d'herbe.

Jeudi 7 février

Il navigua cette nuit à l'est, filant dix milles par heure, soit, en treize heures, cent trente milles qui font trente-deux lieues et demie, et le jour, à raison de huit milles par heure en onze heures, quatre-vingt-huit milles qui font vingt-deux lieues.

Selon l'Amiral, on était ce matin à soixante-quinze

229. Francisco Roldan. Il s'illustrera tristement, comme on le verra, dans le début de la colonisation.

lieues au sud de l'île de Flores ; selon le pilote Pedro Alonso [230], en naviguant au nord, on passerait entre la Tercera et l'île de Santa Maria ou, en naviguant à l'est, on passerait au large de l'île de Madère, à douze lieues au nord.

Les marins virent une herbe différente de celle qu'on avait vue jusque-là, et semblable à celle qui est abondante aux îles des Açores. Ensuite, on revit celle des jours précédents [231].

Vendredi 8 février

Il fila cette nuit trois milles par heure, d'abord un moment à l'est, puis au quart sud-est. De toute la nuit, il ne fit que douze lieues. Du lever du soleil jusqu'à midi, il courut vingt-sept milles, puis autant jusqu'au coucher du soleil, soit en tout treize lieues au sud-sud-est.

Samedi 9 février

Pendant une partie de cette nuit, il fit trois lieues au sud-sud-est, puis il vogua au sud quart sud-est, puis au nord-est, jusqu'à dix heures du jour, courant cinq autres lieues. Ensuite, jusqu'à la nuit, il fit neuf lieues à l'est.

Dimanche 10 février

Après le coucher du soleil et toute la nuit, il navigua à l'est et fit cent trente milles ou trente-deux lieues et demie. De l'aube au crépuscule, il fila neuf milles par heure, et ainsi, en onze heures, courut quatre-vingt-dix-neuf milles qui font vingt-quatre lieues et demie plus un quart.

230. Pedro Alonso Niño, patron et pilote de la *Niña*.
231. C'est-à-dire à nouveau des sargasses.

Sur la caravelle de l'Amiral, Vicente Yañez et les deux pilotes Sancho Ruiz et Pedro Alonso Niño examinèrent la carte et firent le point avec Roldan. Tous se situaient à l'est et bien en avant des îles des Açores, et aucun d'eux ne croyait, en naviguant au nord, trouver l'île de Santa Maria qui est la dernière des Açores. Ils pensaient, au contraire, être cinq lieues en avant d'elle et dans les parages de l'île de Madère ou de Porto Santo. Mais l'Amiral, lui, pensait être fort écarté de son chemin et se situait beaucoup plus en arrière par rapport à eux, car cette nuit il estimait l'île de Flores au nord et aller à l'est en direction de Nafe [232] en Afrique pour passer au large de la côte nord de Madère [...] [233] lieues. Ainsi les pilotes se situaient cent cinquante lieues plus près de la Castille que l'Amiral. Il dit qu'à la grâce de Dieu, dès qu'on verra terre, on saura qui était au plus près. Il ajoute ici qu'à l'aller il fit deux cent soixante-trois lieues à partir de l'île de Hierro avant de voir les premières herbes, etc.

Lundi 11 février

Il fila douze milles par heure dans la même direction et, ainsi, courut trente-neuf lieues en toute la nuit. Au long du jour, il fit seize lieues et demie.

Il vit beaucoup d'oiseaux, d'où il déduisit que la terre était proche.

Mardi 12 février

Il navigua cette nuit à l'est, filant six milles par heure, et jusqu'au jour fit soixante-treize milles qui font dix-huit lieues et un quart.

232. « Nafe, qui figure sur les cartes antiques sous le nom d'Anafe, Nife ou Anife, correspond à l'actuel Dan el Beida, situé par 33° 38' N. » (Capitaine de frégate Julio F. Guillen.)
233. Lacune de l'original.

Ici, la mer commença à s'agiter et la tempête se leva. L'Amiral dit que si la caravelle n'avait pas été très bonne et bien parée, il eût craint de se perdre. Ce jour-là, il courut onze ou douze lieues à grand-peine et péril.

Mercredi 13 février

Du coucher du soleil jusqu'au jour, il eut durement à lutter contre le vent et la mer gonflée et tempétueuse. Du nord-nord-est, des éclairs jaillirent par trois fois dont il dit qu'ils étaient annonciateurs d'une grande tempête qui viendrait de ce côté ou du côté opposé.

Il alla toutes voiles carguées la plus grande partie de la nuit, puis il rendit un peu de toile et fit environ cinquante-deux milles qui font treize lieues.

Ce jour-là, le vent mollit d'abord un peu, mais bientôt il fraîchit et la mer se fit terrible. Les vagues se heurtaient et secouaient les navires. Il fit environ cinquante-cinq milles qui font treize lieues et demie.

Jeudi 14 février

Cette nuit, le vent augmenta encore et les vagues étaient épouvantables. Allant l'une contre l'autre, elles se heurtaient, embarrassaient en se brisant sur lui la marche du navire qui ne pouvait avancer ni se sortir d'entre elles. L'Amiral avait fait hisser la basse voile du grand mât afin de dégager seulement un peu son navire d'entre les flots. Il alla ainsi trois heures et courut vingt milles. La mer devenait toujours plus grosse et le vent plus violent. Voyant le péril grandir, il s'abandonna à courir en poupe où le vent le portait, parce qu'il n'y avait rien d'autre à faire. Alors la caravelle *Pinta* où allait Martin Alonso Pinzon commença à courir aussi, puis disparut, quoique toute la nuit l'Amiral lui fît des signaux auxquels l'autre répondait, et cela jusqu'à ce que la violence de la tempête ne le lui permît plus et parce qu'elle se trouva fortement écartée du chemin de l'Amiral. Celui-ci alla cette nuit au nord-est quart est et parcourut cinquante-quatre milles qui font treize lieues.

Après le lever du soleil, le vent devint encore plus violent et la mer démontée plus terrible. L'Amiral ne gardait que la basse voile du grand mât, et très basse pour que le navire ne s'enfonçât pas mais pût sortir d'entre les vagues qui se croisaient. Il courut en direction est-nord-est, puis au quart nord-est. Il alla environ six heures ainsi, faisant sept lieues et demie.

Il ordonna que l'on tirât au sort celui qui se rendrait en pèlerinage à Santa Maria de Guadalupe, lui portant un cierge de pure cire de cinq livres, et que tous fissent vœu que celui que désignerait le sort accomplirait le pèlerinage. Il commanda d'apporter à cet effet autant de pois chiches qu'il y avait de personnes sur le navire, d'en marquer un d'une croix au couteau et de les mettre tous, bien remués, dans un bonnet. Le premier qui y mit la main fut l'Amiral et il en tira le pois chiche à la croix. Ce fut ainsi que le sort tomba sur lui et, dès ce moment, il se considéra comme pèlerin, tenu d'aller accomplir le vœu.

On tira au sort de nouveau pour l'envoi d'un autre pèlerin à Sainte-Marie-de-Lorette dans la marche d'Ancône, terre du pape, maison où Notre Dame a fait et fait encore de nombreux et grands miracles. Le sort tomba sur un marin nommé Pedro de Villa, du port de Santa Maria, et l'Amiral lui promit de lui donner l'argent nécessaire aux frais du pèlerinage. On décida d'envoyer un autre pèlerin passer une nuit de veille à Santa Clara de Moguer et d'y faire dire une messe. Pour le désigner, on remit dans le bonnet les pois chiches dont celui à la croix, et le sort désigna encore l'Amiral.

Après cela, l'Amiral et l'équipage firent vœu d'aller, tous en chemise, dès l'arrivée à la première terre, en procession prier dans une église qui fût sous l'invocation de la Vierge.

Outre les vœux généraux ou communs à tous, chacun faisait le sien en particulier, car personne ne pensait échapper. Au milieu de la terrible tempête qui sévissait, tous se tenaient pour perdus. Ce qui augmentait encore le péril, c'est que le navire manquait de lest. Sa charge s'était allégée déjà des vivres mangés, de l'eau et du vin bus, et l'Amiral n'y avait pas pourvu dans son désir de profiter du beau temps qu'il avait eu par les îles. Son dessein était de faire prendre du lest à l'île des femmes où il avait résolu d'aller. Le remède dont il usa en cette nécessité fut, dès qu'il le put, de faire remplir d'eau de mer les pipes vides d'eau et de vin. Ainsi pourvurent-ils à ce danger.

L'Amiral énumère ici les raisons qui lui faisaient craindre que Notre Seigneur ne voulût le voir périr là, et celles qui lui donnaient espérance que Dieu le conduirait sain et sauf afin que ne disparaissent pas des nouvelles telles que celles qu'il rapportait aux Rois.

Il lui semblait que ce désir si grand qu'il avait d'apporter d'aussi grandes nouvelles et de montrer qu'était vérité tout ce qu'il avait dit et assuré de découvrir le chargeait de l'immense peur de n'y point parvenir, et que le moindre moustique pouvait lui faire obstacle ou l'empêcher. Il attribue cela à son peu de foi et à la défaillance de sa confiance en la Providence Divine. Mais, d'autre part, il trouvait réconfort dans les grâces que Dieu lui avaient accordées d'une telle victoire que de découvrir ce qu'il avait découvert et en accomplissant tous ses désirs, alors qu'en Castille il avait eu à éprouver dans ses démarches tant de revers et de contrariétés. En outre, comme d'abord il avait mis en Dieu la fin et le sens de cette entreprise et qu'il en avait été entendu et exaucé en tout, il devait croire qu'Il le mènerait à son salut et à l'accomplissement de ce qu'il avait commencé ; d'autant plus qu'Il l'avait sauvé à l'aller, alors qu'il avait les meilleures raisons de craindre les œuvres des marins et gens de sa compagnie qui tous, d'une seule voix, le menaçant, avaient résolu de revenir et de se lever contre lui. L'Eternel lui avait donné en cette occasion fermeté et courage contre tous et avait opéré en lui et pour lui, au cours de ce voyage, nombre d'autres choses merveilleuses, en outre de ce que Leurs Altesses savaient par les gens de leur maison. Et, pour cela, il dit qu'il n'aurait rien dû craindre de cette tempête. « Mais la faiblesse et l'angoisse, dit-il, ne me laissaient pas l'âme en repos. »

Il ajoute qu'aussi il était en grand-peine pour les deux fils qu'il avait à Cordoue [234], faisant leurs études, et qu'il laissait orphelins de père et de mère, en terre étrangère, sans que les Rois, qui ignoreraient quels services il leur avait rendus en ce voyage et les heureuses nouvelles qu'il leur en rapportait, s'inquiètent à les secourir.

Pour cela, et pour que Leurs Altesses sachent comment Notre Seigneur lui avait accordé victoire en tout ce qu'il désirait de ces Indes, pour qu'Elles sachent aussi qu'il n'y avait jamais de tempête en ce pays — ce qui se pouvait voir, dit-il, à ce que les herbes et les arbres naissaient et croissaient jusque dans la mer — et pour que, s'il se perdait dans cette tempête, les Rois aient tout de même connaissance de son voyage, il prit un parchemin et y écrivit tout ce qu'il put de ce qu'il avait découvert, priant vivement qui le trouverait de le remettre aux Rois. Il enveloppa ce parchemin dans une toile cirée, l'empaqueta soigneusement, se fit apporter un grand baril de bois dans lequel il le mit sans que personne sût ce que c'était, tous supposant qu'il s'agissait de quelque dévotion. Il le fit ainsi jeter à la mer [235].

Plus tard, dans les averses et les tourbillons, le vent tourna à l'ouest et, l'ayant en poupe, on alla ainsi cinq

234. Cette indication détruit une légende. Ses deux fils à Cordoue, cela signifie chez sa maîtresse Beatriz Enriquez, mère du second, Fernando. Donc son fils Diego n'était pas au monastère de La Rabida. Orphelins de père et de mère doit s'entendre au sens littéral pour Diego, et pour Fernando comme sans parents légitimes.

235. Selon Fernando Colon, un second message fut attaché à la poupe de la caravelle.

heures de suite sur la mer démontée. Puis il fit deux lieues et demie au nord-est. Il avait amené la basse voile du grand mât de crainte que quelque lame ne l'emportât.

Vendredi 15 février

Hier, après le coucher du soleil, le ciel commença à s'éclaircir du côté ouest, et il s'avérait que le vent allait souffler de par-là. L'Amiral fit mettre ses bonnettes à la grand-voile. La mer était toujours très grosse, encore qu'elle eut tendance à se calmer. Il navigua à l'est-nord-est, filant quatre milles par heure, et dans les treize heures de la nuit il fit treize lieues.

Quand le soleil se fut levé, ils virent la terre. Elle apparut en proue, à l'est-nord-est. Certains disaient que c'était l'île de Madère, d'autres que c'était le roc de Cintra en Portugal, près de Lisbonne. A ce moment, le vent sauta en proue à l'est-nord-est, tandis que la mer grossissait à l'ouest. De la caravelle à la terre, il y avait bien cinq lieues.

L'Amiral, d'après le pointage de sa navigation, se situait aux îles des Açores et pensait que c'était là l'une d'elles. Les pilotes et les matelots croyaient être déjà devant la terre de Castille.

Samedi 16 février

Toute cette nuit, l'Amiral courut des bordées pour atteindre la terre qu'on reconnaissait déjà pour être une île. Tantôt il allait vers le nord-est, tantôt au nord-nord-est, jusqu'au lever du soleil où il vira au sud pour toucher l'île que, déjà, la profonde obscurité ne permettait plus de voir.

En poupe, il vit une autre île qui était à environ huit lieues de là. Du lever du soleil jusqu'à la nuit, il ne fit que louvoyer dans le grand vent et la grosse mer pour arriver à la terre.

Au moment du *Salve Regina* que l'on dit à l'entrée de la nuit, certains virent une lumière sous le vent qui leur parut être l'île que, la veille, ils avaient aperçue la première. Toute la nuit, l'Amiral alla louvoyant, se rapprochant le plus qu'il pouvait, pour voir si, au lever du soleil, il apercevrait quelqu'une de ces îles. Cette nuit-là, il se reposa un peu, car depuis le mercredi il n'avait dormi ni pu dormir, il avait les jambes raidies d'être resté tout le temps exposé au froid et à l'eau et de n'avoir que très peu mangé.

A l'aube [236], il navigua au sud-sud-ouest et, à la nuit, il toucha terre, mais par ciel très couvert, et il ne put reconnaître quelle île c'était.

Lundi 18 février

Hier, après le coucher du soleil, il fit le tour de l'île pour voir où il pouvait mouiller et prendre langue. Il jeta une ancre qu'il perdit aussitôt. Il remit alors à la voile et louvoya toute la nuit. Quand le soleil fut levé, il alla une autre fois à la côte nord de l'île et, là où cela lui parut convenable, il mouilla une ancre et envoya la barque à terre. Ses gens parlèrent avec ceux de l'île et ils surent ainsi que c'était l'île de Santa Maria, une des Açores.

Les gens de cette île leur indiquèrent le port où ils pouvaient relâcher, leur dirent n'avoir jamais vu telle tempête que celle qui avait sévi ces derniers quinze jours et s'émerveillèrent qu'ils y eussent échappé. Ces gens, dit l'Amiral, rendirent grâces à Dieu et se réjouirent vivement en apprenant la nouvelle de la découverte des Indes.

L'Amiral dit que sa navigation avait été très exacte, ainsi que son pointage cartographique — que grâces infinies en soient rendues à Notre Seigneur —, avec toutefois une certaine avance. Mais il tenait pour certain d'être au voisinage des Açores et que cette île

236. Du dimanche 17 février.

était l'une d'elles. Il dit encore qu'il feignit d'avoir fait plus de chemin pour désorienter pilotes et marins qui pointaient les cartes, afin de rester le maître de cette route des Indes comme de fait il le resta, car aucun d'entre eux ne relevait le chemin exact, raison pour laquelle nul ne pouvait être sûr de la route des Indes [237].

Mardi 19 février

Après le coucher du soleil, trois hommes de l'île vinrent au rivage et appelèrent. L'Amiral leur envoya la barque sur laquelle ils arrivèrent avec des poules et du pain frais. C'était jour de carnaval et ils apportaient d'autres choses qu'envoyait le capitaine de l'île qui se nommait Juan de Castañeda [238], disait très bien connaître l'Amiral et ne venait pas le voir parce qu'il faisait nuit, mais promettait de venir dès l'aube, d'apporter des provisions fraîches et de ramener avec lui les trois hommes de la caravelle qui étaient restés dans l'île et qu'il ne renvoyait pas pour le grand plaisir qu'il prenait à entendre les choses de leur voyage.

L'Amiral ordonna de recevoir les messagers à grand honneur et il leur fit donner des lits afin qu'ils y dormissent cette nuit-là, car il était tard et la ville était lointaine.

Et parce que le jeudi précédent, alors qu'ils étaient dans l'angoisse de la tempête, ils avaient fait, entre autres vœux que nous avons rapportés, celui d'aller à la première terre où il y aurait un sanctuaire dédié à Notre-Dame, y faire procession en chemise, etc., l'Amiral décida donc que la moitié de l'équipage irait accomplir ce vœu à une chapelle qui, tel un ermitage, se dressait au bord de la mer, et qu'avec l'autre moitié il s'y rendrait ensuite. Persuadé que cette terre était

237. Cela, n'est manifestement pas possible pour des pilotes tels que les frères Pinzon et Juan de la Cosa.

238. Castillanisation du nom portugais Joáo de Castanheida.

sûre, confiant en les avances du capitaine et en la paix qui régnait entre le Portugal et la Castille, il pria les trois hommes d'aller à la ville et de faire venir un prêtre pour dire une messe.

Les premiers pèlerins allaient en chemise, accomplissant leur pèlerinage ; mais, alors qu'ils étaient en prières, tout le peuple, capitaine en tête, les uns à pied, les autres à cheval, se jetèrent sur eux et les firent tous prisonniers.

Ne soupçonnant rien, l'Amiral attendit la barque jusqu'à onze heures pour aller à son tour accomplir le pèlerinage avec l'autre moitié de ses gens. Mais voyant que les premiers ne revenaient pas, il supposa qu'on les retenait ou que la barque s'était brisée parce que tout l'île est entourée de très hauts rochers.

Comme l'ermitage était derrière une pointe, l'Amiral n'avait pu voir ce qui était arrivé. Il leva l'ancre et fit voile droit sur l'ermitage. Il vit nombre de cavaliers qui mirent pied à terre, entrèrent en armes dans la barque et se dirigèrent sur la caravelle pour s'emparer de lui. Le capitaine se leva dans la barque et demanda sûreté à l'Amiral. Celui-ci lui répondit qu'il la lui accordait, mais il lui demanda en vertu de quel changement il ne voyait aucun de ses hommes dans la barque. Et l'Amiral ajouta qu'il le priait de s'approcher et d'entrer dans la caravelle, et qu'il ferait tout ce qu'il voudrait. L'Amiral prétendait, par ces bonnes paroles, l'amener à lui pour le prendre et ainsi recouvrer ses hommes. Il ne croyait pas violer la foi donnée en agissant de la sorte, car l'autre, en lui offrant paix et sécurité, lui avait manqué. Mais le capitaine, qui était de mauvais propos comme le dit l'Amiral, ne s'exposa pas à entrer. Voyant qu'il ne s'approchait pas de la caravelle, l'Amiral le pria de lui dire pour quelle raison il retenait ses gens, ce qui offenserait le roi de Portugal car, sur les terres des Rois de Castille, on recevait les Portugais à grand honneur ; ils y entraient et demeuraient en sûreté tout autant qu'à Lisbonne. Il dit aussi que les Rois lui avaient donner des lettres de créance pour tous les Princes, seigneurs et hommes du monde, lettres qu'il lui eût montrées s'il eût voulu s'approcher ; qu'il était leur amiral de la mer Océane et leur vice-roi des Indes, lesquelles appartenaient maintenant à Leurs Altesses, ce dont il lui montrerait les rescrits signés de leurs signatures et revêtus de leurs sceaux. Il les lui montra de loin, ajoutant que les Rois de Castille étaient en grande affection et amitié avec le roi de Portugal et qu'ils lui avaient ordonné de rendre tous les honneurs qu'il pourrait aux navires de Portugal qu'il rencontrerait. Enfin, à supposer qu'il ne voulût pas lui rendre ses gens, il lui dit qu'il n'en irait pas moins en Castille, car il avait encore assez de monde pour naviguer jusqu'à Séville, mais qu'aussi bien lui que ses gens seraient sévèrement châtiés pour lui avoir fait telle offense.

Alors le capitaine et les siens répondirent qu'ils ne connaissaient ici ni roi ni reine de Castille, ni leurs lettres, et qu'ils n'en avaient crainte. Ils ajoutèrent, quasi menaçants, qu'auparavant ils leur donneraient à savoir ce que c'était que le Portugal.

Ces paroles entendues, l'Amiral en eut de l'inquiétude et il dit qu'il se demanda si, depuis son départ, des différends n'étaient pas survenus entre les deux royaumes. Mais il ne put souffrir qu'on ne lui répondît pas d'une manière honnête. Le capitaine, dit-il, se leva ensuite de nouveau et, de loin, cria à l'Amiral d'aller au port avec sa caravelle, et que tout ce qu'il faisait, lui, et avait fait, c'était sur ordre reçu du roi son seigneur. De cela l'Amiral prit à témoin ceux qui étaient sur la caravelle, puis il revint appeler le capitaine et tous les siens et leur fit serment et promesse, par ce qu'il était, de ne descendre ni sortir de la caravelle avant d'avoir pris une centaine de Portugais pour les amener en Castille et d'avoir dépeuplé toute cette île. Après quoi, il retourna mouiller dans le port où il était tout d'abord, car le temps et le vent étaient trop mauvais pour permettre autre chose.

Mercredi 20 février

Il fit réparer le navire et, pour le lester, remplir les pipes d'eau de mer, car il se trouvait en un très mauvais port et craignait que ne se coupent ses amarres, ce qui arriva. Pour cette raison, il mit à la voile pour l'île de San Miguel, bien que, par le temps qu'il faisait, il n'y eût de bon port en aucune des Açores. Mais il n'avait d'autre ressource que celle de fuir en mer.

Jeudi 21 février

Il quitta hier cette île de Santa Maria pour celle de San Miguel, afin de voir s'il trouvait un port qui lui permît de supporter un aussi mauvais temps, un tel vent et une si grosse mer.

Il vogua jusqu'à la nuit sans parvenir à voir quelque terre que ce fût, tant était profonde l'obscurité provenant du vent et de la mer. L'Amiral dit qu'il était peu à son aise, car il n'avait plus que trois marins expérimentés, et la plupart des hommes qui lui restaient ne savaient rien de la mer. Toute cette nuit-là, il resta en panne par une affreuse tempête, en grand danger et à grand-peine. Ce en quoi Notre Seigneur lui fut clément, c'est que la mer ou plutôt ses vagues ne roulèrent que dans une seule direction. Si elles s'étaient heurtées comme les jours passés, il en eût souffert le plus grand mal.

Après le lever du soleil, constatant qu'il n'apercevait pas l'île de San Miguel, il résolut de retourner à celle de Santa Maria pour tenter d'y recouvrer ses gens, la chaloupe, les amarres et les ancres qu'il y avait laissés.

L'Amiral dit qu'il était étonné de trouver un aussi mauvais temps dans ces îles et leurs parages, alors qu'aux Indes il avait navigué tout cet hiver sans arrêt et toujours par beau temps, à tel point qu'il n'avait pas vu une seule heure où la mer ne fût pas navigable. En ces îles, il était éprouvé par cette si grande tempête et, de même, il en avait essuyé une au départ, avant d'arriver aux îles Canaries [239], mais, au-delà de ces îles, il avait toujours trouvé l'air et la mer fort paisibles.

Aussi, concluant, l'Amiral dit que les saints théologiens et les savants philosophes disent justement que le Paradis terrestre est à la fin de l'Orient, car c'est là une contrée tempérée à l'extrême. Et ces terres que maintenant il venait de découvrir sont, dit-il, la fin de l'Orient [240].

Vendredi 22 février

L'Amiral jeta l'ancre hier à l'île de Santa Maria, au même endroit ou port où il avait mouillé précédemment. Aussitôt apparut en face sur les rochers un homme qui fit des signaux avec sa cape, criant qu'on ne s'en allât pas. Ensuite arriva la chaloupe montée par cinq marins, deux prêtres et un notaire ; ils demandèrent sûreté. L'Amiral la leur accorda. Ils montèrent sur la caravelle et, comme il faisait nuit, ils dormirent à bord où l'Amiral leur prodigua tous les égards possibles. Le lendemain matin, ils le requirent de leur présenter le rescrit des Rois de Castille afin de constater qu'il avait fait ce voyage sous leur autorité. L'Amiral comprit qu'ils agissaient ainsi pour donner à croire qu'ils n'étaient point dans leur tort, qu'au

---

239. Comme on l'a vu, il n'y a pas mention de tempête dans le *Journal* pour le début de la navigation. Est-ce l'imagination mystique-créatrice de Colomb qui l'invente ici pour l'équilibre dramatique de son aventure, transformant peut-être en tempête un fort coup de vent ? En tout cas, il paraît improbable qu'un fait de cette importance ait pu échapper à la fois à Las Casas et à Fernando Colon.

240. Première trace manifeste de cette hypothèse qui est une des plus importantes idées colombiennes. Et déjà tentative de la fonder en science. Il est à retenir également que c'est encore une idée empruntée à d'Ailly. Nous retrouverons cette quête du Paradis terrestre, mais elle ne pourra plus s'appuyer sur l'illusion, fruit d'un hasard heureux, que « ces Indes » sont une contrée sans tempêtes.

contraire ils avaient eu raison, et tout cela parce qu'ils n'avaient pu s'emparer de sa personne dont ils avaient espéré qu'elle tomberait entre leurs mains quand ils vinrent avec la barque armée. Mais ils avaient vu qu'ils ne gagneraient rien à ce jeu et ils craignaient que l'Amiral ne mît à exécution les menaces qu'il avait proférées, comme de fait il en avait l'intention et pensait pouvoir y réussir.

Finalement, pour reprendre ceux de ses gens qu'ils retenaient, l'Amiral consentit à leur montrer la lettre patente des Rois à tous les princes et seigneurs feudataires, ainsi que ses autres commissions. Il leur donna de ce qu'il avait et ils s'en retournèrent à terre contents. Peu après, ils relâchèrent les hommes avec la chaloupe. L'Amiral apprit de ses gens que si l'on s'était emparé de lui, on ne lui aurait jamais rendu la liberté, car le capitaine disait que le roi son seigneur en avait ainsi ordonné.

Samedi 23 février

La veille, le temps avait semblé vouloir s'améliorer. L'Amiral leva l'ancre et alla faire le tour de l'île pour chercher quelque bon mouillage, dans le but d'y prendre du bois et des pierres comme lest. Mais il ne parvint à trouver mouillage qu'à l'heure de complies.

Dimanche 24 février

L'Amiral jeta l'ancre hier, dans la soirée, pour embarquer du bois et des pierres. Mais comme la mer était très grosse, la barque ne put toucher terre. Sur la fin du premier quart de nuit, les vents d'ouest et de sud-ouest commencèrent de souffler. L'Amiral fit appareiller, en raison du grand danger qu'il y a par ces îles d'attendre à l'ancre le vent du sud et le vent du sud-ouest qui précède celui du sud. Comme c'était là un bon temps pour aller en Castille, il laissa la charge du bois et des pierres et fit gouverner à l'est.

Jusqu'au lever du soleil, soit environ pendant six heures et demie, il fit sept milles par heure qui font quarante-cinq milles et demi. De l'aube au crépuscule, il fila six milles par heure, ce qui, en onze heures, fit soixante-six milles et, ajoutés aux quarante-cinq et demi de la nuit, font cent onze milles et demi ou vingt-huit lieues.

Lundi 25 février

Hier, après le coucher du soleil, il continua sa route vers l'est à raison de cinq milles par heure, soit, en treize heures de nuit, soixante-cinq milles qui font seize lieues et un quart. De l'aube au crépuscule, il franchit seize autres lieues et demie par mer étale, grâce à Dieu.

Un très grand oiseau qui semblait un aigle vint à la caravelle.

Mardi 26 février

Hier, après le coucher du soleil, l'Amiral continua à naviguer vers l'est par mer étale — qu'à Dieu grâces en soient rendues —, filant huit milles par heure la plus grande partie de la nuit. Il courut cent milles qui font vingt-cinq lieues.

Après le lever du soleil, il eut peu de vent, mais il essuya des averses. Il ne fit guère que huit lieues à l'est-nord-est.

Mercredi 27 février

Cette nuit et ce jour, l'Amiral fut écarté de sa route par les vents contraires, de grosses vagues et la mer. Il se trouvait à cent vingt-cinq lieues du cap Saint-Vincent, à quatre-vingts de l'île de Madère et à cent six de celle de Santa Maria. Il était très affligé d'une telle tempête alors qu'il touchait aux portes de la maison.

Jeudi 28 février

Il alla de la même manière cette nuit, sous divers vents du sud et du sud-ouest, tantôt d'un côté, tantôt de l'autre, poussé au nord-est ou à l'est-nord-est, et ainsi tout ce jour.

Vendredi 1er mars

Il alla cette nuit à l'est quart nord-est, faisant douze lieues. De jour, il courut vingt-trois lieues et demie dans la même direction.

Samedi 2 mars

Il suivit cette nuit son chemin vers l'est quart nord-est. Il courut vingt-huit lieues et, pendant le jour, vingt.

Dimanche 3 mars

Après le coucher du soleil, il navigua toujours vers l'est. Survint un tourbillon qui lui arracha toutes ses voiles et le mit en grand péril. Mais Dieu le voulut délivrer. L'Amiral fit tirer au sort la désignation d'un pèlerin qui se rendrait en chemise à Santa Maria de la Cinta à Huelva, et le sort tomba sur lui. Ils firent tous ensemble le vœu de jeûner au pain et à l'eau, le premier samedi de leur arrivée.

Il avait parcouru soixante milles avant que ses voiles ne fussent emportées. Ensuite, on alla à mâts nus, du fait de cette terrible tempête de vent et d'eau qui, des deux côtés, les dévorait.

On vit des signes de la proximité de la terre. Ils se trouvaient tout près de Lisbonne.

La veille au soir, ils souffrirent une si terrible tempête qu'ils crurent se perdre entre les paquets de mer qui bondissaient des deux côtés, les vents qui semblaient soulever la caravelle dans les airs, l'eau du ciel et les éclairs qui sillonnaient la nuit. Mais il plut à Dieu de lui venir en aide et il alla ainsi jusqu'au premier quart, moment où Notre Seigneur montra la terre qu'aperçurent les marins.

Alors, pour ne pas arriver à terre sans la reconnaître, pour chercher s'il y avait un port ou quelque autre lieu où il pût s'abriter, il fit hisser la basse voile du grand mât, faute d'autre moyen d'avancer un peu et malgré le grand péril qu'il y avait de tenir la mer. Ainsi, Dieu les garda jusqu'au jour qui ne vint qu'après des peines et des angoisses infinies.

A l'aube, l'Amiral reconnut la terre. C'était le roc de Cintra qui est tout près du fleuve de Lisbonne, dans lequel il résolut d'entrer parce qu'il ne pouvait faire autre chose, si terrible était la tempête qui s'abattait sur la ville de Cascaes, située à l'embouchure. Ceux de la ville, dit-il, restèrent toute cette matinée en prières pour eux et, quand ensuite ils furent dans le port, tout le monde vint les voir, émerveillé qu'ils eussent échappé.

Ce fut ainsi qu'à la troisième heure l'Amiral passa au Rastelo [241], à l'intérieur du fleuve de Lisbonne, où des gens de mer lui apprirent que jamais on n'avait eu un hiver si fertile en tempêtes ; que vingt-cinq navires s'étaient perdus dans les Flandres et que d'autres étaient là depuis quatre mois qui n'avaient pu sortir.

L'Amiral écrivit aussitôt au roi de Portugal, qui se trouvait à neuf lieues de là, que les Rois de Castille lui avaient ordonné de ne pas manquer d'entrer dans les ports de Son Altesse et d'y demander, contre paiement, ce dont il aurait besoin, et que le roi voulût

241. « A côté de la tour de Belen. » (J. F. Guillen.)

bien ordonner qu'on lui permît d'aller à la ville de Lisbonne avec sa caravelle afin que quelques coquins, pensant qu'il transportait beaucoup d'or et le voyant en un port dépeuplé, ne fussent pas tentés de commettre quelque vilenie, et aussi afin de lui faire savoir qu'il ne venait pas de Guinée mais bien des Indes [242].

Mardi 5 mars

Aujourd'hui, Bartolomé Diaz de Lisbonne, patron de la grande nef du roi de Portugal, la mieux pourvue qu'on vît jamais en artillerie et autres armes et qui était aussi au mouillage au Rastelo, se rendit à la caravelle sur une barcasse armée où il demanda à l'Amiral de monter pour aller rendre compte aux contrôleurs du roi et au capitaine dudit bateau.

L'Amiral répondit qu'il était amiral des Rois de Castille, qu'il ne rendait pas de tels comptes à de tels officiers et qu'il ne sortirait pas des nefs ou des navires [243] où il se trouvait, à moins que ce ne fût par la force des armes. Le patron lui dit alors d'envoyer le maître de la caravelle. L'Amiral lui répondit que ce ne serait ni le maître ni aucune autre personne à moins qu'on ne les y contraignît, parce que c'était une même chose de députer qui que ce fût ou d'y aller lui-même, et que la coutume des amiraux de Castille était de mourir plutôt que de se rendre ou de livrer quelqu'un de leurs gens.

Le patron modéra ses prétentions et lui dit que, puisqu'il était en telle détermination, il en fût comme il le voulait, mais qu'il le priait de lui montrer, s'il les avait, les lettres des Rois de Castille.

---

242. On voit la manœuvre diplomatique de Colomb : il informe le roi de Portugal afin qu'il ne puisse, en « ignorance de cause », faire commettre à son encontre un mauvais coup renouvelé de celui de Santa Maria.

243. On n'a pas oublié que Colomb est là avec la seule minuscule *Niña*.

Il plut à l'Amiral de les lui montrer, et le patron retourna aussitôt à son bord et fit son rapport au capitaine qui s'appelait Alvaro Dama [244]. Celui-ci, en ordre et en grand appareil, au son des timbales, des trompettes et des fifres, vint à la caravelle, conversa avec l'Amiral et lui offrit de faire tout ce qu'il voudrait lui ordonner.

Mercredi 6 mars

La nouvelle s'étant répandue que l'Amiral arrivait des Indes, tant de gens de la cité de Lisbonne vinrent aujourd'hui le voir, lui ainsi que les Indiens, que c'était chose admirable. Et tous s'émerveillaient, rendant grâces à Notre Seigneur et disant que c'était pour la grande foi des Rois de Castille et pour leur désir de servir Dieu que Sa Haute Majesté leur donnait tout cela.

Jeudi 7 mars

Aujourd'hui, une foule immense de gens vint à la caravelle, et nombre de gentilshommes parmi lesquels les contrôleurs du roi. Tous rendaient grâces infinies à Notre Seigneur pour un si grand bien et un tel accroissement de la Chrétienté accordés par lui aux Rois de Castille que tous, dit l'Amiral, en considéraient dignes parce que Leurs Altesses travaillaient et luttaient pour le progrès de la religion du Christ.

Vendredi 8 mars

L'Amiral reçut aujourd'hui de don Martin de Noronha une lettre du roi de Portugal, par laquelle il le priait de venir là où il se trouvait puisque le temps ne lui permettait pas de partir avec sa caravelle.

244. De Acuña, d'après Fernando Colon.

Ainsi fit-il pour éviter tout soupçon, bien qu'il se souciât peu de s'y rendre. Il alla dormir à Sacanben. Le roi ordonna à ses contrôleurs de donner sans paiement tout ce dont l'Amiral aurait besoin pour lui, ses hommes et sa caravelle, et que tout fût fait comme l'Amiral le désirerait.

Samedi 9 mars

Aujourd'hui, il partit de Sacanben pour se rendre où se trouvait le roi, à savoir dans la vallée de Paradis à neuf lieues de Lisbonne. Comme il pleuvait, il ne put y arriver avant la nuit. Le roi ordonna aux grands de sa Maison de le recevoir très honorablement, et lui-même l'accueillit à grand honneur et en lui manifestant sa haute faveur. Il le fit asseoir [245], lui parla amicalement et s'offrit à donner ordre de faire tout ce qui serait utile aux Rois de Castille et pour leur service, d'une manière aussi accomplie ou davantage encore que pour le sien propre. Il fit montre d'un grand plaisir pour l'heureuse fin du voyage et de ce qu'il eût été entrepris, mais il lui paraissait que, selon le traité conclu entre les Rois de Castille et lui, cette conquête lui revenait. L'Amiral répondit à cela qu'il n'avait pas vu ce traité ni ne savait autre chose, sinon que les Rois de Castille lui avaient ordonné de n'aller ni à la Mine ni nulle part en Guinée, ce qu'ils avaient fait crier en tous les ports d'Andalousie avant qu'il ne partît pour ce voyage. Le roi, gracieusement, lui répondit qu'il tenait pour certain qu'en telle affaire des médiateurs ne seraient pas nécessaires.

Il lui donna pour hôte le prieur du Clato, qui était le plus haut personnage en ce lieu et dont l'Amiral fut reçu avec les plus grands honneurs et la plus insigne faveur.

245. « Il le fit se couvrir et s'asseoir », dit Fernando Colon, C'est le plus grand signe d'honneur que puisse faire un souverain espagnol.

Dimanche 10 mars

Aujourd'hui, après la messe, le roi répéta à l'Amiral que s'il avait besoin de quoi que ce fût, il le lui donnerait aussitôt. Il s'entretint longtemps avec lui de son voyage, et toujours il l'invitait à s'asseoir et le comblait de marques d'honneur.

Lundi 11 mars

Aujourd'hui, l'Amiral prit congé du roi qui lui confia maintes choses à dire en son nom aux Rois de Castille tout en lui manifestant toujours sa vive affection. Il partit après le déjeuner et le roi le fit accompagner par don Martin de Noronha. Nombre de gentilshommes se joignirent à eux et lui firent une escorte d'honneur sur une bonne partie du chemin.

Il se rendit ensuite à un monastère de Saint-Antoine, qui est en un lieu nommé Villafranca où se trouvait la reine. Il alla lui présenter ses hommages et lui baiser les mains, car elle lui avait fait dire de ne pas partir sans l'avoir vue. Auprès d'elle se trouvait le duc et le marquis [246], et là encore l'Amiral fut reçu à grand honneur.

Il partit de là à la nuit et s'en alla à Llandra.

Mardi 12 mars

Aujourd'hui, au moment où il allait partir de Llandra pour rejoindre sa caravelle, un écuyer du roi se présenta de la part du souverain et lui dit que s'il voulait se rendre par terre en Castille, il avait ordre de l'accompagner pour lui faire donner le gîte, les chevaux et tout ce qui lui serait nécessaire.

Quand l'Amiral prit congé de cet écuyer, celui-ci lui fit donner une mule ainsi qu'à son pilote qui était avec lui.

---

246. Le duc don Manuel, duc de Behar, frère de la reine, et le marquis don Pedro de Noronha, marquis de Villareal.

L'Amiral ajoute avoir appris que l'écuyer avait fait remettre vingt écus « à l'épée » en présent au pilote. On disait que tout cela, remarque-t-il, était fait pour que les Rois de Castille en fussent informés.

A la nuit, il arriva à la caravelle.

Mercredi 13 mars

Aujourd'hui, à huit heures, par marée haute et par vent nord-nord-ouest, il leva l'ancre et mit à la voile pour Séville.

Jeudi 14 mars

Hier, après le coucher du soleil, il poursuivit son chemin vers le sud et, avant l'aube, il se trouva sous le cap Saint-Vincent qui est en Portugal.

Ensuite, il navigua vers l'est pour se rendre à Saltes. Il eut peu de vent pendant tout ce jour, jusqu'à ce qu'il se trouvât sous Furon [247].

Vendredi 15 mars

Hier, après le coucher du soleil, il poursuivit son chemin jusqu'au jour par peu de vent et, au lever du soleil, il se trouva sous Saltes.

A l'heure de midi, avec la marée montante, il passa la barre de Saltes et entra dans le port même d'où il était parti le 3 août de l'année précédente [248].

Et c'est ainsi, dit-il, qu'ici se termine cet écrit, bien qu'il eût dessein de se rendre par mer à Barcelone [249], ville en laquelle on l'informait que se trou-

247. Le cap Faro.

248. La *Pinta* ne s'était pas perdue, elle fut conduite sur la côte de Bayonne en Galice, d'où Martin Alonso informa les souverains du succès de l'entreprise. Puis il regagna Palos, où il arriva quelques heures après Colomb. Martin Alonso revenait malade et mourut peu de temps après.

249. C'est par terre qu'il s'y rendit.

vaient Leurs Altesses, et ce afin de leur faire relation de tout son voyage, que Notre Seigneur lui avait permis de mener à bien et pour lequel il lui avait plu de l'éclairer. Car il savait en toute certitude et était assuré au-delà du moindre doute que Sa Haute Majesté fait tout ce qui est bien, que tout est bon fors le péché et qu'on ne peut avancer ni penser aucune chose si ce n'est avec son consentement.

« Par l'événement de ce voyage, dit l'Amiral, je connais que, miraculeusement, Dieu a prouvé ce que j'avance, comme on peut s'en convaincre en cet écrit, par les nombreux et signalés miracles où Il s'est révélé au cours de cette navigation, et à moi qui, si longtemps, suis resté à la cour de Vos Altesses en butte aux refus et à la contradiction de tant de personnes distinguées de votre maison, lesquelles, toutes, m'étaient contraires, taxant mon projet de bouffonnerie. J'espère cependant en Notre Seigneur que cette entreprise fera le plus grand honneur à la Chrétienté, bien qu'aucune jamais à moins de frais n'ait été menée à bien. »

Telles sont les dernières paroles
de la relation par l'Amiral don
Cristobal Colon de son premier
voyage aux Indes et de leur découverte, et il eut, certes, grandement raison et parla en très prud'homme et presque en prophète, bien
que les hommes imbéciles n'aient
pas compris quels biens spirituels
et temporels Dieu offrait à l'Espagne.
Ainsi, par son ambition et sa cupidité, l'Espagne ne fut pas digne de
jouir des biens spirituels, saufs
quelques serviteurs de Dieu.

Deo Gracias

[illegible] ou n'est avec son consentement.

Fait [illegible] voyage, [illegible] l'Amiral [illegible] Dieu m'a prouvé [illegible] comme on peut s'en convaincre [illegible] de nombreux et signalés [illegible] au cours de cette navigation, et à moi qui [illegible] aux [illegible] de votre [illegible] lesquelles toutes [illegible] de Montmartin [illegible] cependant [illegible] grand honneur à la Couronne, [illegible] jamais [illegible] de mener à bien.

Telles sont les dernières volontés
exprimées par l'Amiral don
Christophe Colomb [illegible]
voyage aux Indes [illegible] de leur découverte
[illegible] et il aurait [illegible]
[illegible] en très peu [illegible]
[illegible] premier [illegible]
que les hommes [illegible] n'étaient
pas [illegible] quels biens [illegible]
et temporels Dieu offrait à l'Espagne.
Ainsi, par [illegible]
l'Espagne ne fut pas digne de [illegible]
[illegible] des biens spirituels [illegible]
[illegible] de Dieu.

[illegible]

Table

CARTES

Jacques Cartier, *Les premiers navigateurs français en Amérique.*
Alexandre de Humboldt, *Voyages dans l'Amérique équinoxiale.*
Marco Polo, *Le livre des merveilles.*
Stendhal, *Mémoires d'un touriste.*
Flora Tristan, *Tour de France.*

ACHEVÉ D'IMPRIMER EN FÉVRIER 1980 SUR LES PRESSES DE L'IMPRIMERIE CORBIÈRE ET JUGAIN A ALENÇON DÉPÔT LÉGAL : 1er TRIMESTRE 1980. DEUXIÈME TIRAGE : 10 000 A 15 000 EX. ISBN 2-7071-1087-6